启真馆 出品

经济思想译丛

【德】古斯塔夫·冯·施穆勒 等著

施穆勒纲领、经济系统与经济模式

德国新历史学派经济学选读

黎岗 / 刘夏霖 译

ZHEJIANG UNIVERSITY PRESS
浙江大学出版社

Schmoller

图书在版编目（CIP）数据

施穆勒纲领、经济系统与经济模式：德国新历史学
派经济学选读 /（德）古斯塔夫·冯·施穆勒等著；黎
岗，刘夏霖译 . —杭州：浙江大学出版社，2023.11
（经济思想译丛）
ISBN 978-7-308-24137-3

I.①施… II.①古…②黎…③刘… III.①新历史
学派–研究–德国 IV.①F091.342

中国国家版本馆 CIP 数据核字（2023）第 162739 号

施穆勒纲领、经济系统与经济模式：德国新历史学派经济学选读
[德] 古斯塔夫·冯·施穆勒 等著 黎岗 刘夏霖 译

责任编辑	叶 敏
责任校对	黄梦瑶
装帧设计	罗 洪
出版发行	浙江大学出版社
	（杭州天目山路 148 号 邮政编码 310007）
	（网址：http://www.zjupress.com）
排 版	北京辰轩文化传媒有限公司
印 刷	北京中科印刷有限公司
开 本	635mm×965mm 1/16
印 张	19
字 数	246 千
版 印 次	2023 年 11 月第 1 版 2023 年 11 月第 1 次印刷
书 号	ISBN 978-7-308-24137-3
定 价	75.00 元

前　言

黎　岗

　　在西方经济思想中存在着三种主要的研究范式——主流经济学、马克思主义政治经济学和德国历史学派经济学。十九世纪中叶，罗雪尔倡导以历史研究丰富经济理论，开创了历史学派经济学。至十九世纪七十年代，以古斯塔夫·冯·施穆勒为首的德国新历史学派经济学又继旧历史学派而起。新派继承了旧派的整体论思想和发展观念，猛烈抨击古典经济学与现实脱节的抽象理论，并提出经济学是一门伦理的科学，试图在坚实的经验基础上建立一座全新的经济学大厦。该学派主导德国经济学界近半个世纪，引发了两次影响深远的学术大论战（"方法论论战"和"价值中立论战"），其思想深刻地影响了英国历史学派经济学、美国旧制度学派和马克斯·韦伯的学说。新历史学派是西方经济学和社会科学思想史上的重要一环，缺乏对其学术遗产的了解，就难以深刻理解西方经济、社会科学思想发展过程中的重要争论，还会为解读当时的经典著作造成障碍。

　　新历史学派经济学家在经济史研究和经济学方法论方面尤有杰出贡献。其研究框架具有开放性、多维性和跨学科性，提供了异于主流经济学的替代性研究方案。遗憾的是，我国长期以来对新历史学派的作品缺乏系统性的译介，施穆勒、桑巴特、布伦塔诺、施皮托夫等名家的许多重要作品都没有中译本，这种状况极大地限制了相关领域的研究。译者偏重于选择能够体现该学派的研究框架和伦理主义思想的文献，所选入的作品涉及"施穆勒纲领""经济系统"和"经济模式"三种重要的研究框架。译者的目的是提供一个简明的读本，让读者和研究者得以通过原著了解新历史学派的基本学说，为日后展开进一步的翻译与研究工作打下基础。

本书是 2018 年广东省普通高校特色创新类项目（人文社科）"德国新历史学派经济学方法论文献编译与研究"（2018WTSCX161）的项目成果。刘夏霖博士与我合译了《艾森那赫社会问题研讨大会与施穆勒的开幕讲话》一文，并承担了其余译稿的文字校对工作。广东白云学院外国语学院的向绍英老师对本书的翻译亦有贡献，她曾试译了《经济生活的秩序》的引言和第一章。此外，本书所选编的文献中，有不少拉丁语和法语的引文，有一些部分又涉及中世纪的法律术语和古罗马掌故。宁夏大学法学院的王静博士无私地帮助译者译出了拉丁语和法语引文，又对本书的翻译提出了许多宝贵的建议，对此，译者致以诚挚的感谢！最后，还要感谢浙江大学出版社叶敏等编辑的细心校对，他们的工作让我的译文减少了许多内容和表达上的错误。

导读：历史真实与经济法则

黎 岗

历史主义是西方思想发展史上的一场革命性的精神运动，它植根于古希腊罗马以降的欧洲文化传统，却在德国思想家那里达到巅峰。历史主义思想影响深远，在哲学、历史学、法学、经济学等多个领域都结出了丰硕的成果，黑格尔、萨维尼、兰克、马克思、韦伯等巨擘的学说无不带有它的深刻印记。但自十九世纪末以来，这一思潮受到多方面的批评，如门格尔（Karl Menger）抨击施穆勒经济学的"历史主义的谬误"，特勒尔奇（Ernst Troeltsch）和霍伊西（Karl Heussi）把它作为一种"相对主义"进行批判。到了二十世纪中叶，卡尔·波普尔、汉娜·阿伦特和伊格尔斯等犹太裔思想家更指控历史主义学说对纳粹统治负有历史责任。[①] 而在二十世纪八九十年代以后，西方学界又出现了一批新的研究成果，对历史主义有越来越多的公允评价。尽管历史主义思潮在二战后呈衰落之势，但其核心思想，如有机论、个别性和发展的观念，如今仍然是思想界探索的重要主题。在人文科学和社会科学的不同研究领域，各种形式的历史主义观念和历史主义方法依旧保持着活力。

---

① 吕和应.德国历史主义研究著作摘要［M］//陈恒，王刘纯.新史学 第二十五辑：德国历史主义.郑州：大象出版社，2020：94-101.

历史主义思想在各家学说中表现形式各异，众多研究者也往往对它有不同的定义。德国历史主义的根本特征何在？历史学家梅尼克认为，德国历史主义把一种崭新的生命原则运用于历史世界，这是德国思想家继宗教改革之后创造的第二项伟大成就。西方思想传统中有一种根深蒂固的自然法观念，认为无论是自然还是人类社会都受一套普遍的法则支配，自然界的活动、变化永远遵循着一些不变的规则，人类的思想也是如此。据此，人类的理性、感情和行为都是亘古不变的，在所有时代都没什么差别。因此，我们在自然界和人类社会都能发现普遍有效的绝对真理。这种自然法思想在中世纪与基督教相结合，在文艺复兴之后又以世俗的形式出现，影响到西方思想的各个领域。梅尼克指出，历史主义的巨大贡献在于，一方面以个体化的观察代替了普遍化的观察，另一方面以发展的观念代替了机械的自然论。历史主义认为，尽管基本的人性有一个稳定的基础，但是随着历史发展，人类精神会取得进步，人的感情、价值、行为都会发生改变。① 如此，不同的民族、国家、时代的社会生活就表现出独特性，这并不是一套普遍的法则所能概括的。

一、德国历史学派经济学的三个阶段

德国历史学派经济学正是在上述思想背景中产生的。该学派以亚当·穆勒（Adam Müller，1779—1829）和弗里德里希·李斯特（Friedrich List，1789—1846）为先驱。直到威廉·罗雪尔（Wilhelm Georg Friedrich Roscher，1817—1894）于 1843 年出版的《历史方法的国民经济学讲义大纲》一书，倡导以历史材料充实抽象的古典经济学，才真正开创了历史学派经济学。在此之后，布鲁诺·希尔德布兰德（Bruno Hildebrand，1812—1878）和卡尔·克尼斯（Karl

---

① 弗里德里希·梅尼克.前言［M］.弗里德里希·梅尼克.历史主义的兴起.南京：译林出版社，2010：2-4.

Knies，1821—1898）对传统经济学的方法提出了更尖锐的批判。到1870 年之前，在德国学界又形成了以古斯塔夫·施穆勒（Gustav von Schmoller，1838—1917）为核心的新历史学派经济学，该学派成员众多、名家辈出，其中包括卢约·布伦塔诺（Lujo Brentano，1844—1931）、卡尔·毕歇尔（Karl Bücher，1847—1930）、阿道夫·赫德（Adolf Held）、格奥尔格·弗里德里希·克纳普（Georg Friedrich Knapp，1842—1926）、维尔纳·桑巴特（Werner Sombart，1863—1941）、阿图尔·施皮托夫（Arthur Spiethoff，1873—1957）[①] 等重要人物。

在十九世纪的一段时期内，德意志地区曾深受发达的古典经济学影响，有大批学者信奉斯密的自由主义学说。他们组织了"德意志经济学者会议"（Kongress der deutschen Volkswirte），反对国家对经济活动的干预，宣扬和传播自由竞争的思想。从 1840 年至 1870 年，自由贸易论甚至成为德意志最有影响力的经济思想。[②]历史学派的先驱者以及该学派的大多数学者，恰恰是在这一背景下，通过抨击个人主义、自由主义的经济学建立其学说的。

亚当·穆勒是国家主义者，他的思想充满浪漫主义色彩。他把国家视为相互联系的人的生活和精神总体，认为个人必须放弃局部利益，在整体中才能实现自我价值。他反对斯密的个人主义经济学，也反对改革，认定旧制度已经尽善尽美。他还提出，一个国家应该根据本国情况建立自身的"国家经济体系"。虽然穆勒持封建保守的立场，但是他的有机、整体国家观和经济观，却是历史主义经济学说的先声。[③]

与穆勒不同，李斯特是一位具有前瞻性的思想家、充满爱国热情的鼓动家。在十九世纪初，英法两国已经发生工业革命，并

---

① 又译"斯皮索夫"或"斯皮托夫"。

② 加田哲二.德意志经济思想史［M］.周承福，译.上海：神州国光社，1932：132-135.

③ 颜鹏飞，陈银娥.新编经济思想史（第 3 卷）：从李嘉图到边际革命时期经济思想的发展［M］.北京：经济科学出版社，2016：264-265.

实现了国内的经济统一，而德意志地区在政治上依然邦国林立，在经济上邦国之间又设置关税壁垒，严重阻碍了经济的交流和发展。由于缺乏强大的中央政府，各邦国却对国外产品敞开了大门。此时，英国产品被法国的保护性关税阻挡，于是大量涌入德国的市场。相比已经开始工业化的英法等国，德意志诸邦国工业落后，产品根本无法跟低价的进口货竞争，德国工商业者因此受到了极大的损害。① 李斯特对祖国的落后心急如焚，他不甘于当藏身书斋的学究，于是为谋求德国政治和经济的统一四处奔走，还因此被监禁和驱逐。李斯特在经济学上的最大贡献在于，他把历史比较方法系统地用于经济分析，雄辩地以大量经验事实批驳了在落后国家实施自由对外贸易的荒谬之处。他还在经济理论中引入了"民族主义"和"生产力"两个全新概念。② 此外，李斯特又以发展的观点看待经济活动，试图概括国民经济发展的一般进程。不过，李斯特虽在方法上和理论上有重要创获，但他并不是严格意义上的学者，他的成果并不能构成一个严谨的理论体系。

罗雪尔是历史学派经济学的真正创始人，他不满旧经济学的理论命题脱离现实生活，并受萨维尼的历史法学启发，致力于为经济理论增添丰富的历史材料，务求使之臻于完善。但与萨维尼不同的是，罗雪尔没有试图以历史方法为旧制度的合理性辩护，在原则上，他并不反对古典经济学提出的经济法则，他的终生目的是沟通经济理论和历史研究。他所要求的革新，更多是教学法的革新，这明显受到德意志官房主义（Kameralismus）思想的影响。当时德意志地区的大学讲授经济学知识，是为了培养治理邦国的行政官员，而对于治国者来说，仅仅掌握少数抽象原则远远不够，他们必须了解国家的历史和各种制度的演变。这样我们就不难理解，为何篇幅短小的《历史方法的国民经济学讲义大纲》中收入了许多看似庞杂的历史材料。不过如此一来，罗雪尔一方

① 季德，利斯特.经济学说史（上册）[M].北京：商务印书馆，1986：310-312.
② 季德，利斯特.经济学说史（上册）[M].北京：商务印书馆，1986：314.

面承认经济的自然法则，另一方面又以一种有机、整体的观点考察国家和国民经济的发展，要求研究经济活动时必须同时研究法律史、政治史和文化史。后者源于德意志的历史主义传统，其出发点恰恰是与古典经济学的自然法观念相悖的。

希尔德布兰德和克尼斯对传统经济学的批判更为彻底。在《现在和未来的国民经济学》中，希尔德布兰德从根本上反对古典经济学，要求以历史方法彻底改造这门科学，克尼斯甚至质疑任何关于经济活动的自然法则的存在。不过，这两位经济学家的影响力都远远不如罗雪尔。

到了十九世纪七十年代，德国的形势已是大变：普鲁士凭借强大军事实力统一了德国，德国的工业也通过吸收英国的技术和过剩资本迅速发展起来。但随着工业的发展，阶级矛盾却日益激化，工人阶级工资微薄，工作条件恶劣，反抗意识增强，社会主义者在议会中的势力也迅速壮大，令统治者大为恐慌。[①] 此时，调和阶级矛盾、解决社会分裂成为德国的燃眉之急。在这一背景下，以施穆勒为首的新兴历史学派，一方面为德国经济学注入了一种全新的科学精神，另一方面力图为当时的"劳工问题"寻找解决方案。

与古典经济学相比，新历史学派对经济学的目的和范围有着截然不同的理解，他们深怀抱负，要建立一门新的经济学。新历史学派尤其反对传统经济学从简单的"自利"（施穆勒把它称为"逐利心"）假设出发，使用演绎法推导经济法则的方式。施穆勒强调，必须运用归纳方法，通过大量费力的历史研究才能发现现实中的复杂因果联系，从而揭示经济生活的规律性。因此，施穆勒也批评旧历史学派的前辈，仅凭借一些简单的特征就急于提出所谓的"经济发展规律"，认为这是轻率之举。他要求以更科学的方法来代替罗雪尔的"历史生理学"，即所谓的"历史统计学"（在当时，统计学是新兴的科学）。而且，由于经济活动的复杂性，

---

① 王亚南.政治经济学史大纲［M］.北京：中华书局，1949：362.

新历史学派提倡使用跨学科方法、从多个维度研究经济活动。

此外，新历史学派还称经济学是一门"伦理的科学"，这主要有三方面的含义。第一，伦理价值是人类在现实生活中历史地形成的，每一时期的价值标准以及与之相关的人类感情各不相同，正是这些因素而不是单纯的"逐利心"决定了人的经济行为。第二，伦理价值在现实生活中会具体化为各个层面的规范和制度，按施穆勒的说法，会形成不同的习俗（Sitte）、道德（Moral）和法律（Recht）。而在不同的时期和国度，其经济活动和经济形态都会因此表现出不同特征。因此，所谓经济法则不可能是普遍有效的。第三，道德是人类生活经验的产物，今人应该在高级道德情感的指引下，因应现实条件和社会需要，努力建立更美好、更符合道德的社会经济制度。新历史学派经济学家确实践行了自己的道德理想，施穆勒等人在 1873 年建立了著名的"社会政策协会"（Verein für Sozialpolitik），在其倡导下，俾斯麦政府通过了一系列社会保险法，建立了世界第一个现代社会福利体系，这也是今天西方福利社会模式的基础。

新历史学派经济学不但主导德国经济学界近半个世纪，而且在当时享有崇高的国际声誉，其思想深刻地影响了英国历史学派经济学、美国旧制度学派以及马克斯·韦伯等人的学说。思想史上两次影响深远的学术大论战（"方法论论战"和"价值中立论战"）均由新历史学派引发。

综上所述，新历史学派经济学在经济思想史上具有重要地位，其学说充满着现实精神和改革经济学的雄心，这些经济学家具有广阔的视野，试图在历史真实中以科学的方法发现经济规律，他们的研究思路和研究方法与当今的主流经济学大异其趣，值得我们学习、探讨。新历史学派的著作非常丰富，其中，独特的研究框架是其学术遗产的精华部分。在研究方法方面，施穆勒、桑巴特和施皮托夫三位大家均有卓著贡献，他们提出了各自的框架——"施穆勒纲领"（Schmollerprogramm）、"经济系统"

（Wirtschaftssystem）和"经济模式"（Wirtschaftsstil），三者有着承传和发展关系。

二、德国新历史学派的三大研究框架：施穆勒纲领、经济系统与经济模式

（一）施穆勒纲领

施穆勒试图在坚实的经验基础上建立一门新的经济学，他认为，经济学不能满足于从若干极度简化的假设推演出所谓的"法则"，它必须能够揭示出现实世界复杂的真实因果联系。施穆勒提出的设想被后人称为"施穆勒纲领"，它虽不是一个已经完善、可操作的框架，却包含着许多独到见解，为历史主义经济学的研究指明了方向。

施穆勒在《国民经济、国民经济学及其方法》（商务印书馆，2017 年）中勾勒了"施穆勒纲领"的基本轮廓。他的构想主要有下面几点：①他认定当时经济学的发展处于低水平，因此无论是传统经济学提出的"经济法则"，还是旧历史学派发现的"发展规律"都是粗略而不可靠的，我们只有运用归纳方法，通过研究不同时代的经济发展和制度演变，才能获得真正的经济法则。②经济活动受到两大原因系统（自然原因和心理原因）的影响，想要揭示其中的复杂因果关系，既要研究自然因素（如技术），又要研究心理因素（如社会的习俗、道德和法律等层面），这并非单纯的演绎方法所能解决的。③由于影响经济活动的原因的复杂性，经济学研究必须使用多元的、跨学科的方法。④由于第 2 点，我们必须研究各个时代和国度的不同社会心理和社会制度，并考察其演变过程，因此，我们需要一种历史社会心理学取代传统的"经济人"假设。⑤经济学研究不能脱离伦理价值研究，因为伦理价值并非纯粹的主观判断，它是人类千百年的生存经验的产物，一些重要的伦理价值会构成一个社会存在的基础。而且，每个时代的伦理价值会

体现在它的各种规范和制度之中，从而塑造这个时代的经济活动。⑥社会的发展同时应该是道德的进步，国家应该通过社会政策建立更加公平、符合道德的社会经济制度。⑦每一种经济学学说都以一套伦理价值或者一种世界观为基础，无论是斯密的经济学、社会主义学说还是历史学派经济学都是如此。

由于《国民经济、国民经济学及其方法》的篇幅较短，因此仅简略地论及施穆勒研究框架的基石——一种历史主义的社会心理学。本书收入的两篇施穆勒的作品恰恰阐述了这一重大主题。

《一般国民经济学大纲：总论》在开篇把国民经济视为社会生活的一个方面，它在现实中作为一个整体发挥作用，并由一种统一的民族精神和一系列统一的物质原因所支配。接着，施穆勒从历史的角度分析了人类为什么会结成群体：最初出现的小团体是以血缘和安全需要为基础的，随着这种群体的扩大和复杂化，群体内部发展出特殊的社会秩序和经济秩序。而有组织的共同生活也催生了一些群体的共同目的，创造了群体成员的共同感情。语言与文字的出现，促进了人类的互相理解，大大地增强了人类群体的团结和共同情感。

施穆勒特别指出，近代个人主义思潮把个体视为一种独立、自主的力量，以为个体是社会的基本要素，这是一种谬见。事实上，每个人都被他的环境支配和制约，其中精神因素至为重要，也就是精神性的集体力量。这种力量在群体的共同生活中产生，它被一代代传承，又通过新旧思想的斗争不断演化和升华。精神性集体力量对群体成员的行为有强大的约束力，它把同一个宗教的信徒、同一个民族甚至一个国家的人民凝聚在一起。

为了破除功利主义哲学对经济学的影响，施穆勒探讨了快乐和痛苦的感情。他论证了，尽管人的快乐和痛苦有其生物基础，但经验积累和社会生活会使快乐和痛苦的内容和形式都发生变化。例如，进食和交配这类原始的快乐会通过不同的方式实现，高级的快乐（如交际、家庭生活、工作成就、艺术等等）会逐渐出现。

在此过程中，人类的情感得到升华，人的物质和精神需求也发生改变。因此，趋利避害的倾向并不必然导致"逐利心"。而且，随着社会和经济的发展，人类必然产生越来越多新的物质和精神需求，以及与之相伴的满足手段，它有可能会使人类滑向纵欲堕落。然而施穆勒并没有否定物质生活，他认为，物质的进步与精神的发展必须齐头并进，在健康的道德力量和理性的判断力帮助下，人类能够利用丰富的产品，获得更好的生活。

施穆勒还分析了人的各种欲望，如自我保护的欲望、性欲望、行动的欲望、被认可的欲望和竞争欲望等等。在这些欲望中，人类渴望同伴的认可和爱，会导致个人控制自己的其他欲望，并采取与群体相近的价值标准。而被经济学作为基本假设的"逐利心"，只不过是近代社会的产物，它以某些技术条件、道德观念、习俗规范和法律制度为基础。因此，它不是放诸四海皆准的自然力量。

施穆勒指出，道德判断一开始是社会习得的，它源于在群体中互相感染的、激起愉悦和报复心的感情。这些从社会获得的道德判断逐渐形成良知，它具有绝对律令的特征，规范和改变着我们的行为。然而，道德又始终是变动不居的东西。善不是静止的，它由某一时空的外部生活条件、因果观念和宗教观念决定，它通常是有益于我们的生存的东西。但施穆勒相信，社会经验会让我们的高级感情不断战胜低级感情，整体利益不断战胜个体利益，从而产生道德的进步。

对于施穆勒来说，伦理价值并非仅属于心灵世界，它会具体化为一个社会的习俗、法律和道德。这三者在不同领域规范着人的行为，其规则不但支配着全部社会生活和经济生活，而且它们的构造形式也决定了一个时代的状况。施穆勒阐明了三者的发展过程和作用，并批评自然法学说忽视这三者无处不在的影响，仅从一个预设的和谐状态出发，颂扬个人自由，这实是一种歪曲。

依施穆勒之见，国民经济既是一个自然力量的系统，又是一个伦理力量的系统，取决于观察的角度。道德力量必须通过自然 –

技术手段实现，并为国民经济的自然 – 技术机制所制约。但正是前者使欲望变成美德，使个人变成社会角色，使社会变成和谐而有序地发挥作用的总体力量。政治、法律或经济制度，为人的活动提供了坚实的框架，其中饱含着道德精神，它们不但是为了人类的生存，也是为了实现某些道德目的设立的。经济生活的历史进步首先应该表现在更强的生产力和更好的经济物品供应上，但这只有在更优越的制度、更复杂的社会组织构造支持下方能实现。施穆勒认为，当时应通过制度的改良，塑造更强大、更和谐、更复杂和更有效的集体力量，以实现高级的道德目的。他的理想是，在给予弱者保护的同时，维持政治和经济领域健康的竞争，不过这一切必须服务于整体的利益。

毋庸讳言，施穆勒终究是站在德国统治者的立场之上的，他明言不能容许下层阶级的骚乱危及德国的社会稳定和经济繁荣。不过，我们不能因此否认，施穆勒的强烈道德感是真诚的。在《艾森那赫讲话》中，他对德国当时严重的社会分裂和工人阶级的恶劣境况忧心忡忡，担心激烈的阶级斗争会使社会动荡甚至引发政治倒退，因此希望通过温和的社会改良，即通过政府立法，给予工人基本的保障，使工人能够分享社会进步的成果，也让社会保持通畅的向上流动渠道。

另外，《一般国民经济学大纲：总论》的后半部分还简要地说明了施穆勒在"方法论论战"以后最终形成的方法论观点。例如，施穆勒认为由于影响经济活动的因素异常复杂，所以我们无法为人类社会的经济发展找到一个最终的、普遍有效的规律。但是，对某一时期某一经济形态而言，由于它具有相对稳定的文化状态，因此我们可以发现一些支配性的法则。这一思想被施皮托夫继承，并进一步发展为"经济模式"的研究框架。

（二）桑巴特的经济系统

"施穆勒纲领"为历史学派的经济研究打下了社会心理的基

础，还提出了一些重要的原则，但它还缺乏清晰的分析框架。新历史学派的第二代大家桑巴特才气横溢、著述等身，他的《现代资本主义》超越学科分野，从多个层面剖析了资本主义的经济和社会形态。他另有《三种国民经济学》（*Die drei Nationalökonomien*）一书，是纯粹的方法论著作，意在终结"理论经济学"和历史学派学说的争论。[①] 而《经济生活的秩序》虽篇幅短小，却提出了"经济系统"这一重要概念，桑巴特试图在"施穆勒纲领"的基础上，建立一个系统化的研究框架，用以分析不同时代的经济形态。

桑巴特指出，所有的经济生活都发生在一个支配着经济行为的秩序框架（各种规则和规范）之内，而我们可以从三个方面描绘经济生活的"秩序"：经济活动的管制、经济活动的组织化以及关于经济活动的知识体系。他回顾了德国经济学家从不同视角对经济活动进行分期的方式，认为这些方式都是不恰当的，因为它们试图仅仅从单一的特征出发揭示特定经济秩序的本质。桑巴特提出了一个替代性的分析框架——"经济系统"，这一框架包含了经济秩序的多个基本特征，它不仅是抽象的思维形式，而且具有具体的、历史的确实性。因此，经济系统能够反映不同经济形态的本质。桑巴特把塑造经济生活的不同方式概括为三个层面——精神（经济信念）、形式（管制和组织）和技术（操作程序），每一个层面又包含几种类型。以经济系统的框架为基础，桑巴特还刻画了自足经济、手工业和资本主义几种经济形态的特征。

桑巴特对"企业"所下的定义非常广泛：人们把为了持续开展某项工作而进行的活动称为企业。经济生活必须有所组织，因此它发生在各类型的"企业"之中。在"经济生活的组织化"一章里，作者分析了企业的组织原则、形式及其规律。桑巴特不厌其烦地对各个历史时期的企业进行了分类，并描绘了它们各自的特征，他指出，不同类型的企业在经济信念、组织形式和技术三

---

① 我国在民国时期有一个节译本，即王毓瑚翻译的《经济学解》（商务印书馆，1936）。——作者

个层面有着巨大的差异。

在上述分析的基础上，桑巴特进一步区分了历史上经济生活的几种重要管制类型：中世纪市镇经济、重商主义经济、自由资本主义经济以及十九、二十世纪之交的发达资本主义。他强调，每一种管制政策都有其历史合理性，如重商主义政策虽常为后世诟病，但它发生在国家权力逐渐集中和资本主义发端的阶段，有力地支持了国家统一和新兴工业的发展，因此具有积极的意义。

（三）施皮托夫的经济模式

施皮托夫是桑巴特的门生，又曾长年担任施穆勒的助手，他也是新历史学派的最后一位大家。在《作为历史性理论的一般国民经济学——"经济模式"》一文中，施皮托夫对桑巴特的"经济系统"进行了修正和扩充，提出了"经济模式"（又译"经济风格"）的分析框架，为运用历史方法进行经济研究指出了新的方向。

此文中，施皮托夫首先着手澄清经济法则的普遍性问题，他提出了"非时间性经济"的概念，其组成部分包括：需要、需求、商品、价值、需求满足、收益、成本、收益核算。这些都是任何时空的经济活动都必然具备的基本要素。他认为，只有专门研究非时间性经济现象，才算是一种无条件的国民经济理论，能具有普遍有效性。与之相对，大部分经济现象被历史变迁决定，我们只有依靠一些典型程式才能概括它们，这就是"经济模式"（如资本主义自由市场经济）。对于每一种"模式"，都有一种一般的国民经济学，而这种经济学是一种历史性理论，就是说，因为其有效性受时代的限制。

传统经济学提出的"经济学纯理论"——从若干简单的假设出发，演绎地推演出某种机制或某些结论——是一种有意识的非现实思维构造物，[①] 它可以是一种辅助性的分析工具，但绝不能被视为现实的

---

① 例如从个人的"效用"出发推导出消费者对某商品的需求。

写照。经济模式提供了一种现实主义的理论或者"模写理论"，它与纯理论并不是互相排斥的。"模写理论"就像画作，既能勾勒事实状况的基本特征，提供现实的"写照"，又带有研究者的个人视角。

施皮托夫进而分析了前人提出的几种经济阶段理论和桑巴特的经济系统，并批评桑巴特没有在这一框架基础上提炼出历史学派所追求的历史性理论。在经济系统的基础上，作者建立了包含 5 个大方面（经济精神、自然的与技术的基础、社会制度、经济宪法、经济的运转状况）和 16 个基本特征的"经济模式"框架。他认为这一框架不但能概括历史上一切经济形态的特征，而且能为每一形态提供一种历史性理论。

此外，作者还尖锐批评了韦伯的"理想类型"，针锋相对地提出"现实类型"（Realtyp）的思路。施皮托夫指出新历史学派学者所概括的"系统"或"模式"，都是能够把握历史现实的"现实类型"，并认为只有如此，才能发现真实经济活动的法则。从这些争论可知，新历史学派与韦伯的分歧实是源于科学观的根本差异，韦伯虽然声称自己也是历史学派的一员，但他的认识论根基是新康德主义哲学，强调概念的逻辑纯粹性和一贯性，却否认概念的定义可以揭示现象的本质，他认定社会科学知识的"客观性"取决于人的价值选择。而新历史学派诸人虽也强调伦理价值的重要性，但他们大多持近似于科学实在论的观点，承认定义、理论虽不能尽善尽美，却能够在很大程度上反映真实。

《古斯塔夫·冯·施穆勒与国民经济学的模写理论》一文以施穆勒对价值—价格理论的研究为例，阐述了"模写理论"的运用、特征及困难。作者认为，施穆勒的《一般国民经济学大纲》勾勒了一幅国民经济学的完整草图，并致力于捕捉现实经验现实的全体。在这部巨著中，他第一次尝试把经验研究与理论探究结合起来，在材料积累和研究程序方面取得了巨大的成果。但是，作者也承认，施穆勒在理论研究方面并不成功，因为他未能提出一种新理论。施皮托夫把这一失败归结为概括"模写理论"时固有的巨大困难。他认定，要完成这个任务，还需要几代人的努力。

施皮托夫的"经济模式"框架比"施穆勒纲领"和"经济系统"更为精细和清晰，但依然是一个未完成的框架。这位新历史学派最后的大家并未如他所设想的那样，成功地为不同的"经济模式"建立各自的历史性一般国民经济学。

三、历史学派经济学与经济学的革新

德国历史学派无论在社会观还是研究方法方面都有很多真知灼见，它对主流经济学提出了深刻的批判，但它自身也存在一些重大缺陷。第二次世界大战之后，随着纳粹德国崩溃，德国学术界受到极大破坏，而美国成为新的世界学术中心，大量德语经济学文献也不再被主流关注，这些因素导致历史学派的世界学术影响力迅速消失，也使历史学派丧失了修正其学说的机会。[①] 在一段很长的时间里，历史学派经济学家的著作备受冷落。但自二十世纪八十年代末以来，对德国历史学派的研究在西方学界经历了一次复兴。一些研究者高瞻远瞩地认识到，研究该学派不只是经济学思想史的课题，而且对革新现代经济学有重大的指导性意义。如巴克豪斯阐明了"施穆勒纲领"是一种多维度、跨学科的研究范式，并称施穆勒是一位"没有过时的大师"；[②] 日本学者盐野谷祐一指出，历史学派经济学家留给经济学和社会科学研究一个宏大的分析框架；[③] 挪威经济学家埃里克·S.赖特纳甚至认为，该学派

---

① 霍奇逊.经济学是如何忘记历史的：社会科学中的历史特性问题 [M]. 高伟，等译.北京：中国人民大学出版社，2008：3-33，200.

② 约尔根·巴克豪斯.施穆勒与《一般国民经济学大纲》——一位没有过时的大师 [M]// 古斯塔夫·冯·施穆勒.国民经济、国民经济学及其方法.黎岗，译.北京：商务印书馆，2017：115-137.

③ Yuichi Shionoya. Rational reconstruction of the German Historical School: an overview [M] //Yuichi Shionoya. The Soul of the German Historical School: Methodological Essays on Schmoller, Weber, and Schumpeter. Boston: Springer, 2005: 1-11.

留下了卷帙浩繁的研究成果，足以构建一个不同于新古典经济学的理论基础。[①]

在新历史学派经济学的遗产中，其开放性、跨学科性的经济学研究框架最为可贵，新历史学派经济学家试图通过归纳方法建立一种现实主义的、以历史真实为基础的经济学，把不同国家的复杂的自然、制度、文化条件纳入经济研究中，并且要求恢复伦理价值在经济学中应有的地位。这些思想值得我国经济学研究者学习和借鉴，尽管该学派的研究框架——无论是"施穆勒纲领"、"经济系统"还是"经济模式"——都是未臻完善的，都需要批判、取舍和发扬。

---

① 赖纳特.作为发展经济学的德国经济学：从"三十年战争"到第二次世界大战［M］//赖纳特，贾根良.穷国的国富论：演化发展经济学论文选（下卷）.贾根良，等译.北京：高等教育出版社，2007：218–245.

目　录

第一部分　历史主义经济学的多维框架——施穆勒纲领

艾森那赫社会问题研讨大会与
施穆勒的开幕讲话

布鲁诺·希尔德布兰德

我们于 10 月 6 日在艾森那赫召开了关于社会问题的研讨会议，施穆勒教授代表大会组委会做了开幕演讲。他的讲话充分代表了国民经济科学的精神，现今这种精神业已在德国大学中占据了统治地位。基于这个理由，我们更觉得有责任指出这次讲话的重要意义，特别是因为，讲话显而易见地包含了《德意志帝国立法、行政与国民经济年鉴》(*Jahrbuch für Gesetzgebung, Verwaltung und Volkswirtschaft im Deutschen Reiche*，简称《年鉴》) 的观点，这种观点从它发行之日起整整十年一直坚持不变。

然而，艾森那赫大会的主席格奈斯特 (Gneist) 教授却对大会的议程提出反对，因为他信仰亚当·斯密发现的永恒的国民经济法则，从而认定经济与德行是不可调和的对立物。不过他的异议应者寥寥。而且这是一位法学家的意见，即使这位学者博学多识、成果丰硕，但他对于经济科学在近十年来取得的重大进展一无所知，我们也不能对此苛责。

施穆勒非常恰当地回应了格奈斯特先生：国家法的教授想要依据颠扑不破的斯密学说反对经济学家的观点，其分量大概跟经济学家抬出孟德斯鸠的理论驳斥国家法教授差不多。

　　我们完全不打算否定或者贬低亚当·斯密的伟大地位和学术成就。在另外一个地方，[①] 我们把他跟康德做了比较，也肯定了他在世界历史中的地位。不过就像卢梭、孟德斯鸠和康德一样，亚当·斯密也是他所处时代的产物。卢梭和康德创造出一个国家法和政治学学派，它不顾人类的天然差别以及社会发展阶段、民族气质的差异，试图构造一种普适的国家形式；与之相似，斯密和他的学派也试图从几个哲学前提和有限的经济领域观察推导出普遍有效的原理，即试图创造一门对全世界、全人类都普遍适用的经济学，这种做法完全符合那个时代的理性主义思想启蒙潮流。他们的出发点是，人性的自利和实物产品之间具有稳定关系，而所有国民经济法则都是建立在此关系之上的，因此它们能够超越时间与空间，在现象的变化中持存不变。然而，斯密学派却全然忽略了重要的一点，即人类作为社会动物始终是文明的儿女和历史的产物，人的需要以及他的精神、道德、政治教养，还有人与实物产品、与其他人的关系，都不可能持久不变。这一切既会因地理位置的不同产生区别，又会在历史发展中不断改变，而且随着整个人类文明的发展而不断进步。

　　至于斯密学说的第二个特征，也跟那个时代的国家法学说和启蒙思想著作是一致的。它的第二个出发点是市民社会的原子个体观念，即把单个个体的利益看作整个社会集体的理由和目的。根据政治的理性主义的观点，国家只是一种保障个人自由的法律制度；根据经济理性主义的观点，作为经济实体的社会只是一个简单方便地满足单个经济单位的私人需要的团体或系统。前者认为社会建立在法律契约之上，后者认为社会建立在个体的交换和劳动契约之上，而且两者都重视个体的私人利益而忽视社会共同体必不可少的纽带。

　　把个体利益标举为经济学最高原则，个人与人类道德义务

[①] 《国民经济学的现状与未来 I》（*Die Nationalökonomie der Gegenwart und Zukunft*. I. Frankfurt 1848）第 19 页以后。

的所有关联就都被排除了。亚当·穆勒（Adam Müller）、李斯特（List）和其他思想家评论斯密学说的唯物主义因素时，已经合理地抨击过这一点。尽管很多这一学说的追随者，特别是德国人，完全没有把物质享乐看作人类的目标，而是试图通过一种国民经济的保育学说，把私人财富视为个体实现道德完成的手段，从而把它与高级的道德产品和国家福利联系在一起。但是这样一来，他们不但让这种一家之言对国民经济学本身产生了不容忽视的影响，而且事实上，他们跟斯密一样，把整座经济学的大厦建立在一个统御一切的利己主义前提之上。斯密学派把国民经济科学视为关于交换的自然科学，其中个体被假定为绝对的利己主义力量，假定追逐个人利益有自然定律般的必然性。因此，人们相信已发现的一些经济法则和规则就是自然法则，是不可更改的。

然而，即使统辖一切的利己主义前提是真实的，这些所谓的"自然法则"也不可靠。十年前，当我们在《年鉴》的导论性论文中探讨当今国民经济学的任务时，已经论证了这一点，而且之后从来没有遇到过有力的反驳。

我们当时说道：①

众所周知，在斯密学派中国民经济学被拆分为三个部分：商品制造学说、商品分配学说和消费学说。第一部分和第三部分仅仅包括对有关过程的性质描述，它们是通过观察生活现象得来的。前者描述了各种生产性力量和增强其作用的手段，还有它们在不同行业中的共同作用及其产品；后者描述了不同形式的商品消费，以及它们对国家福利的影响。商品分配的学说则包含了这门科学真正的核心部分，它阐述了一些"自然法则"，而所有商品的价格包括所有的租金，如劳动工资、资本利息等等，都是依据"法则"自然形成的。我们在这里忽略其他形式的租金，仅仅分析一下其

---

① 上述《年鉴》1863 年，第一册，第 23 页以后。

中一种可能是最重要的租金，即劳动工资的法则。[①]

斯密学派认为，劳动工资或者说劳动的价格跟其他所有商品的价格一样，为三个因素所决定：①劳动的价值；②劳动的成本；③劳动力的需求和供给之间的关系。

出于自利的本性，没有人付出的工资会比劳动力所能为他创造的价值更高，因此劳动的价值决定了劳动力购买者出价的上限。

与之相对，劳动的成本决定了劳动力出售者的价格下限，因为出于同样的自利本性，没有人愿意低于劳动成本出售他的劳动力。

最终，劳动力的需求和供给之间的相互作用使价格稳定在它的上限和下限之间的每一水平上，因为这两个界限是劳动力的购买者和出售者作为互相对立的力量所坚守的。

从这条法则可以推论，无论是脑力劳动还是体力劳动的工资，无论它以固定工资还是以特定劳动产品的计件工资形式进行支付，工资水平似乎都能通过理论得到合理解释，因为它始终是劳动力出售者和购买者的自利力量所自然产生的。而且斯密学派还依据该价格形成法则来反对并成功地废除了之前数百年那些荒谬的公共税收和工资制度。但是从这条法则也可以推论，工厂主完全有权利想方设法压低工人的工资，而且我们可以据此判定，对压低工资和劳工阶层悲惨生活的一切控诉——无论它们是来自西里西亚的纺织业地区、爱尔兰的农村还是今天兰开夏工业区的声音——都应该消停了，因为这就是自然法则。

即使我们认为，参加工资谈判的双方确实完全是自利的人，而且他们完全不具有任何"合理"和"公正"观念，这个"法则"也只在下面的情况下才是有效的：双方都必须有能力坚守为劳动力价值和劳动力成本所决定的价格界限，而这种坚持的前提条件又是竞争的双方必须同等强大。但是众所周知，这种情况是从来不会实现的，因为不同的经济力量在不同的生存状况下，在坚持

[①] 参照劳的《国民经济学原理》（Rau, *Grundsätze der Volkswirtschaftslehre*），第 146 页以后。

自己的立场、争取自己的权益的时候，只能占有不对等手段。所以不可避免的结果是，在工资谈判中弱势的劳动者总是落败，为生活所迫，他不得不接受低于假想的劳动工资下限的工资。劳动价格法则不但假设所有竞争者行为都被普遍的、永恒不变的自利动机决定，而且还假设所有自利的竞争者具有同样强大的力量，因此，它建立在一个完全与事实相悖的基础之上。

综上所述，这种臆想出来的自然法则明显是错误的，上面的简单分析已经足以支持我们的论断：斯密学派所宣讲的那些基于自利人性的经济学"自然法则"，它的整个假定都是站不住脚的。

这就是我对大会主席格奈斯特教授所持异议的澄清和回应。接着我们一起听听施穆勒的开幕讲话。

他说道：

尊敬的先生们！在正式进入会议议程和讨论之前，请容许我代表发出会议邀请的同人，特别是组委会成员，对诸位表示热烈欢迎，并为诸位的莅临致谢！同时，我还想简短地说明一下召开这次大会的主要意图。我们需要论证，我们大家——大多数是平日远离公共生活的学者——必须通过召开这样一个伟大而庄严的会议，一方面为改革我们的社会状况寻找一个基础，另一方面为一些早已在不同领域存在的思想建立更加广泛的共识，而这些思想至今没有在公共舆论中成为主流。

当今的社会状况引发了深刻的矛盾，企业主和工人、有产者和无产者之间的斗争造成严重的社会分裂，一场社会革命尽管还未迫在眉睫，但其威胁却已逼近。若干年以来，这些现象在广泛的社会圈子内引起了大众的怀疑：主导着当今市场的、体现在"经济大会"（Volkswirtschaftlicher Kongress）上的经济学学说，是否能永远占据支配地位？我们的经济是否像那一派的狂妄之徒预言的一样，在引入经营自由，废除一切陈旧的中世纪行业法规之后，已经达到了尽善尽美的状态？

在德国的国民经济学之中，早就出现了一些意义重大的思潮，与之分道扬镳。我们产生了一个历史的、一个哲学的和一个统计的学派，它们不同于对英国曼彻斯特学派亦步亦趋，宣讲沿袭其教条的德国经济学派别。因为它们建立在跟前者完全不同的理论基础之上，而且使用不一样的研究方法。但是在一开始，大家对摆在议程上的实际问题的看法是一致的。这几个学派都要求改革关税制度和实现经营自由。它们曾经共同反对把种种保守的诉求——如保留行会制度和维护各种封建机构——设为经济大会的目标。

不过在共同目标实现之后，特别是在涉及是否坚定不移地遵循绝对的经济自由原则时，两派的根本分歧就显现出来了。随着社会福利问题日益显现出其重要意义，这一矛盾很快变得越来越尖锐。继续死守国家不干预原则，死守让个体的自利心支配一切、解决所有问题的教条，这是死路一条。其间，我们的政治生活也改变了。在国家四分五裂的时期和普鲁士宪法纠纷的年代，人们对任何政府行为都抱有怀疑，宁可把一切改革交托给个人和社团（Verband）而不是立法机构，这是可以理解的。德意志帝国自1866年和1870年以来的伟大崛起，政府与人民、议会与国家权力机关的和解，为解决国民经济问题打开了新局面。在银行、保险和铁路的问题上，工商阶层所表达的立场是6年到8年之前不可想象的。而劳工阶层和他们推举出来的领袖已经发展出新的意识，曼彻斯特学派的教条主义者却依然对此报以轻蔑和愤怒。

不少人尽管经常参加经济大会，但是对这些社会状况和观念的重大转变视而不见。其他一些人更多不是因为认可其原则，而是出于个人关系参与这个群体。他们实际上的领袖越来越粗暴地反对一切改革计划，因为这些计划跟他们信奉的片面教条不完全一致。在他们看来，根本不存在所谓"劳工问题"，他们认为说出这种话的人不是犯糊涂就是有意煽动，因为现在劳工阶层已经得到了他们所需要的一切。他们认定，生活不能过得越来越好的人，错在自身。有些人甚至瞧不起合作社，他们谴责道，让工人分享利润是对企业家利润的侵犯。他们还出于对一切合作组织的憎恨而攻击行业协会，因为他们在其中嗅出了新的思想。特别是在工厂立法方面，他们坚决否定建立工厂监督委员会对德国社会状况而言的合理性。人们还支持在仲裁法庭和调解局之上，在柏林的国民经济学学会内建立一个驳回性的异见者法庭。我们甚至会产生一个印象，好像之前还以人权之名极力要求拯救非特权阶层的政党，现在都仅仅站在企业主阶级的立场为其利益说话了，好像他们把经济自由仅仅理解为大企业家和大资本家剥削大众的权力。

由于任何异议都无法出现在经济大会之上，甚至往旧瓶子里灌入新酒都不可能，所以我们自己行动起来，创立一个独立的研讨会，一个实践性的组织，来探讨和实现那些早已在不同的政治、科学圈子里扎根的思想。因为只有通过这个途径，我们才有可能对舆论和立法发挥有力的影响。在今年七月，我们召集一些公职人员、下议院议员、教授和记者进行了小范围的商议，讨论我们应该怎么做。讨论的结果就是召开本次大会的计划。

我们不想隐瞒，要使大家达成一致非常困难，即使大家都是所谓的曼彻斯特派的反对者。困难特别在于，我们这些人隶属于如此不同的政治党派。

几乎所有这一派的教授和学者——他们被对手称作所谓的"讲坛社会主义者"——都属于几个立场相近的政治中间党派。不过，他们却无法以其经济学观点左右其党派，因为这些党派就社会属性而言是受企业家阶层支持的，在代表该阶层与工人阶层进行斗争的过程中，它们很难完全摆脱这一社会基础。这批人在召集大会时就已经明白，他们要同时在进步的和保守的阵营寻求支持，或者说，他们必须抛开政治党派立场，邀请所有在经济观方面志同道合的人进行协商，就像我们已经做的那样。因此，我们还特意邀请了温和的社会主义者和天主教中央党成员参加会议。

对于这样一次联合，比较合理的做法是不要把第一次大会办得太大，也就是控制与会的人数，只召集最有影响力的党派领袖、记者、学者、工业家和工人代表。在这个意义上，我们把这次商议称为"非公开的"，但这并不意味着我们要进行什么秘密计划。

另外，考虑到本次大会的性质，我们不打算辩论原则性问题，而是马上进入正题，即选出眼下最重要而又悬而未决的改革议题，例如雇佣劳工、行业协会、工厂立法和住房问题等，努力对此提出实际的解决方案。假如我们能够达到这个目的，我们就在将来召集数量更多的各界人士再举行一次扩大会议。

虽然我们在大会召开之前没有一个共同的计划，但是在开幕讲话的末尾，我相信我可以宣布，大部分签名召集大会的人，包括德意志各大学的国民经济学、历史学、法学教授以及官方统计局的负责人，都具有同样的基本信念，并且在它的指引下迈出了第一步。

我们这些人对国家的看法是一致的，我们既反对以自然法为依据无限地颂扬个体的专断，也反对一个以专制主义为依据、干涉一切的国家权力。只要我们把国家角色放在历史的巨流中考量，就会承认，国家的任务应视当时的文化状况而定，有时比较狭窄，有时比较宽泛。但是我们永远不会像自然法学说和曼彻斯特学派那样，把国家视为必须尽可能被限制的"必要的恶"。国家永远是培育人类的最伟大的文明教化制度。我们不希望不同经济地位的阶级通过你死我活的斗争来夺取政治权力，因此支持立宪。我们支持一个强大的国家政权，因为它能够凌驾于狭隘的阶级利益之上制定法律，通过法律手段令政府保护弱者，改善低下阶层的地位。我们投身于一场持续二百年的斗争当中，在其中，普鲁士全体公职人员和普鲁士王国为法律平等、消除上等阶级的特权、解放低下层人民和改善其生活不懈努力，并获得了丰硕成果。这正是德意志国家制度最优越的、我们永远不能背弃的承传。

在评价当前经济形势的时候，我们不会否定我们的时代在技术、生产、商业方面取得了空前而辉煌的进步。不过我们也认识到社会种种严重的弊端：日益加剧的收入和财产不平等、有失诚信的活动、商界的某些不和谐现象，以及一些一般性社会原因使越来越多的下层民众变得野蛮和放纵。我们认识到其主要原因是，人们在最好的时代里，在进一步劳动分工、建立新的企业和商业机构，以及订立劳动合同之时，还有在对此进行立法的时候，往往只会问：这是否能在短期内促进生产？而不会问另一些同样重要的问题：它对人会有什么影响？这种新组织能否支持那些维持社会所必要的道德要素的产生？它能否给予年轻一辈足够的教养？它是否在取得经济进步以外，还能使成年人更加勤奋、节俭、正直和重视家庭生活？我们坚信，忽视国民经济的组织形式与一个国家的整体伦理状况之间的心理联系正是一切弊病的根源。只要认识到这种联系，就会认识到改革的必要性。

　　我们对劳工问题的判断正是基于这个观点。我们承认，工人的温饱问题相比以前确实改善了，今天也许不会像过去几个世纪一样，成千上万人因为长期饥饿而死亡。但是在工人看来，这仅仅是个微不足道的慰藉。他们首先会质疑，今天大部分工人的生活条件，是否对他们来说意味着伦理、经济上的改善。不过，至少对于很大部分的工人而言，答案是否定的。我们还看到，这些人越来越倾向于跟有产者和知识阶层的截然对立。我们认为，比起经济上的贫富分化，人在修养、教育、观念和理想方面的鸿沟会带来更大的危险。我们还记得，历史上的希腊、罗马和其他高级文明正是由于类似的社会对立，由于社会阶级斗争和革命，或者由于无法调和上层与下层的矛盾而走向衰落的。如果不能够通过法律平权、义务教育、义务兵役和其他改革措施——这些是大家正着手做的事——改善下层人民的处境，使他们得到教育和抚慰，让他们以和谐、和平的方式融入社会和国家，那对于我们的文明，我们也看到了类似的危险，尽管它尚非燃眉之急。

　　我们的社会理想不是社会主义意义上的平均主义。我们认为一个正常和健康的社会就像一把梯子，它由不同的阶层构成，而从一个梯级到另外一个梯级的攀爬理应是比较容易的。然而，我们今天的社会却像另一把梯子，它的两端迅速拉长，中间的梯级却越拆越少，到最后大家只能够在最高处或者最低处立足。

虽然不满社会的种种现状，认定有变革的必要，但是我们并不宣扬科学倒退或者颠覆现存的一切。我们深知，伟大的历史进步只能是长年努力甚至数百年积累的结果，我们也知道，由于现有的制度和状态扎根于大众的信念和生活习惯，它总是不可避免而且固执地反对新事物。因此，我们完全认同把现今的各种制度、状况作为改革的基础和我们行动的出发点，这包括当今的经济法律、现有的生产方式、现今不同社会阶级的教育和心理状况。不过我们也因此不会放弃为改善这些状况而作斗争。我们不要求取消经营自由或改变工资关系，但是我们不会由于偏爱某种教条主义的原则而容忍那些显而易见的社会弊病存在，甚至任由它继续恶化。我们支持坚定地推进合理而有序的工厂立法；我们要求，不能让所谓的"自由劳动契约"在事实上造成对工人的剥削；我们要求，在订立劳动合同时给予工人最大的自由去表达他们的诉求，即使他们提出的要求可能跟以往的行会制度有某些相似之处。我们也要求让公众全面监督这种自由，当公众缺位的时候，由政府进行审查，并在不直接插手具体过程的前提下公布调查结果。出于这个理由，我们要求建立一个工厂监督委员会和一个银行、保险机构监管局，我们也因此要求对社会问题进行系统的调查。我们并不希望国家为了做一个荒唐的试验而把金钱直接赠予低下阶层，而是要求它以前所未有的方式支持这些阶层的教育与培训，要求它对劳工阶层的恶劣住房条件和糟糕工作环境进行干涉，因为这些因素会导致他们进一步沉沦。

我们认为，如果严重的财产与收入分配不平等以及与之相伴的激烈阶级斗争持续下去，必然摧毁一切自由的政治制度，并把国家再次引向专制统治。因此我们坚信，国家不应对这种可能出现的发展趋势袖手旁观。

我们要求政府，同时要求整个社会，以及所有希望为完成时代赋予我们的使命出一份力的个人，承担起一个伟大的理想。这一理想不应是别的什么东西，而是使越来越多的民族成员有能力分享所有高级的文化产品，分享教育与富裕。它应该而且必须是国家发展过程中的伟大民主化任务（在这个词最好的意义上）的一部分，也显然是世界历史发展的伟大目标之一。

我的讲话到此结束。今天我们原不打算谈论那些大原则，而是想要探讨一些现实问题。但是我觉得在真正进入议题之前，开诚布公地说明一下几位会议发起人的基本立场是有必要的。

译自：Hildebrand，Bruno (1873). Die Eisenacher Versammlung zur Besprechung der socialen Frage und Schmoller's Eröffnungsrede. *Jahrbücher Für Nationalökonomie Und Statistik 20*，1-12.

一般国民经济学大纲：总论

古斯塔夫·冯·施穆勒

一、国民经济的概念

（一）引言

国民经济——在下面的"大纲"中我将要阐述关于它的一般科学学说——是国家科学中的一个集合概念，类似于国家、人民、社会、教会、社会团体等词语。自从出现了部落和国家的人类共同生活以来，这类概念就从未完全缺位。但随着社会生活的高度发展，一方面，它的一些个别方面得到了独立发展，一些特殊组织相继出现；另一方面，人们对社会现象进行了深思熟虑的观察和科学的描述，这时，这些概念才被统一地界定，并且获得更具明晰性的含义。"πολιτεία"（古希腊语"国家"）、"res publica"（法语"国家"）和"Staat"（德语"国家"）等概念已经有很长的历史了，它们是随着希腊人和罗马人的科学探究产生的，并一直沿用到今天；毫无疑问，现代国家的概念只是从 18 世纪才开始出现，国民经济的概念则是在 17 世纪至 18 世纪这一时期内形成的。我们有必要先初步分析这一概念，以便可以一般性地确定我们所要讨论的对象，并使那些尚未了解它的人获得一个总体的印象。随后，我们还会对这一对象进行更详细的探讨。

这个东西，英格兰人称为"political economy"（"政治经济"），法国人称为"économie politique"（法语"政治经济"），德国人先是称为"Staatswirtschaft"（国家经济），后来称为"Volkswirtschaft"（国民经济），它至少包括了两个基本观念：首先，它是一种以人类的活动为基础的总体现象；其次，它又被各种人类的共同体打上印记。

（二）经济活动（Wirtschaften）的概念

"经济"一词源于希腊语"家"（οἶκος），意为家庭经济（Hauswirtschaft）。德语"店主"（Wirt）也有近似的意思，我们可以从它的复合词中看出：房东（Hauswirt），农场主（Landwirt），饭店老板（Gastwirt）。当我们想到"经济活动"这个词时，我们首先想到的是为满足外部物质需要而进行的活动，满足这些需要是我们生存的条件。人类通过狩猎和畜牧，通过锄头和犁从大自然中获取食物，在木头和石头建造的居所中保护自己免受寒冷和敌人的侵袭，用树木的韧皮、亚麻和羊毛制作衣服，并创造出这一切所需的工具，这就是经济活动。还有，为未来收集物资，洗涤和清洁，保证屋内井井有条，将物品带到将被使用的地方，以及为消费做最后的准备，这些都归属于经济活动。有时候，主人还会把这种或那种物品带到市场上售卖，他想由此获利，得到金钱和财产。于是对许多人来说，赚钱和流通渐渐变成了经济活动的中心。不过在我们看来，在这一切活动之中，只有那些在某些技术知识、清晰的思考和道德观念的引领下有目的的活动，才算是经济活动；它被价值感受和价值判断引导。换而言之，经济活动以一些理性的观念为指导，这些观念告诉人们，经济的目的和手段是什么，这两者有何关系，以及这两者与人的利益和损害、快乐和痛苦之间有着何种关联。

一个人可能会首先为了自身从事这类活动，但即使在最原始的时代，母亲已经会照顾她的孩子了。在比较高等、有智慧的动物身上，我们能观察到类似的现象，同样，我们也不可能遇到任何人，他们不需要通过血缘或者其他的纽带形成一个团体，或者不需要在迁徙途中，在获得猎物或战利品的时候，在经济上互帮互助。部落、外邦人和家庭的制度直接造就了一个经济上相互合作的组织。通过共同的垦殖产生了边区（Mark）和村庄这样的经济团体。由于统治关系、战争组织、教会组织，产生了对服务和工作，还有对缴纳实物或金钱的持续的义务。任何发展比较成熟的社会实体中，肯定会有相当可观的一部分经济活动持久地服务于其总体目标、统治和公共需要。

我们已经看到，经济活动在所有文明程度较高的部落和民族中已经被划分为一方面是个人和家庭的，另一方面是总体经济的。我们还知道，古人早已经把所有的科学探究与家庭、社区联系起来，而现在，我们的探究范围要进一步扩展到种族的活动、阶级的分化、货币的流通和信贷的发放，以及个人和家庭之间的劳动分工。除了只为满足自身需要的家庭经济之外，还存在交换经济（Tauschwirtschaft），即为他人生产，为销售而生产，为市场而生产的经济活动。经济性企业应运而生，它与家庭的不同在于，它并不为共同生活在一起的若干个人的生活目的服务，而是使不同的人为满足市场而合力生产。如果说家庭和社区在道德和法律的恒定、约束性框架内进行经济活动，个体被迫付出一定的服务和帮助，但同时，他也会获得一些无偿的服务和财物，那么，人们进行交换和货币交易，就不会单纯以获利为目的，这也不仅仅是利益的自由博弈。交换经济体系产生于之前主要为满足家庭自身的需要而工作的社会中——从无数个单独的点开始并不断发展，它把经济活动划分为商品生产、流通和消费等部分或阶段，并在家庭、社区和国家之外，创造出数量越来越多的新社会组织、店铺、商行，即所谓的企业，这些企业想要生产和销售商品，进行交易，赚取利润。更高更好的技术，以及它带来的资源节约，正是高度文明的社会中最重要的部分——经济活动——的特征。经济生活呈现出这些形式，社会中某些群体变得异常富裕，这时，人们才会更强烈地感受到贫富之间的差距，也在这个时候，不同的部落和民族也会产生明显的贫富分化

在这些企业进行理性计算，追逐利润的经营过程中，首先出现了对经济生活所有过程的合理的数字管理，即用价值量和货币价格进行记账和计算，比较收入与支出、花销与收益，计算用于生产的成本总额，以及计算扣除成本后所获得的净收益。此时，所有在这种考量和计算的控制之下的人类活动，我们都专称其为经济性活动。经济意义上的美德是指有计划的经过精细计算的活动，它巧妙地以最少的资金取得最大的收益，无论它是直接服务于经济的目的还是其他目的。而任何其他非经济性的，但是在分工体系中索取报酬的活动，如教师、法官和艺术家的工作，由于报酬的存在，以及他们以此谋生的意图，都包含着经济性的一面。

因此，除了其最初的具体含义外，"经济活动"一词还有一系列相互关联的附带意义，但是其核心意义却一直没有改变。它并不包括所有的"工作"，因为有一类工作是出于更高的非经济性目的而进行；它也不包括所有满足外部需要的活动，例如体操、散步和养生保健活动，至于这类活动与有偿交易会有所重合，只不过是在高级文化中，经济活动占据日益重要的地位的表现。个人为自己、家庭、社区和国家创造的东西，在没有直接报酬的情况下，与为市场生产的东西一样，属于这个范畴。对物品和储备物资的经济生产是经济活动的主要领域，但是经济性服务的提供，以及交易行为也应归属其中。

经济生产始终是指人类所实施的，对伟大的永无止息的自然过程的积极干预；我们试图对之加以塑造，使自然的力量对人的危害最少，并且最大限度地使之为我所用。这一切表现在各种形式的"经济活动"之中。那些由自然界无限量提供给人类的，让人类不费吹灰之力就能享受和使用的物品，我们称之为"自由

品"；那些数量有限的，因而归个人或团体所有的，并被人类加工过的物品，我们称之为"经济物品"，或者直接称为"物品"。尽可能多地供给物品是经济生产的首要目标。物品供给越丰富，生存就越有保障，我们为未来储备的物资就更充足，也越可能脱离直接的物品生产，更大限度地实施间接的、在技术和社会化程度方面更复杂的生产。要达到这个目的，可以通过创造更大型的复合技术设备来实现，例如通过铺设管道引水而不是用桶从水源取水。而想要在这方面取得任何真正的进步，有一个先决条件，那就是我们必须牺牲眼前的利益，以求在未来获得更大的成果，即增加产量或节约人力物力。

（三）作为社会组织或国民经济组织的经济体的概念

下面所说的都是以一个个"经济体"（Wirtschaft）的形式发生的。我们把这种"经济体"理解为规模或大或小的个人的联合，他们通过某种心理的、伦理的或法律的纽带联系在一起，这种从事经济活动的方式是合作性的，在一定程度上是互惠互利的，有时甚至完全为他人而进行。在某些情况下，单个个人也能是一个经济体，从事经济活动，不过在通常情况下，他都只是一个或多个经济体的成员，或者至少附属于一个家庭经济。任何经济体都有一个临时或永久的生产地，拥有一定的经济手段，支配着物品和资本，还有其成员的劳动力，其目的始终是满足成员所有的或者特定的经济需要；它都具有特定的内部组织，自成一体，从而在生产地、人员和经济物品等方面与其他经济体区别开来。它始终既是人类对自然进行技术－目的性的改造活动的一部分，也是伦理－法律性的社会秩序的一部分。每一经济组织都要与各种社会组织相联系，这些组织莫不是为了实现人类的各种目标，而在社会生活中被创造出来的。因此，家庭、氏族、社区、部落和国家都是古代的基本经济实体；只要统治集团和合作组织在某个地方以某种形式出现了，它们就或多或少地为经济目的服务。

在最原始的文明的经济中，就是在氏族和部落都没有真正形成的时候，成年的男女几乎只为自身和他们未成年的孩子进行经济活动。在经济和政治方面更高级一点的文明里，家庭或家族经济与部落或社区经济总是交织在一起。经济活动先是以家庭或家族为中心，在共同的情感和组织的基础上，为了家庭自身而生产。这时，商品交换并不存在或者根本不值一提。只有在为了畜牧、垦殖，或者涉及耕地、森林和草地的使用时，社区和部落经济才发展起来。当然，在天赋较高的种族和部落中，很早就创造出支配其经济生活的重要机构、划分耕地的规则以及战争与劳役的规章，还建造了大型防御工事以及储存物资的场所。一直存在争议的是，我们应该把家庭经济还是部落、村庄经济视为这个时期经济生活的基本特征。

随着不同家庭和家族经济的分化，单个的个人演变成更大的统治集团，随着某种形式的商品交换发展起来，社会团体的组织规模变得更大，也更加稳固，在其内部还形成了更大市场。这时，出现了一些新的经济状况，其特点是大多数家庭仍然生产大部分自身所需的物品，即依旧立足于自给自足的经济基础之上，但是，他们也越来越多地参与商品交换。当然，这种情况最初仅限于城市的市场，农民在那里售卖初级产品，手工业工匠出售他们的手工制品，不必经过中间商之手。古典时期的城邦，大部分中世纪时期的市镇和小邦国，都属于这一类经济形态。由于主导的市镇往往处于中心地位，它的市场和市场的设施构成了这种形态的特征，因此，最近人们把它称为"市镇经济"。

随着市镇和近郊地区的发展，更大的社会团体产生了。在那里，随着商品交易和货币流通的增加，一种特殊的企业从家庭经济中脱离出来。它的经营以贸易和商品生产为唯一目的，在地域上和组织上，它都是为自己而存在的经济体。市场流通和贸易日益影响着单个的经济体，并使它们依赖于自身，同时，国家权力成为社会的中心，成为一个大型的中心经济体。通过铸币制度和道路建设，通过农业和手工业法规，通过交通和贸易政策，通过货币税收制度和军事法规，国家使家庭、社区和公法人（Korporation）等经济体依附于自身。于是，伴随着现代国家制度的形成，产生了我们今天称之为国民经济的东西。它出现的基础是，所有单个经济体通过自由交换和贸易活动在密不可分的相互联系中互相交织，还有社区、行省和国家层面的统一经济机构日益壮大。国民经济的概念旨在涵盖一个地区、一个民族、一个国家的经济的整体，它由许多共存的同一层次经济体和层叠在一起的不同层次经济体所构成。在这个概念被创造出来以后，我们把地球上人类经济生活的全体视为在地理上共存的和历史上相继出现的国民经济的总和。当今，我们把各个互相交往并互相依存的国民经济体的总和，称为世界经济。

有人说，国民经济只是一个集合概念，用以泛指一定数量的单个经济体的总和，由于缺乏统一的集中管理，因此，经济活动总是由一些单个的个体进行。但正如在人体中，每一个细胞都是积极起作用的要素，无数的过程在体内发生，却没有一个存在于中央组织之中的意识主动地控制着一切。对我们来说，国民经济是一个真实的整体，也就是一个内部相互联系的总体，在其中，各个组成部分活跃地起着相互作用，而且在一个国民经济之内，整体所发生的影响是可证实的。一个总体，尽管它的各个组成部分永远处于流变之中，但它的本质和基本特征在数年或数十年内基本保持不变，即使整体发生了改变，它也不失为一个不断发展的实体。千百个单个的经济体，假若它们属于不同的国家，就绝不会被认为是或者能够构成一个"国民经济"。属于同一种族的人民，往往操同一种语言，他们具有共同的感情、观念、习俗和法律规范，拥有统一的国家经济制度和中央财政，并通过一个统一的交通系统进行活跃的商品交易，他们因此而联系在一起。只有这样的体系，我们才称之为国民经济。在过去的时代，也许已经出现过大型的国家组织，即由数量众多的部落和市镇行政区组成的政治军事联盟，但是直到近代，现代意义上的国民经济才真正出现，因此，这一概念不过是近三百年历史的产物。

随着国民经济发展成为一个由众多机构、事件过程和目标组成的相对独立的系统，随着各种经济利益在某些特殊的社会组织中找到独立代理人，国民经济生活在人们的心目中，成为一个在概念上与国家和法律、教会和家庭生活、艺术和技术相分离的领域。当然，这一分离更多不是发生在现实里，而是在人的思想中。因为进行着经济活动的人们由始至终都是国家的市民和臣仆，或是家庭、教会、社会等级的成员，所以他们在实施经济行动的时候，往往被一系列感情和欲望、立场和观念催动，而这些都由他们所属的时代和种族、他们所受的熏陶和教育所决定。当然，在业已得到发展的国民经济的种种利益的影响下，人的欲望和道德整个地发生了改变，特别是某些群体。但是，这些发生了改变的心理因素依然是统一的民族精神的一个部分，正如大部分的经济组织留存下来，其作用却改变了，又好像政府并没有消亡，而是成为为非常不同的目的服务的中央组织。

国民经济是社会生活的一个方面，它在自然—技术的基础之上形成，它的根本原则是对经济过程进行社会化的塑造。对于国民经济考察而言，生产技术和经济需要以及农耕、手工业、商业的规约，都是某些阶层、某种共同的民族性或某些民族群体的特征的体现。当我们研究国民经济的时候，就需要了解经济生活中的社会关系及其相互联系。于是，价值、价格、货币、信贷、交易等现象一时间成为国民经济问题的核心。因此，如果我们想要考察某一国民经济体的具体特征，虽然首先会探询该国的规模、地理位置、土地、气候，探询它的自然资源以及天然的交通状况，但更重要的是，要同时了解该国的人民如何运用这些自然的馈赠，如何通过各种手段使人由此获益。我们希望知道人口的规模、密度以及现有的资本数量；还有人民的精神与道德特征、技能情况；他们的习俗和需要发展到何种程度；他们在家庭、农庄、乡村和市镇中如何被组织在一起；财产和资本的分配情况；劳动分工与社会阶级划分是如何进行的；市场活动、商业、金融业是如何安排的；国家财政、国家经济制度如何影响单个经济体和整体的经济进步。之所以如此，是因为我们把国民经济设想为一个整体性的系统，它在现实中也确实作为一个整体发挥作用，它为一种统一的民族精神和一系列统一的物质原因所支配，并由诸多经济社会过程与人民的各种经济社会活动所组成。

国家也属于这些人民的活动之一。没有一个稳定地组织起来的、具有巨大经济作用的国家权力，没有一个"国家经济"作为其他单个经济体的中心，高度发展的国民经济就完全不可想象。国家经济正如施号发令和插手干预的国家权力本身，在一些国民经济中扮演非常重要的角色，在另外一些中却起比较次要的作用，不过，它却始终存在着。把一个自然的国民经济体设想为独立于国家和所有国家的影响而存在，是一种歪曲现实的空想。如果人们把国家的生活完全想象成一个中央权力的系统，又把国民经济想象成一个由众多自由、自决的个体力量所组成的系统，那就很容易导致种种错误结论。其实，两者都是同一个社会实体的不同方面。无论在一个国家里，还是在一个国民经济里，都存在一个由心理力量构成的统一体，它不依赖于外部力量的组织而发挥着影响力；在国家和国民经济里，众多的事件过程都是在外围发生的，它们没有被一个有组织的中心力量直接、有意识地掌控。国民经济也有一些核心的组成部分，例如政府的财政、大型的银行、中央的交通机构、经济性的代表组织、管理商业和农业的部门。只是它们不像国家机构那么为数众多和那么集权化。要发挥政策功能，在很大程度上需要一种结为一体的联合。国民经济是一个部分是自然—技术性的，部分是精神—社会性的系统，它由各种力量组成，这些力量最初是独立于国家而存在、成长和发展的，但就其更高级和更复杂的形态而言，它们受到法律和国家的持续的规范，并只有与这些权力相结合时，才能获得其最终形式。而且，在双方的不断互动中，国民经济的各种力量有时候发挥着决定性的影响力，有时候却为外力所决定。

如此一来，如果我们把国民经济看作社会生活的一部分，看作社会实体的一个方面，那么显而易见，我们只能把它与其他社会现象联系在一起理解。因此，我们试图在这篇总论中，首先从对社会生活本身的理解入手，而且主要是探讨其心理的、伦理的和法律的基础。同时，这种考察也让我们有机会解决几个基本的问题，这些问题属于一个边缘领域，它的一侧是国民经济学，另外一侧是国家学（Staatslehre）、心理学、伦理学和法律哲学。在此之后，再对我们这门科学的文献史和研究方法作一些必要的评论，是合理和恰当的。

二、国民经济与社会的心理、伦理与法律基础

（一）社会性联合的目标和手段

如果我们想要对社会生活有一个初步、粗略的了解，那么从最可靠和最普遍的社会经验出发，就能发现一个无可争辩的事实，即地球上任何种族、任何时代、任何地方的人，只要他们的文明程度稍稍高于最原始的状态，就会以群体的形式团结在一起。规模比较小的群体，如原始部落和小型的族群，由一定数量有血缘的个体组成，包括不同的年龄和不同的性别；较大的部落和民族，通常是一些子群体的总和，即通过家庭与宗族、社群、行会或其他方式联合在一起。无论是古代比较小的共同体，还是后来比较大的共同体，不同的群体之间或者处于敌对状态，或者和平共处；不过，比起跟外部的、往往是敌对的群体的成员，一个群体内部成员之间总是有更为紧密的联系。在历史上，除了在极个

别情况下，我们不会找到生活在完全孤立状态下的人，又发现他们突然间开始走到一起，形成一个集体。人类始终都是群居动物。但是他不是在这种意义上的 ζῶον πολιτιχόν（古希腊语"政治动物"），即他不会出于一种无差别的交际欲望，寻求与其他每一个人的联系；当他选择归属于一个群体的时候，就意味着与其他群体相分离。

但是，使人们联合在一起的外部的、对每个人都显而易见的目的又是什么呢？只有在我们对这些目的有所了解的时候，我们才能理解达到目的的种种手段，以及这些手段所带来的联合和共识。在我们看来，有三个主要目的最为重要，对这些目的的追求不断促使人们形成共同体、组成不同的团体，并使参与者产生了与其自身的利益与观念相关的强烈的共同感情。

亲族关系与血缘（Geschlechtsverbindung und Blutszusammenhang）是社会分群的最强大和最古老的原则。在很长的历史时期里，只有具有血缘关系的亲属和他们的后代才会组成小型或大型的部落。相同的血缘与共同成长的结果，是相似的品质和强烈的共情心。只有同一血缘的人，或者族人与外部群体婚配所生的后裔，才是伙伴，其他人都是敌人。如果在部落内部形成了子群体，它们也会由血缘决定；单个个体在子群体和部落中的地位也一样；一个部落与其他部落的关系主要取决于人们的观念，即是否认为与对方有亲缘关系。即使其他造就共性的纽带早已日渐增多，血缘关系的观念已经渐渐淡薄并部分地被取代，对大多数人来说，共同的血缘仍然是将群体、部落、国家、民族和种族联系在一起的最强大的纽带。在一个社会中关系较为紧密的圈子里，不断起着联系作用的亲缘纽带仍然是共情心最强烈的源泉，也是导致群体活动（包括经济活动）、契约精神、牺牲精神和所有可能的美德出现的最重要诱因。在下面我们讨论家庭和宗族规范的章节里，还会谈到这些因素。

和平共同体与战争共同体（Friedens-und Kriegsgemeinschaft）

从血缘关系中自然产生。部落和民族在内部依靠强烈的共情心和日常的共同生活来实现和平，对外则依靠共同防御，抵抗危险和敌人；只有在对内维系和平，对外共同御敌的双重条件下，这些群体才能维持自身的存在，才能繁衍，才能不断发展。同时，显而易见的是，维系群体的各种活动会唤起一系列的新观念，并产生不同的利益。于是，一方面，对外人的仇恨和好斗的感情、冲动变得更强烈。另一方面，内在的凝聚力也因此而增长。没有什么比共同的战斗以及对此的记忆更能增强群体的共同感情，也没有什么比维系和平的种种活动更能抑制部族内部的原始激情的爆发。它们慢慢地成长，先是有一定规矩的血亲复仇，然后出现了抵偿制度（Kompositionensystem），其背后都是缩小争端的深刻企图。最终，自助的权利被禁止，长老和王公的判决得以取代一切私人复仇：这相当于宣告了一项伟大的原则，即在国家之内应该通过公正的裁决，而非通过斗殴解决问题，所有的内部摩擦和斗争只应在严格的限制下发生。当群体需要一致对外时，这就变得格外重要。社会性的养成、个人对共同目的的服从以及群体团结，这些主要依靠与其他部落和群体的斗争和战争来实现。一些部族的生活方式更有利于体力和勇气的培养，果敢的战士首领知道如何从自愿的冒险中确立组织战争的强制性一般原则，于是他们成为部落联盟的核心，其部落能够消灭或征服较弱的邻人，并以不同的形式同化被击溃部落的残余人员。为了实现这一目标，只有建立一个发号施令的权力，通过服从、纪律、军事训练、收集物资、建设防御工事来达到，简而言之，通过一个社会机构，即为生活的所有领域创造一个统管一切的王权，它手中的权力机关能够伸张正义、实现和平、追求各种共同的目标。泰勒（Tylor）说："毋庸置疑，国家政治制度是从战争机器演变而来的。而宪政政府是一种制度，即一个国家借助军事专制主义的机制来管理自己。"无论如何，没有什么东西比军事组织更能增加权威机构在社会中的影响力，更能确立一个指挥大众的统一权力的地位，也没有其他东西更能赋予裁判机关必要的权力和执行权。因此，今天我们知道一切国家组织的核心是战争主权和司法权，如果我们这样说并没有错：一切较高级的社会发展都产生于人类共同体内部维系和平与对外进行战争的活动。

垦殖共同体和经济共同体（Siedlungs-und Wirtschaftsgemeinschaft）与从血缘、和平和战争产生的原始共同体直接相关。只要人们受食物、竞争胜利或失败的驱使，不断地从一个地方迁徙到另一个地方，他们有时会共同占有某些富饶的林区（Gau）、山谷和平原。但是，只有当他们学会了建设农田、花园和水渠，学会了用墙和沟渠持久地保护自己免受敌人攻击，学会了建造房屋和分享土地，他们与土地的关系才变得永久而深刻。随着不断的垦殖——这是个极其重要的、最初总是由共同体实施的经济过程——持久的邻里关系、家乡的感情和爱国主义诞生了。这时，同一个部落的成员碰面的次数减少了，住在同一个地方的人却经常互相打交道。于是，除了血缘共同体之外，出现了地方的共同体。出于经济、防卫、运输和其他目的，地方的和邻近地区的联盟纷纷成立。由此产生的地方政权很快就纳入了不同血缘的人。部落发展成为与特定国土联系在一起的政权。在下面谈到垦殖活动和地方政权时，我们还会回到这个问题之上。

随着不断地垦殖和土地的首次分配，一系列更小、更稳定的共同体在社会实体中成长起来：家庭连同家庭经济和农庄经济、宗族（即家族的联合）、土地领主、地方社区和居住区。在所有这些共同体中，都在群体内部形成了更强烈的共同感情，更持久的统治和合作秩序。但另一方面，随着职业划分和劳动分工，也由于社会地位和财产的差异，出现了某些对立和分裂。尤其是在一些地方，随着商品交换和货币交易的发展，劳动分工的深化，社会等级的形成，产生了越来越纷繁复杂的经济关系，如依附关系、服务关系和契约关系。除了日常发生的成千上万临时的商业联系外，各种新的永久性团体也不断地出现。国家和社区依据一套复杂的标准要求居民承担各种形式的捐税和劳务：一个分支众多、盘根错节的经济共同体形成了。我们在上文已经尝试简要地描述这一点。不过，在这一母体内，也孕育了更激烈的对立关系和更强的个体性，对统治权、财产和收入的欲望使个人陷入对立之中，同时，经济共同体又一次一次地通过规模愈加庞大的组织和更强烈的共同情感，使各种要素超越对立，联合起来。

如果说血缘关系、战争与和平共同体以及经济关系是促使社会组织起来的最基本和最重要的诱因，那么，高级文化则催生了其他一些目的，如礼拜、教育、艺术、保健等等。这些目的造就了一系列社会关系和团体，从而产生了一系列新的观念、新的感情和新的行动目标。社会生活更高级的功能和形式出现了。就像习俗、法律、道德和宗教，它们原先只是作为从属于某些目的的古老手段发展起来，但之后则变为目的本身和指导所有行动的基准。人们独特的生存方式进一步创造了新的社会关系和一些新的社会团体，我们在下文将要继续探讨这个问题。

前面之所以要提到这些因素，只是为了让大家注意到，社会中的相互关联如何与一系列共同的目的和目标联系在一起。每一个这样的目的都会创造独特的相互联系、团体、观念和感情；但任何一个目的都必须容许对其他共存的目的的追求。这就形成了一个系统，一种社会目的和目标的等级序列，其中一些目的变成了其他目的的手段，另一些则成为阻碍。为此，就必须确立各种目的的并列和从属关系，以及互相的连接和适应，还必须在感情、观念和制度之间创造一种有序的相互关系。可以说，社会组织的秘密正在于此，我们必须明白，家庭、法律、国家和经济的制度总是相互依存的，永远无法孤立地被理解。

然而，所有这些事实及其相互关系丝毫不能解释人们为何能够出于种种可能的目的而联合在一起。有人指出，即使是高等动物也会成群结队地组成防御和劳作的共同体。有人说，人类是一种比较强大、比较聪明的捕食者，但也是一种群居动物，比其他生物更容易有情感冲动并具有更强的共同感情，这是他支配整个自然界和形成其社会能力的基础。总之，看起来很明显的是，我们的身体、神经、心灵系统具有更精细的组织，使得人类比其他动物更容易相互理解。人的更高地位是基于这样一个事实，即他已经获得了更好的、更丰富的互相理解的手段，使他能够实现社会性的合作，从而获得了更强烈的共同感情，因而他能更清晰地意识到更高远的目的及其后果，还有如何追求这些共同目的。同胞情谊和平等感受的强烈发展是一切社会生活的开端。没有其他动物能如此强烈地受到同伴的感染和支配，没有其他动物仅仅通过手势就能进行沟通，交流感情和想法。就像人在看到别人打哈欠、笑和跳舞的时候，也会打哈欠、笑和跳舞一样，就像轰鸣的军乐能使成百上千的浪荡子不由自主地产生反射动作和肌肉感觉，带动他们随着节拍前进，人类的一切活动都有这种传染作用。就像小鸟通过模仿成年的鸟儿学会唱歌一样，人的模仿能力也是如此，而且程度要高得多；儿童教育都包含无数对模仿能力的培养和训练。而只要人还保持着新鲜感和接受能力，他就会自觉或不自觉地、随时随地进行模仿。就像催眠师与他的对象一样，不同群体的领袖迫使民众进入其影响力范围之内，人们通过相互接触，不由自主地交流着他们的感情和习惯。因此，塔尔德（Tarde）说：一个社会是一群相互模仿的生命，或者说是一群曾经相互模仿的生命的后裔，他们跟祖辈具有类似的特质。

相互接触的人的持续、不可抗拒的心理互动和感应表现为一种合而为一的潮流，带来共同感情、相互理解、相互适应以及与外人的隔离。如果不是通过语言、文字、其复制物，以及它们的传播和使用方法赋予了这种潮流以力量，它也许永远是软弱无力的。这一力量与非语言的交流互动相比，就像把强电感应电流与弱电感应电流相比较一样。

（二）人类相互理解的心理物理学媒介：语言与文字

（1）语言

语言的形成就是社会的产生，语言的声音就是相互理解的声音。据观察，某些动物能发出多达 10 种、12 种，甚至 20 种不同的声音，每一种声音都向同伴表达自己的情绪。即使在今天这个已经开化的社会，普通人使用的词语也不会超过 300 个，而受过教育的人则使用 10 万个或更多的词。这些数字至少在某种程度上反映了社会化能力的提高。语言的出现是人类理性化的一个方面。见解和观念首先用少数几个，然后用更多的音素和词语被客观化。人想让自己被人理解；正如我们已经看到的，姿态、感情和激情有一种感染力；能满足一个人的东西能在另一个人身上产生共鸣。感受、想象和思考是通过与他人共同生活而产生的，因此，通过社会和共享的感情，产生了众人都可以理解的语音，随之一些思想与概念也被固定下来，这就是思考本身。想要拓展可信的观察，想要广泛地对现象分类，想要积累经验和获得普遍性的判断，以及对之进一步推论，那就必须依靠表达观点和概念的固定符号。刚刚从共同的语言中产生的纽带只是松散的，父亲与首领的权威有助于巩固这一纽带。有了语言和思想，社会意识就产生了。

诚然，语言起初只是以一种不那么固定的形式出现的。原始语言仅在一小群人中使用。文化程度越低，语言种类就越多，它们本身的变化也越快。不稳定的生活方式不允许流浪的猎人部落持续不断地使用相同的语音。曾孙一辈不再能理解曾祖们的言语；每个分裂出来的群体很快就有了自己的语言。现在地球上据说大约有 3000 种语言，其中只有 53 种可以在已经开化的欧洲找到。随着人类社群规模的扩大，一种语言使用的区域就越广，它也会越加成熟。

更聪明的部族更能牢固地掌握着思想的工具。文化过程日益复杂、社会分化愈趋稳定、部落和国家的规模扩大都会强化一种语言的地位，并使之广为传播。统治者和交易者都感到有必要通过清晰、明确的语言向越来越多不同的人群表达自己的意思。种种语言的产生从根本上是边境地区交往的结果，因为那里常有互惠互利的物品交换发生。一种语言的发展就是所有操这种语言的人之间缔结的，持续不断地更新的契约。在语言库中，聚集了过去一代代人积累的观察、观念和思考。它是一个民族的精神劳动以符号方式进行的资本化。它是对下一代进行精神教育的工具。

赫尔伯特（Herbart）说，正是语言构成了人类社会的真正纽带。"因为通过单词和话语，思想和感觉传递到对方的心灵中。在那里，它创造了新的感情和思想，这些感情和思想立即穿过同一座桥梁反馈回去，丰富了前一个人的思想。如此一来，我们的思想中只有极少的部分来自我们自身，与之相对，我们从一个公共仓库中获取思想，并一起参与到普遍的思想创造过程中，若以比例来衡量，每个人只能为此做出很小的贡献。但是，不仅仅是精神生活的总和，但凡存在于思想中的东西，天然地都是公共财富，甚至人的意志也是如此，因为它为思想所指引。我们所做的决定，考虑到别人的需要，清楚地表明我们的精神存在原本就是社会性的。我们的私人生活虽然与公共生活分隔开来，但是它只有在公共生活中才能找到，并且能一再找到它的起源、它的支持手段、规限它的条件和约束它的准绳。"

伟大的文化语言在历史中发展成熟，通过文字的方式确立下来，一种方言胜过其他方言，占据了统治地位，而高级语言的空间传播，体现了民族心灵、民族性格的精神发展过程。例如日耳曼重音规则，根据这种规则，一个简单的单词中的根音节需要重读，它与我们民族的性格特征相联系着，我们民族的英雄颂歌、英雄的理想、它的精神本质以至于我们的日常生活皆源于这些特征；另外还有人试图依据我们民族的全部古代文献建立起一个民族道德体系［W. 舍雷尔（W. Scherer）］，如此说来，如果要认识其他文明民族和他们最内在的本质，没有什么材料比他们的语言和他们的古代文献更加重要了。

但是，从人们最初进行物品交换开始直到现在的世界贸易体系，各部族和民族之间能够互相接触的基础是，一方面，商人、文化人和统治者要通晓多种语言，另一方面，存在着占主导地位的世界语言，它曾经是希腊语和拉丁语，后来又变为法语和英语。民族文化的相互影响，后来者对过去民族的精神财富的传承，不同民族的各种社会制度的日趋一致，这些都建立在同一基础之上。在不远的未来，我们的理想可能是一种统一的世界语。

（2）文字是一种经过强化的语言，似乎只有如此，它才能产生种种至为深远的影响

为了记录想法和思路，向远方发送消息，并确保比较持久地保存它，原始民族采用了雕刻木头，用绳子系住不同颜色的贝壳，还有文身等方式。秘鲁的印加人有一种结绳文字，阿兹特克人和中国人都使用象形文字。通过简化的图像并将其与笔画相结合，中国人和古埃及人的文字中成千上万的字符就这样产生了。这是一个巨大的进步，标志着文字越来越多地摆脱了它们的图像特征，变成了表示音节和字母的符号；腓尼基人第一次用 22 个语音符号写出所有的单词，这是巨大的功绩。除亚洲的民族外，所有文明民族的字符的起源都能追溯到腓尼基字母。

最初，这些字母也被用来表示数字；后来，数字符号才被其他特殊的字符代替。我们现在的数字书写方式起源于印度，在 13 世纪通过阿拉伯人传到意大利，并在 16 世纪从那里传播到整个欧洲。

有一句亚美尼亚谚语说，只有能读书的人才算是人。狄奥多（Diodor）说，理智的生活是建立在对书面文字的理解之上的。口能够表达激动人心的思想，但它会在一眨眼间消失，如果它在书写中被记录为一个无生命的符号，反而能在长时间内，甚至在数个世纪和数千年里被人看到。听众的数量总是有限的，读者的数

量则是无限的。因此，书面语代表了社会交流的一种更高形式，它使词语获得了新的躯体，使它独立于它的创作者，成为一种无声的语言，跨越时间和距离而响起。有了文字，语言本身变得明确而清晰，思想变得更加敏锐；在历史的进程中，书面语言渐渐地演变成统一的文化语言，这些语言通过知识精英的伟大贡献，被权威性地掌控、净化和提升；德语是路德、歌德和康德的语言。只有通过写作，才能形成可靠的记忆和传统，形成祖先和子孙之间的联系。没有文字的部落和民族不容易写出未来，因为他们的伟人的业绩很难形成持久的制度。崇拜与礼拜、习俗、法律和宪法方面的巨大进步都与圣书、石碑和书面记录有关。只有从书面和数字符号中才能发展出计量单位与重量、货币与市场价格。我们的字母表也是由这些人传给西方的，他们把这些源自迦勒底和埃及的成就带到了西方。

起初，只有国王和祭司在石头和矿石上写字，但后来皮革与羊皮纸、纸莎草卷与蜡版也在更为广泛的范围内被使用。这使裁决与行政管理、下达命令与报告——与购买、交换和缔结交易一样——变得与以往大不相同。个人以信件和其他形式使用文字，使整个个人生活有了不一样的、更高级的内容。除了祭司、法官、立法者和公职人员的著述，还有思想家和诗人、学者和记者、商人和企业家的记录。从神话中的英雄之歌和游吟歌手的叙事诗之中，产生了各种各样的文学形式，对后世产生深远的影响。

赫德（Herder）说得很对："语言是最缺乏本质的、最易变的织物，它的创造者想要用它来联系我们的族群。写作的传统应被视为最持久的、最隐蔽的、最具效力的神的教育机构，通过它，一个民族对另一个民族，一个时代对另一个时代发挥着影响力，整个人类的族群在历史中联系在兄弟般的传统的链条上。"文献资料是人类全部精神生活的伟大宝库，只要文化继续进步，这些宝物就只会增加，不会减少。

（3）文字的传播和复制是将社会生活提高到更高层次的最重要和最深刻的手段之一

虽然写作起初是神职人员和统治者的秘密，也是他们最强大的精神权力手段，但东方国家的市民阶层已经能读书识字。有教养的父母和家庭教师教育孩子阅读和写作变得非常普遍。而且正如我们所见，很快就出现了专门的机构，系统地给大批学生授课。例如，以色列人有男童学校，教他们神圣的语言和法律；在雅典，除了演说家和哲学家会进行教育之外，也有初始形态的男童学校；一条可追溯到梭伦的法律允许儿子起诉没有给他适当教育的父亲。在中世纪的早期，只有教会和修道院学校里的少数人才能接受教育；直到13世纪和14世纪，才有了德语和拉丁语的市镇学校。宗教改革包含了普及大众教育的思想，但直到今天，由于费用高昂，学校设施也不易建设起来，教育依然无法普及。直到1717年和1736年，普鲁士法令才宣布国家实行义务教育；在18世纪，有文化的人还在怀疑教育对下层社会是否弊大于利，是否会使女孩们变得放荡不羁。最终，在19世纪，所有人都能进入小学学习，在大多数文明国家里，它几乎完全消除了那些不知道如何书写或不了解生活的人。今天，在小学阶段之上，已经设置了一个完整的中等和高等教育系统，现在它与小学教育一起，是每个州政府组织和管理的最重要的分支机构之一。

最古老的文献集和文库可以追溯到埃及和亚述。在希腊，伟大的哲学家们都有著作；再晚一些，亚历山大的图书馆闻名遐迩。罗马的第一批公共图书馆是由阿西尼乌斯·波利奥和奥古斯都建立的。在基督教时代，这项任务交给了修道院，在更近的时代则由王公贵族提供。直到19世纪，人们才建立了广泛而众多的城市和学校图书馆，直到首府和大学的图书馆发展到亚历山大图书馆的水平时，下层社会才得以从公众图书馆获得相应的知识养分。

在意大利，早在帝国时代，生活和写作的艺术就非常普遍，至少在大城市是这样；当时有一种廉价而便利的材料，即一种加工过的植物叶子可供书写之用，还有一大批企业家雇用的付薪抄写员和奴隶文士抄写员，以及成熟的图书贸易。在雇主的书写室内，书籍被抄写，文件被起草，信件被口授。罗马一直都是图书的市场。但在此以外，在"民族大迁徙"（Völkerwanderung）之后，识字的人在千年内只限于神职人员。借此，他们将对国家和社会的精神领域统治权掌握在自己手中。直到13世纪城市和资产阶级的兴起，西方由付薪抄写员、手稿交易和作品复制构成的文献产业才再次兴起。在14世纪后，中国造纸的发明从阿拉伯人那里传到了欧洲。德意志的造纸厂于1347—1500年建立。随着集市上书籍和小册子销售的增加，人们可以使用机械复制手段，最初是在木板上切割出最通用的字体。古腾堡于1440年发明了活字印刷术，并建立了印刷厂。而有阅读能力的公众和廉价的纸张与这一伟大的发明相适应。印刷厂成为开创精神生活新纪元的伟大杠杆，逐步影响了文献的写作。于是，出现了现代书籍印刷和报刊，国家对此进行监督和控制的秩序——即审查制度——也随之产生，还有所谓的新闻自由以及与之相关的一切。

在16世纪的威尼斯，人们可以从报纸这种媒介读到关于战争的书面新闻。在法兰克福，在1580—1590年，每半年会以德语和拉丁语出版一份名为《关系》（Relationes semestrales）的刊物，随后在1615年出版了第一份周报。在英国，纳撒尼尔·巴特（Nathaniel Butter）于1622年将其手写的新闻报道刊印出来。在德国，汉堡通讯社实际上是18世纪唯一报道世界事件的报纸。自1789年、1830年和1848年这几个政治上有决定性意义的年份以来，今天的整个报业体系是分阶段发展的。直到最近，德国的主要政治性报纸在个别情况下才达到了每天1万至7万份的发行量，而英国报纸的发行量高达8万至20万份，美国的发行量则高达30万至40万份。1899年7月，德国官方报纸名单包括12365份报纸和杂志，其中 8683 份为德语的。如果我们考虑到每份报纸都会进入许多人的手中，有的甚至进入数百人的手中，我们就可以想象它们是如何传递信息和造就一种一致的精神潮流的了。而在以前，除了在大城市里那些每天在市场、剧院、浴室和公共会议上聚会的人们之间，这种精神的联系几乎是完全不存在的。现在，电报、邮局、铁路、信件、书籍和报纸提供了一种超越口头交流的方式，就像货币兑换和银行转账的方式超越了用硬币进行的小规模货币流通一样。

（4）精神上相互理解的手段在当代造成的结果——公众

我们的社会与政治生活，以及我们的市场交易、价格的形成、汇率的报价和世界贸易，都依赖于这个有组织的新闻行业。语言、文字、学校和报刊形成的时代，同时也是政治和经济进步的时代。这是一种经过数千年的时间慢慢形成的伟大的心理物理学工具，在当今的社会中，它取代了神经系统的地位；一切精神性的社会活动都取决于在其中运作的那些力量的总和、性质和组织方式。

舆论是社会中最初比较被动的群体对比较主动群体的行为的回应。特定消息会引起特定感觉和情绪。今天，政府、党派领袖、记者、教会的导师、其他领域的教师、商号和交易所的交易员都试图通过这种心理物理学工具来影响公众，而在过去只有演讲者才能做到这点。宣传和叫卖的攻势就像真正的新闻报道和名副其实的信念一样。公众舆论就像一把巨大的伊奥利安竖琴，有数百万根弦，被从四面八方吹来的风拨弄。声音不可能总是简单而和谐的，多样化的潮流和旋律听起来也是混杂的。公众舆论会发生突变，今天如此，明天那般。它会歪曲新闻报道，制造神话；它今天为随性的激情所左右，明天又能冷静思考。有人说，摆脱它的影响是一切伟大和理智之物的首要条件（黑格尔）。而另一方面，它又是人民最伟大、最令人振奋的行为和成就的承载者，也是永久驱逐一切不健康和有害事物的前提条件。对公众的合理组织，不会容许将纯粹的私人事务变为人身攻击，但同样不会容忍隐藏任何个人或较大的社会圈子内必须知晓的事，以避免利益交换和欺骗，今天，人们合理地认识到，它是正常社会状态的首要前提之一。

（三）具有共同意识的圈子与集体力量

（1）一般本质

语言和文字可以被称为社会的黏合剂，因为它们促使个人的感情和观念、欲望和意志力联系在一起并相互协调，从而创造了集体性的精神过程和心理的普遍现象。只有通过这种形式理论，我们才能对可称为精神性集体力量的东西有一个明确的观念，进而正确理解个人与社会之间的相互作用。

当然，每一种感觉、每一种观念、每一种意志力都产生于人类个体之中；他的感官、他的精神生活都是与之相连的工具。这种工具在文化发展过程中逐渐变得非常完善；它在少数个人身上发挥出我们称之为"天才"的奇妙力量和作用。可以理解的是，顺应伟大的历史趋势，特别是自15世纪以来对个性越来越多的肯定，在对人类个体的实践性探讨和科学研究中，我们把独立的人视为最终、最高的，并且孤立、自主的力量。今天，我们对此重新加以反思：无论我们如何认可伟大人物的作用，它在我们看来都不再是独自创造新事物的孤立力量；我们只能把他们视为引领时代的先驱，特定圈子和特定时代的感情和意志冲动集中体现在其身上，就像光聚集在一个焦点上，并且通过这个焦点产生了异常强大的影响力。如今我们承认，为了理解人民的心灵生活，我们必须反复从研究一般的、个别的心灵生活入手，正如我们在下一个段落所做的那样。但同时我们也强调，个人是一盏或大或小的油灯，家庭和环境、国家和教会、文化和科学往灯里注入的油，完全或者部分地决定了其光亮度。当然，这盏油灯本身可以是制作得精致一点或者粗糙一点的，但更重要的往往是它在多大程度上继承了流传下来的巨大精神财富。今天，如果以一种不太文雅的方式来表达的话，那每个人都是被他的环境支配和制约的，即被他周围的人和生存条件支配，但是在其中，精神因素是最为重要的。

如果是这样，那么生活在相同条件下的人，相同的种族、人种或地域，因此受到一些相同因素的同样的影响，尽管个人之间有许多细小的差别，但基本上都有相似的身体和精神特征。一个部落和民族的文化程度越低，其内部的等级、教育和其他差异就越少，人们就会享有越平等的生活条件，群体成员在感情、兴趣、观念和习俗方面就越趋于同质化和无差别化。而且，即使个人差异随着文化的发展，随着等级和教育的分化，随着同一国家的种族差异而增大，对一个社会共同体中的所有或大多数人来说，某些在根本上具有决定性的影响力量仍然没有改变，而且，伴随着语言、文字和文学的发展，伴随整个精神生活的进展，统一的心理力量如大潮一般滚滚向前，它一次又一次地试图克服在社会中至关重要和日益增长的，因种族与经济财富差异所造成的心理差异。而恰恰是这一点，产生了对任何社会生活都至关重要的统一的情绪与意识的圈子，我们称之为"精神集体力量"。它的影响力与事件的原因、精神潮流和精神交流所构成的统一体相当。

在最小、最简单的社会中，与在最大、最复杂的社会中一样，必须根据身体和精神特征的协调关系，根据人的接触和联系，以及根据调解精神生活的心理物理学工具的强度，形成或大或小的圈子，尽管不同的圈子有种种具体的差异，但这些圈子都是由相近或相同的感情、兴趣、观念和意志推动力联合起来的。这些圈子有些具有相同的圆心，有些圆心各不相同，但圈子之间却是相交、相重叠的关系。它们处于不断的运动和转变之中，代表着支配社会、经济、政治、文字写作和宗教生活的集体力量。正如历史法学派所教导的那样，不存在独立于个人并神秘地支配个人的客观的民族精神，也不像卢梭所梦想的那样，有一种在任何事情上都一致的普遍意志。但在每个国家都有大量息息相关的、相互依存的意识圈子，它们致力于追求某种统一性，这可以称为一种"民族精神"。我们也可以用"客观精神"这一名称来描述这种由人民的各种精神联系组成的总体，这些关系从家庭、友谊之类的最小圈子延伸到整个人类，与个人的心理形成对照。人们只需正确地理解它，记住它不是存在于个人之外，而是存在于个人之中，每个人的自我都或多或少的是几个或许多这样的圈子的组成部分，因此，它是客观精神的一部分。

它们现在以感情、观念和统一的意志的方式表达自己，从而成为一些特殊的力量。它们的影响如此之大，因为共同的感情或意识奇异地增强和巩固了每一个精神过程。由于意识到他人的参与，每一种感情变得更有活力。而在一个孤立的个人身上，一种观念是虚弱无力的。一种实现意志的勇气会因为获得一个或几个同伴的帮助而增长。一个人越是粗野，越是缺乏文化，他就越难以具有耐力，独自坚持一种想法或一个计划。有十个人信仰的东西，另外一百个人就很容易接受它。数以百计的人所信仰的东西，不经检验就很容易成为数千乃至数百万人的口号。有了真正的权威和适当的敏感性，精神性的集体力量就会像雪崩一样排山倒海。共识产生力量，这种力量远远地超越了单纯的累加作用。大多数人不会经过仔细的检讨，就加入了由祖先、父母、朋友或其他权威组织创造的意识圈子。从长远来看，人们信仰某种思想取决于其真理性和实用性，但短期内，却只取决于这种思想的追随者的数量。

人也会在个人的心灵生活中进行比较，以澄清这个过程。在一个人的心灵里，潜藏着无数的想法，但只有最强大的想法能够从这个心理背景中冒起，并在短时间内越过意识的阈限。有人说，每个人类共同体也有一个意识的阈限。只有个别比较重要的想法，才会上升到这个共同的界限之上，并把有关的个体联系在一起。在个人身上发生的许多事情都会力争越过共同的界限。但是，只有那些有意义的东西才有可能在挤在阈限周围的思想竞争中脱颖而出，通常，经过长期的斗争和努力，只有那些有意义的、伟大的东西才会永久地留存。

从智者的斗争和争论中，意识的圈子和精神性的集体力量不断推陈出新。缺少了权威，缺少一个积极的、起领导和决策作用的群体和一个更多是被动接受、跟随和被引领的人群，就不可能有这样的圈子。在这个最自由的智力博弈中，对人人平等的民主幻想是最不真实的。如果不出意外，在稳定的关系中，年龄决定了知识的权威性：40岁以上的成年男性以其不会动摇的坚定信念支配着女性和年轻男性。因此一般来说，精神性的集体力量在一定程度上是稳定的，不会发生太大波动。但它们总是通过世代的更替，通过年轻力量与新思想的出现而被改造和重塑。一切社会生活的历史发展，一切道德、法律和经济制度的变化，都是建立在老年人和年轻人之间，衰败的意识圈子和新形成的意识圈子之间，发挥领导作用的智者和被引领的群众之间的相互作用之上。只有当人们明了这种精神上的集体力量永不停息的博弈时，才会理解伟大的思想是如何慢慢升华的，如何在长时期内，往往是在数百年和数千年内维持其主导地位的。我们也会理解成千上万以至于数百万之多的群众为何不会合演一场混乱无序的戏剧，而是作为一个伟大的精神共同体的成员，走到一起，朝着可以清楚勾勒的统一的方向运动。

在每个社会实体中，人们都很容易辨认出哪些现存的因素聚合成这些集体力量。它们是个人和大型的社会机构——如国家、教会和国民经济——之间的中介原因。这些力量中只有一部分在稳定的制度中被具体化，其他则几乎隐而不见，但它们仍然体现在一些现象中，如社会阶层的形成、社会圈子、政治或其他性质的党派、艺术和科学的流派、市场的关系、客户群体、案件当事人的关系等等。每个统一的意识圈子都会作出一致的价值判断，这些价值判断很容易凝结成固定的价值标准，从而在市场、政治和社会中长期主导着人的判断。除了经济价值之外，特定的圈子的社会性价值判断也是如此，它通常会体现为"荣誉"。在客观上，荣誉是或大或小的社会圈子内的社会性赞赏，在主观上，它表现为个人对赞赏的需要，因此，荣誉成为最强大的大众心理力量之一。

当然，那些只代表松散、无组织的群众联合的精神性集体力量，与那些已经产生了有组织的领导层和社团规约，并通过这些制度得到加强和滋养的精神性集体力量不同。但另一方面，不容忽视的是，即使是最自由、最松散的社会群体现象以及最牢固的法律和国家制度，其最终的前提也是相同的精神层面的群体过程。最自由的教派与天主教会，最自由的共和国与最集权的专制政体，进行最自由交换的国民经济与实施社会主义管理和分配的国民经济，它们都以精神上的集体力量、统一的意识圈子、起领导作用的权威、追随的群众为前提；其不同之处仅仅在于确立权威的方式和权威的地位的差异，在于不同方式的力量的聚合和组织，在于核心和周边之间更松散或更紧密的相互作用。

（2）各种意识圈子

在上文中，我们已经试图简要地描述集体精神力量的一般特征，我们现在必须更为细致地补充说明它们的外部表现。当然，我们并不打算详尽地进行列举或描述。我们只会触及最关键之处，还有一些与我们的目的密切相关的问题。

基于日常或频繁的个人接触和交流的意识圈子，与那些基于书面的思想交流、通过众多个人的中间环节进行沟通的意识圈子相比，具有不同的色彩以及不同的互相联系方式。当人与人之间的所有相互关系仅仅建立在视觉和语言的基础上，当人们还缺乏书面交流和持续的承传的时候，只能产生小型的、往往不是非常稳固的集体。但出于人与人之间的感情，在部落、宗族和家庭中最亲近的人之间建立起更强大的共情心。当越来越多的人生活在部族内，而且部落发展得更强大和更牢固的时候，就必须有某些制度保证人们日常和频繁的接触，于是，集会、庆典、战争演习扮演了这个角色，这种方式使人们得以不断地发生新的联系。正是如此，古代城邦和中世纪的城市在自身内部创造了一个联系紧密的社群，而一个大国尽管拥有新闻和文学，却无法与之比拟。然后，更大的社会结构通过部族联盟或征服而产生，然而，这通常以语言的亲缘关系或融合为前提，与此同时，还出现了共同的政府、圣地和对上帝的崇拜。除此以外，散居在广大地区的人们之所以能形成更大的意识圈子，从而出现更大规模的国家，都是以书面交流为前提的。当然，起初可能只限于一个统治阶级，这个阶级内部具有持久的一致性，分散生活在广泛的区域，并与当地的圈子相联系，而且知道如何处理与他们的关系。这就是罗马贵族囊括和统治"世界"，以及后来天主教神职人员凭借拉丁语统治半个欧洲的方式。因此，现代官僚制度开始对大多数欧洲国家进行统一管理时，地方和乡土的精神仅仅是被置于国家精神的控制之下。然后，后者逐渐发展成为一个日益强大而有力的意识圈子，那些伟大的欧洲民族语言和文学、民族法律和民族的国家机构、伟大的共同历史将数百万人的血缘和家园联系在一起，从而使民族性逐渐成为现代历史中社会分群的首要原则。这正是我们今天谈论民族精神的原因，我们指的是强烈的、统一的感情、观念和意志的冲动，它们包含并支配着存在于一个民族中的所有其他小圈子和对立面，以至于一个民族的所有成员。我们说，只要这些中心力量比要求互相分隔的感情和愿望更强大，这个民族就是健康的。在费希特对德意志民族发表的演讲中包含着一种自豪感，只有怀有这种自豪感的民族，才是一个被伟大的过去的记忆支配的民族，在它内部，异常强烈的共同感情和精神潮流从最底层的农民和无产者一直延伸到最高层，在它内部，所有人或大多数人都准备为祖国和它的未来作出最大的牺牲，甚至牺牲自己的生命。

人们正是经常在这种意义上，使用德语的"人民"（Volk）一词，尽管它的某些内涵已经被纳入了国民经济的概念，但这并不排除这样一个事实：在人民中，就像在每一个大型的意识圈子中，包含着许多具有不同心理的个人，在许多较小的意识圈子里，也存在各种不同的、一定程度上偏离民族精神的，甚至互相敌对的精神潮流。每个村庄、每个城镇、每个行省都有自己特殊的地方精神，社会各阶层也会感觉到自身与民族精神有或多或少的不一致性；某些具有分离意识的圈子当下开始寻求并保持与国外相应圈子的联系，例如占有土地和金钱的贵族阶层、科学界、劳工阶层等等。一个协会或者一个同业协作社，都是由统一的利益和信念维系的，这些利益和信念对内产生了共同感情，对外则划定界限或引发排斥感；一个士兵连队或者一个军团都通过团体精神而获得一种非凡的黏合剂，染上某种心理道德的色彩。如果缺乏依赖某种友善、共同利益、包容和协调的感情构成的特殊的、统一的意识圈子，那无论是一个家庭、一个工场、一个大企业还是一个市场，都无法存在。

究其根源，经济领域的意识圈子与血缘、邻里和部落的意识圈子是一致的。共同的需要、同样的技术知识和技能构成了共同意识的基础；另一方面，对于倚赖共同感情建立起来的具有经济性质的家庭、宗族和部族机构，也是如此。经济生活中一切影响广泛的协作性或支配性秩序，只能与相似的感情与利益的发育携手并进，它必须建立在共同的意识圈子上，甚至干脆创造出这样的圈子。与之相反，现代国民经济中的交换、贸易、货币流通以及与之相关的一切都在个人主义和利己主义驱动下发展起来，但也总是以这种方式，也就是那些参加交易、寻求自身特殊利润的人，以或强或弱的方式形成了一个意识圈子。对于需要、交易物的有用性、商品与服务的价值，对于如何交换、如何支付、如何在交易过程中避免暴力的规则，社会必须先形成了某些共识，流通才有可能发展起来。我们将会不时回到这个问题上，即交易社会，尽管它在人与人之间造成了一种漠不关心的距离，过去存在于家庭和部族中对他人的关注隐匿不见。然而在这种社会中，大型的意识圈子和集体力量并不缺位，反而日益壮大，某种程度的共情心和社群秩序，也是不可或缺的。

（四）个人的感情与需要

（1）感情

所有个人意识的基础，以及所有行动的最初起点，都是快乐和痛苦的感觉；比起过去的惯常方式，新兴的心理学更正确地认识到它的意义、它与人的观念的密切联系，以及它与由它产生的欲望、兴趣、冲动和行动的紧密关系。洛策（Lotze）说："如果我们问的不是在理想中会决定行动的东西，而是在现实中真正引发行动的力量，我们就不能否认，努力保持和重新获得快乐，避免悲哀，是所有实践活动的唯一动力。"有许多的道德体系把快乐作为基础，另外一些道德体系则想要摈弃它，或者把它置于彼岸；但是，各种关于幸福感和至善的学说依然以各种各样的方式，通过唯灵论的伦理学回到幸福之上，例如洛策和费希纳（Fechner）所提出的。对幸福的渴望，终究产生于不快的缺席和快乐的存在，它是人类意识最不可分割的特性。它本是生命的要求。

但什么是快乐和痛苦呢？它们有何意义？所有这些感觉是一贯的吗？我们能轻易地将食欲满足的快乐或享受音乐的愉悦与一种高尚的情绪——如一项英雄行为或宗教慰藉带给我们的——等同起来吗？我们只能说：一切快乐和一切幸福都让我们感到满足和振奋，一切痛苦都让我们感到压抑和悲伤。赞成和不赞成的感觉只是被快乐和痛苦浸染的特殊层次。神经心理学家告诉我们，所有的感觉都与兴奋有关，与神经细胞的变化有关。他告诉我们，每一个神经细胞内部无时无刻不在进行着某种代谢、某种活动：有时候，特别是在睡眠期间，细胞会产生一些较复杂的物质，从而积累力量；当力量被释放时，较复杂的物质又转化成较简单的物质。在这个过程中，神经的每一次刺激，都会产生一些感觉，在特定条件下，它们以某种强度与快乐和疼痛的感受联系在一起。在某些活动中，快乐的感觉全由中等强度的刺激产生，过度的刺激或缺乏刺激都会产生痛苦，而在其他活动中，快乐随着刺激的加强而增长。

整个过程异常复杂，即使在今天也没有得到充分的阐明：我们固然可以建立一些理论，但它们显然会被无数的例外情况打破。但是现在或过去的所有伟大思想家都假设和断言，神经的变化和附属于它们的感觉，唤醒了对利益与损失、促进与伤害的意识，总的来说，增加力量和利益使我们感到愉快，反之则使我们感到不快，快乐是生命的路标，痛苦则给予我们对危险的警觉。"在感觉中，心灵感知到刺激物的作用与生命的条件之间的一致或冲突的程度"。（洛策）假如在一个世界里，快乐主要是由破坏生命的东西引起的，而痛苦是由促进生命的东西引起的，这样的世界必然很快会自我毁灭。在人类族裔自我保护和更新的永恒斗争中，积极和消极的感觉是一种基本的控制机制。只有从积极和消极的感受中才能产生正确的决断和行动。

显然，对此存在很多反对意见：某些种类的过度快乐很容易带来痛苦、疾病和死亡；所有的人类教育都教导大家避免眼前的快乐；我们觉得必须让年轻人记住，学会忍受痛苦，放弃快乐；毒药首先会带来快乐，然后是死亡。对这些反对意见的回答是：人类个体是一个无限复杂的存在，其中无数的神经细胞可以在任何时候受到积极和消极的刺激，但是，任何让人持久地避免痛苦和获得快乐的东西，都会带来全部神经细胞的和谐平衡。而这种平衡只能通过教育和生活经验来实现。在孩子身上，在没有生活经验、没有自制力、情感的发展不健康的人身上，个别的感情有时会错误地支配其他感情。同样，人只能慢慢地学会融入和适应社会；他不会一开始就意识到，一时的快乐损失，却能带来永久的幸福收获；人的情感在不断发展，而高级的情感只有随着时间推移才会占据上风。单个个人和各个民族首先会因他们之前的状态和生活条件形成相应的感情。如果他们的生活条件发生改变，他们的感情仍然会维持以前的形式，对新条件的适应只能慢慢发生。出于这些原因，某些感情，特别是那些异常发展的感情，必然暂时误导一些不够明智的人，使他们对这些相互联系视而不见，因为他们没有通过社会规范和教育，通过重塑和适应走上正路。感情不是盲目的，它是需要通过理智来调节的指示器。即使在一开始不太自在，人也必须首先学会劳动和规矩，因为从长远来看这会带来快乐。不同的感情具有不同的等级，最基本的感官享受虽然是最强烈的，但带来的快乐也最短暂。它既不能忍受过量的刺激，也不能容忍抑制，但是，只有受调节的、适度的刺激才对生命有益，甚至过于频繁出现的刺激也是有害的，对于文明人来说，持久幸福只有通过发展和满足高级情感才能实现。

进食和交配的快乐是最强烈、最基本的，因为它是维持个人和物种存在的行为。对文化程度越低的人，它越是重要，主要地甚至唯一地支配着人的行为。但即使是粗野的人也会逐渐认识到与眼睛和耳朵等高级感官相关的乐趣。于是审美感受产生了——色调和颜色的和谐引起的愉悦，以及节奏、韵律、对称带来的快感。由此还发展出理智的感受，如解决一个实际或理论问题所产生的快乐，或理解和领悟某个现象的乐趣。以同样的方式，道德的情感伴随着人类族类的生活和人自身的生存活动而出现。

人不能只有吃和爱，他必须用其他东西来填补他的时间和满足他的感官。他意识到，消遣性的交际、幸福的家庭生活、孩子的教育、锻炼自己的力量和灵巧等活动，能提供更稳定、更持久的快乐。如此，随着经验、社会和观念世界的发展，力量感与自我的感觉，同情与爱、各种团体与社群的感情，最后是道德的感情和责任感，逐渐发展起来。正如霍尔维茨（Horwitz）以暗示的方式提出的那样，只有人类的心理历史，特别是情感发展的历史，才能为一切国家和社会科学提供一个恰当的基础。

各个逐渐发展成熟的情感生活领域渐渐地与快乐和痛苦的感觉联系在一起，它们成为人类意志和行动的路标。如果我们怀疑是否应该以同一个名字称呼为祖国英勇献身的振奋感觉与享用杯中起泡酒的快乐，那么可以说，它们相同的、有联系的方面仅仅在于幸福或快乐感觉出现的自然方面。正如我们可以把各种各样的玫瑰品种嫁接到野玫瑰的砧木上一样，我们的神经刺激也是多种多样能触动人类灵魂的东西的心理基础。而所有更高级、更纯粹的快乐只能从我们的精神和社会生活中得到充分的解释，就像自然的快乐来自我们的动物性活动一样。

各种感受给人以较强或较弱、简单或丰富、短暂或持久的，总之是在程度和类型上彼此不同的愉悦，这种体验与思维秩序联系在一起，后者根据各种感受对生活的重要性来区分它们，并使之形成一个等级序列。于是，快乐和幸福感受的标准被创造出来了。更深刻、更高级的生命观念得出的结论是，愉悦的感觉所属的精神领域越高级，或者它们所依附的关系和内容层次越高，它们的地位就越重要（费希纳）。一种感受或感情之所以等级更高，是因为它不依附于单一的感官，而是依附于多种感官，它不涉及身体，而是涉及灵魂，它不与当下的状况相关，而是关系到个人持久的未来，它不仅仅属于个人，而是牵涉到伙伴、家庭、同胞。从这个角度来看，所有的道德进步都可以被视为高级感情对低级感情的日益胜利。只有在决定行动的感情朝这个方向发展的时候，一切理智和技术的进步，生产的增长和社会制度的复杂化，才会使人类安全而持续地发展进步。

显而易见，随着高级感情对低级感情的胜利，后者本身也会发生改变。即使是基本的、自然的快乐感受也会被提炼和美化，或者变得与更高级的感受越来越密切相关。在文明人中，饱食之乐与家庭生活的乐趣和活跃的交际能力，与某些审美感受联系在一起。在山洞和小屋里希望自己免受寒冷和天气影响的愿望，随着住房条件的改善，被转化为对自己的火炉、对其秩序和对令人愉快的整洁布置的喜好。这样一来，各种感受之间的联系就成为它们真实的秩序。但感官的感受也不会消失，它们会被放在应有的位置上，并因穿上更高层次的衣饰而受到约束和规范。

基本的习惯性感受与外部世界的联系呈现为需要，它针对某种意志和行动的积极作用就是欲望。

（2）需要

快乐和不快乐的感受将人引向自身之外；这些感受迫使他摸索、寻找、斟酌，去发现和使用能令他摆脱痛苦的东西，去获取能令他得到满足、快乐和幸福的东西。周围的外部世界为人提供了自然财富——气候和土地、植物和动物，而他自己和同伴的劳动，以及种种社会机构，赋予他丰富的手段，使出于历史、民族与个人原因而产生的各种不同的情感刺激一再被磨去棱角。我们把从我们的灵魂生活和身体活动中产生的，具有一定规律性和迫切性并为人所习惯的必要事物，称为"需要"；它亦指人与外界的某种交涉，因为这能驱除我们的不快，增加我们的快乐。我们也用"需要"称呼我们所使用或消耗的一些物质或思维的对象，还有使特定的行为和行动得以发生的某种状况。喝酒、午睡、抽烟和观看歌剧是我或他人的需要，这意味着：我要通过它们来避免不舒服的感觉。人类的全部情感，无论是低级的还是高级的，都以这种方式产生需要。但我们的语言更经常用这个词来表示某种必要性，即通过商品和服务这样的经济手段，满足我们的低级和高级感情。因此，满足需要被说成是出于经济的目的；需要被提出来作为一切经济行动和一切经济生产的起点，如果从这个狭义的角度来看，需要这个词是非常正确的。因为，在更广泛的意义上，满足需要是所有人类行动的目的，不仅仅是经济行动的目的，因为快乐和不快乐的感觉以及对它们的记忆，给一切行动带来了动力。

在以往的国民经济中，需要被分为物质需要和精神需要，分为自然需要、礼节需要和奢侈需要，分为生存需要和文化需要，分为个人需要和群体或集体需要。通常，对它们的讨论被置于所有理论探讨的开端，在讨论需要、家庭预算、消费和社会问题时，往往主要谈论它们。

在我看来，仅仅把需要分成几类，并没有多少益处；像萨克斯（Sax）和 A. 瓦格纳（A. Wagner）那样把个人需要和群体需要分开，在理论上的目的是为经济共同体和国家活动创造一个基础。但是，如果他们仅仅给军队或铁路建设贴上群体需要的标签，那么并没有什么意义；重要的是，我们必须证明先是成千上万的人感到了军事保护和交通的需要，然后集体的潮流由此产生，随之，出现相应的国家机关，它们说服抵制者或迫使他们就范，最终，这些伟大的历史－政治进程把某些经济职能交付到公共机关的手中。在我看来，需要学说受到的最大挑战是罗雪尔和博德里亚尔（Baudrillart）对奢侈品的历史研究，以及类似的文化史研究，而边沁（Bentham）、杰文斯（Jevons）和其他人则试图从数学－力学的角度对快乐和痛苦的感觉进行测量。把需要建立在最大的快乐和最小的痛苦的数学程式之上，如果它是基于经验和历史的，基于对心灵的实践生活的观察，那么在个别情况下确实对我们构成了挑战，但这种方法基本上还是落入了空洞的俗套。只有在价值理论方面，杰文斯和奥地利学派的区分才在一定程度上取得了成功，因为在这些研究中，并不涉及对感情和需要的衡量，也不涉及从不同角度对商品的有用性的衡量。我们将在价值和需要的理论中再来讨论这个问题。

由于我们还将结合具体的国民经济问题探讨需要发展的其他特殊结果，此处仅仅涉及需要的性质和发展的一般性论述；我们必须努力把它们理解为心理的、个人的和普遍的现象，理解为经济原因，理解为历史的发展序列，以及我们的精神和道德生活的结果。

尽管在不同的地域，人的需要在某些基本特征上是相似的，但由于自然环境、技术和社会制度的差异，由于固定在神经和大脑中的生理和心理变化的差别，不同群体的需要发展得各不相同。在每个个体身上，这些需要是他的种族、教养、人生经历的结果。在高级文化中，它由于各个地方和民族的个人、阶级和收入不同而表现出相当大的差异；同时，高级的需要自然是以这种方式传播的，即个人在某一方面上取得的进步会从个人到个人、从阶级到阶级、从国家到国家慢慢传递。但是在这里，我们可以暂时忽略这个问题。对于所有的社会和经济考察，我们可以暂时假设，在类似的生活条件下，较小或较大的社会圈子，平均而言有着相似的需要；我们可以想到，在任何地方，就需要而言，人类都表现为一种群居动物，因此被模仿的本能支配。

人类经济需要的原始基础是由人的动物本性决定的；即使是最原始的人，也会努力获取食物、温暖，也会让自己免受敌人的侵害。这通常被称为自然需要。但今天已经不再如此。即使是最粗野的部落也超越了这类需要。而人类如何以及为何超越这些最原始的自然需要的问题，正是这里要讨论的。

如果我们仅停留于表面现象，那我们可以说，随着人类直接地或通过贸易了解到大自然的宝藏，还有随着技术进步，建筑学、烹饪术、编织艺术和其他技艺使人类的住所、工具、衣服、器械、装饰品变得越来越复杂、越来越漂亮、越来越好用，人的需要也会变得更多且更精细。外在的文化史中的种种巧合，人类的发现史、贸易史和技术史，以及新兴民族与古老民族的接触，这些因素共同决定了整个发展过程。我们将在谈到技术史的时候，再讨论其中最重要的部分。然而，这些外部事件自然完全不能解释其中的内在联系；因为外部事件本身就是人类的种族、心理、精神－道德、审美和社会等方面的发展的产物，甚至于，我们提到过某些因偶然而产生的个别事件为某一地区带来了新需要，如果接受者是对此而言还不够成熟的话，这些需要对他们的伤害大于益处。这种现象经常发生在高级的文化需要传入原始民族地区的时候。

文化需要变得越来越高级、越来越精细，其内在原因在于感情、智力、道德、社会在发展成熟过程中环环相扣的关系。当在感官享受之外，出现了愉悦耳目、满足理智的高级感受，出现了人与人之间的共情心，这时，人就产生了对珠宝、服装、住宅、美好的形式、更好的辅助手段和工具的需要，于是就有了大厅和教堂、道路和船舶、音乐和文字，人类伟大的外部经济需要不断丰富、增长，它在数千年前就已是文明人所不可缺少的东西，如今对人类的大多数而言，它就是生活的必需品。诗人说，不必要的东西，成为人类欢乐的最美好部分。一个由形式、习惯、美好的外观组成的世界包裹着原本简单的自然需要。随时随地以随便一种方式消除饥饿，并确保自己不受抢劫和嫉妒的损害，这对人来说已经不足够了；他要求在社会中，在一定的时间使用特定的器皿和仪式，变换不同的种类和搭配不同的菜肴来进餐，从而通过这种秩序把具体的需要合理地纳入他的生活模式中。发生的一切事情都要通过这种精致的形式成为生活计划的一环，从而得到认可，被打上印记。总有新的需要添加到旧的需要中，而旧的需要则变得更为精致、复杂、多样和讲究。我们可以理解，尽管在这个过程中也会产生一些错误、可憎、怪异的东西，但与此同时，它创造了必要的工具，使我们得以完善发展，促进了我们内在的文化。没有更好的住所，没有客厅、卧室和书房的划分，就不可能有更高尚、更高级的家庭生活，没有工场和住处的分离，就不可能有伟大的机械化生产。是的，我们甚至可以说，如果餐桌上没有更精致的美食，就不会有高涨的精神生活，也不会有灵性的闪光。

斯多噶派思想家可能会抱怨我们是需要的奴隶，崇古者则认为我们已经失去往日的俭朴，拖着越来越沉重的文化包袱艰难前行。我们一再努力把身体锻炼得足以承受匮乏和贫困，这也许是合情合理的。但总的来说，社会进步恰恰在于，即使是下层阶级也能要求吃好穿好，住上干净的房子，并能共享精神文化的成果。如果所有阶级都不惜一切地想要维持自己所获得的需要水平，甚至想要提高它，那也是一种进步的表现。长期以来，人类运用越来越复杂的手段来满足自己的需要，是为了防止自身重新陷入野蛮。就像那些长时间习惯于虚假、过度享受的人，无法一下子摆脱它一样。神经系统把每个人都牢牢地固定在他所习惯的生活需要轨道上。但只要需要是正常的，那就是一种幸福；它使人得以将自身维持在现有的文化水平之上，同时，需要的增加鼓励了人的勤奋、活力和细心，从而催生了更高的文化。

如果说，我们强调经济需要的增长在整体上的合理性，以及它与高级文化的联系，因为这种需要的增长归根到底来源于高级文化，那我们在为满足需要服务的伟大经济制度中也看到，需要增长是内在精神过程向外部世界的投射，它与我们更高级的情感发展互为补充。即使如此，也不能说每一种新需要必然是一种祝福，必定不会产生危险。

在过去一个漫长的年代里，人类维持着一个几乎稳定的需要水平；需要的种类自然而然地随着时代的改变而变动，而技术的改进和财富的增长使需要得以大幅增加。在先前提到的年代里，使所有需要相互协调，并使之与良好的社会宪法达到和谐，是比较容易实现的；因此，由伦理观念支配的根深蒂固的需要结构，会被保守分子和道德卫道士捍卫，他们认为这是一种不容篡改的理想。于是，新的需要在刚刚出现时，它本身很容易被认为是错误、狂悖、过度的；而且它在一开始经常会导致丑恶的现象，以及不符合伦理道德的非法行为，所以人们会理所当然地通过禁令、奢侈品法令和道德说教对之加以压制。

只要是新的，一种需要就会显得奢侈，因为它超出了人们日常使用的范围。在很多时候，起初看似有害的奢侈品会渐渐变成了合理的需要，但奢侈品的增加也可能是经济和道德普遍瓦解或某些重大危机的标志。

一个民族或一个阶层的需要是一个整体，应该与其收入、财富以及他们对生活目的的真实评价相适应。但特别是在一个经济急剧发展变化、需要大增的时代，在一开始，总是很难对总的消费适当把握分寸，并且恰到好处地为每一具体的生活目的分配财富。在原始的时代，人们容易陷于暴饮暴食，在文明的时代则易于沉迷华美的服饰和奢费的庆典；挥霍无度的王侯和民族，不会节约用度，而是在建筑和娱乐上耗尽财富；现代纵酒狂欢现象的泛滥，证明了我们在克服这种恶习方面的进步是多么的小。

需要的每一次增长，特别是那些迅速能够实现的需要，对任何阶级和民族而言都是一种考验，要通过这一考验有几个条件。首先要具有健康的道德力量，再者必须具备谨慎和正确的判断力，让人们把控着转变的过程，还有，在需要增长和受到适当调节的同时，生产的增加和节俭精神必须保持同步。需要的剧烈增长会产生这样的危险：与工作和生活的严肃性相比，个人或广泛的群体会变得过分沉迷于生活享乐本身。可能出现的情况是，在发展过程中，起初人的活力会增强，然后又被削弱。然而这主要取决于是何种需要的增长及它对伦理品质的反作用。满足普通的、感官的需要绝不能以牺牲更高的需要为代价。某些享乐品是一把双刃剑，不能落入教养不足、道德薄弱的人手中：因为在极高的自制力掌控下，这些物品可能是有益的，至少不会带来伤害，否则就会造成破坏。如果需要的增长强化了精神和身体的力量，特别是提升了工作能力，如果它丰富了内在的生活，也为生命带来外在的益处，如果它对社会性美德没有损害，那它才算是正常的。

需要增长的危险在于利己主义，在于沉溺享乐，在于对虚荣的不受约束的崇拜——这种虚荣由需要的错误塑造引起。在过去的几个世纪曾经有一种阿谀奉承的论调，颂扬王公贵族的种种疯狂的奢侈行为；其后又出现了一种幼稚的蛊惑之辞，鼓励劳动者放弃节俭，理由是需要的增长比美德更为重要。因此拉萨尔（Lassalle）谈到，下层阶级的俭省朴素是该诅咒的现象，因为这是文化和发展的障碍。

（五）人的欲望

（1）一般性讨论

促使人去满足自身需要的快乐和痛苦感受，只要它代表了人对一种渴求的持久的处置，而这种渴求是由其性质，而不是由其对象决定的，那它就表现为欲望（Trieb）。在本质上，人的欲望与动物的本能没有什么区别。它提供了行动的驱动力，这些驱动力总是通过我们神经系统的活动，特别是通过那些基本的感觉，朝着同一方向反复地发生。不过，现存的、以某种方式产生的欲望，绝不能被视为完全不可改变的东西，或者是人类本性中一直固有的东西，它并不像我们的大脑和神经那样一成不变。例如，大自然并没有赋予人进食欲望，但饥饿和口渴作为痛苦的感受，激发了神经，使人和动物咬住不同的东西并吞噬它。通过数千年的经验、记忆和体验，通过与之相关的身体和精神转变，产生了今天的摄取食物的欲望。在某种意义上，它当然是作为一种基本的、恒定的力量出现的，但另一方面，在其表现形式上，它还是某种在历史中形成的东西。每一种欲望都在发展的历史中产生，都以某些感觉中心为基础，它刺激我们的机体和心灵，让我们按某种机械性的顺序来行动。当我们认为行动是被某种原因"驱动"时，或者与之相类，当我们认为一些大型人类群体或所有人的意志行动为某些心灵的基本力量所控制的时候，我们会更愿意说这是一种欲望。而那些看起来是在这种基本力量的直接影响下产生的行动，我们称之为欲望行动。

当然，我们必须放弃这样的想法，以为我们能够证明所有时代的人都有特定数量并保持不变的欲望。正如我们已经指出的那样，欲望生活（Triebsleben）是我们的神经系统与我们整个精神－伦理本性的历史发展的结果。一切强烈的感受都会促使人行动，人的文化程度越低，这种行动越是不由自主，越是接近无意识的反射运动，越是真正的"被驱使"。反思和精神生活发展越成熟，对后果的评判和伦理性的考量就会越来越多地渗入感情驱动力与行动之间，欲望行动就越加转变为深思熟虑的、被教养修正的行为。欲望不会消失，但纯粹和简单的欲望行动会消失。我们的行动成为不一样的东西，变得更复杂，更能与伦理性的生活计划相适应；与此同时，欲望的效果也发生了变化。原始的印第安人、农民、学者、交易所投机者的逐利心（Erwerbstrieb）在质量和数量上都是不同的，就像南岛土著女人和受过良好教养的英国女士的性欲望并不相同一样。

欲望是有机的刺激，它由我们的感情生活和特定的化合作用（Darstellungen）产生，并能促成行动。它通过教养和习惯，通过训练和驯服而成为文明习俗的自然基础。所有人类社会的教育都试图使欲望道德化，并在某种意义上将其提升为美德；于是，当今一代人的欲望总是数千年伦理教育的结果。

……

（2）自我保护的欲望和性欲望在所有欲望中占据首要位置

它们与我们已经提到的最强烈的快乐感觉相对应。比起自私或逐利心，它们也更应该被视为经济生活以至于整个社会组织的心理基础。有句著名的格言说，人人皆为饥饿和爱奔忙。[1]……

……

自我保护的欲望不仅包括吃和喝；我们可以追溯到所有直接

---

① 此处译文有删节。

以保护自我为目的的人类活动；抵御敌人或凶猛的动物的人，保护自己免受寒冷或危险的人，以及为未来的行动准备武器和工具的人，都受它的指导。以自我保护的欲望为基础，在更高更复杂的文化中，发展出一切可能的、间接地保护个人利益的努力；一切与自然的斗争、一切的努力和劳作都与此有关，只要它们是以"我"为目的的。狡猾和欺诈、暴力和盗窃、抢劫和谋杀也来源于此，现代剧烈无情的竞争也是如此。但如前所述，欲望不是一个简单的欲望，随着文化程度的提高，它涵盖了越来越复杂的领域和间接的目标，对大多数人来说，它只会在道德习俗和法律的规限下体现出来。……

　　即使是性欲望——特别是在文明社会——也不再是一种简单的现象、一种盲目的冲动。当然，它今天仍然以某种基本力量的面目出现，个人可能在瞬间受到它盲目的支配，对大多数成年的、尚未衰老的人来说，它是他们欲望生活中最重要的因素之一；但伦理和社会的教育过程使它在大多数人身上得到驯化，并赋予了它特定的表现形式和规范，使它与其他可能的目标发生联系。它首先会表现为建立家庭的欲望，于是，它与通过婚姻和家庭获得幸福满足的愿望变得密不可分。数百万年来，伴随着交配的快感，产生了同情心、善良、友爱和自我牺牲精神，人的喜悦之情首先是儿孙绕膝、相濡以沫和手足之情带来的，实际上就是对整个部落的感情。如果说对大多数人来说，即使在经历了数千年时间之后，血缘的自然联系仍是迄今最重要的（虽不是唯一的），能平衡原始的"我"，体现温和情操的杠杆（Kohn），那么，这种感情只能缓慢地、一点点地从家庭扩展到更广泛的社会圈子里。因此，人们承认，更高更纯的社会意识已经在性欲望的自然土壤上成长起来，这些意识一旦扎根下来并发展成为对特定目标的独立追求，就成为一种与性欲望相对照的，特殊的、更高的动力。

（3）行动的欲望与自我维护的欲望在一定程度上是有联系的

但又与它有本质的区别。①……

如果对食人族来说，行动的欲望表现为杀死敌人或剥下头皮产生满足感，对原始的猎人来说，表现为猎杀麋鹿和赤鹿产生兴奋和快乐，那对有文化的人而言，这种欲望的目标是无穷无尽的，然而它所唤起的快乐却一模一样。这就是正确使用和利用自己的力量的喜悦。我们甚至在用积木垒房子的孩子身上观察到这种本能，他想要说话，想要黏合，想要粘贴，想要绘画，他在玩耍中以无数种形式模仿家庭经济的小世界以及技术的大世界，当他在力量和技艺的小测试中取得成功时，他会高兴得拍手。而游戏对于年轻人来说，以及现实世界对于年长者来说也是如此。铁匠成功地用锤子打出恰到好处的一击，厨师准备好热气腾腾的周日烤肉，画家在完成的画作前放下画笔，机器制造商将第一千台机车送去展览会，他们都会因为自己的行动获得成功而充满了同样的喜悦感觉，就像饥饿的传教士从布道坛上站起来，意识到自己再次成为良心的闹钟，震撼了教区信众的身心。对人而言，最大的快乐莫过于积极地创造和工作，而且在某种程度上，它与经济上的收益、产品的报偿或薪酬无关。数以百万计的人在家庭、国家和教会中工作，没有直接的报酬；对其他数以百万的人来说，报酬和工作的关系并不那么密切，而且往往不那么相称，所以报酬并不是他们工作的唯一的决定性动机。但他们为了成功而工作。想象力和神经的兴奋感让他们无法停止，不可抗拒地驱使他们去行动；基本的经济美德、毅力、果敢的企业家的勇气、绘图师和式样设计师的鲜活创造力皆源于此。富人想要获利更多，与其说是因为他想要占有更多的财产，不如说是因为他享受挣钱的感觉。在这种行动的本能中，劳动的道德祝福有其自然的根源。完全沉

---

① 此处译文有删节。

浸在某项工作之中，忘记了自我和悲伤，是唯一能长期让大多数人获得快乐和不快乐的感觉之间的和谐平衡的事情，我们称之为持久的满足。

自我感觉和自我意识是由这种欲望附带产生的，但并不仅仅是因它而产生；这种意识是个人和社会过程的复杂结果；社会的认可加强了它，占有的意识也是如此，它驱散了不得不生活在别人的怜悯之下的恐惧。然而，最重要的是，能够在某一领域取得完美成就的意识创造了某种现实的可靠性，这对于我们的内在幸福和任何外部成功都是必要的。而且特定的工作形式还会为自我感觉染上特殊的色彩。就像机械工热情洋溢地拍打着桌子，裁缝轻轻地抚摸着他朋友的腋下和手臂并同时抚摸着布料，士兵回忆着他所参加的战役，商人讲述着他成功的投机活动。

（4）被认可的欲望和竞争的欲望

如果我们从这些基本的欲望——它们的根源都是与某些生理上的快乐感觉相联系的——出发，去探究另一种被称为欲望的东西，那研究就会变得困难许多。在某种意义上，欲望生活的规律也适用于所有更高层次的感情：人有审美、智力、道德、社交的欲望。但是，我们在这里要处理的是更为复杂的过程，此时，神经刺激绝不是以千篇一律的紧迫性驱使人向某些方向行动的。在这种情况下，涉及一种行动，伦理的和其他类型的观念以及经验对它的影响比眼前的神经刺激要大得多，因此，倘若我们把它视为单纯的欲望，就没法很好地解释它。在某些问题上，对欲望的假设在我们看来只是一件掩盖我们无知的斗篷。因此，我们必须果断地宣布，我们反对关于一般性社会欲望的假设，尽管我们承认在社会和社交层面上也有欲望刺激。但这些欲望刺激会分解成一系列的感情，我们可以将其区分为血缘的感情、语言和文化共同体的感情、欢聚一堂的快乐以及其他归属于它的东西。这就是为什么我们不喜欢用一个统称来指称这些具有明显区别的东西，因为这会掩盖其中的种种差异。

……

我们控制自己的激情，是因为担心我们会受到不利的评判；因此，节制、自制首先是出于对他人的考虑而产生的。斯密在《道德情操论》中说，无论个人在心里多么自私，他都绝不能承认这一点，否则就会使自己受到他人的蔑视；他必须把自利的非分要求降低到别人可以共情的程度。在生活中，不会有任何情况，人可以完全不顾那些他所重视和推崇的人的认可。

一个人所关注的人的圈子，一个人所渴望的认可、赞同或爱，可能是非常不同的，这取决于文化、社会、生活状况和相关的行动。但这种认可或赞同对大多数人来说是他们幸福和满足感的主要来源。即使是人群当中的败类，也不能缺少这种认可。这无疑是小地方的道德水平往往比较高的主要原因之一，在那里，人们都互相认识，邻居、朋友和亲戚都要求别人具有正派人、好主妇、节俭的家长常有的美德。在大城市里，特别是在国际大都市里，私人生活躲过了一般性的认知。精神抖擞的官员、守时的公务员和老练的店员被那些只根据他的本性的某些片段来决定他的命运的人了解和评判。作弊的赌徒、放高利贷的人、销赃者和小偷知道如何向许多与他们接触的人隐瞒他们的活动，但另一方面，他们也许在那些与他们做同样营生的人之中受到尊重，被看作最有信誉的人，并因此对这种声誉感到骄傲。对他们来说，这已经足够了，否则他们就会缺乏被认可的感觉。

洛策说，我们会顾虑别人对我们的评价，而有一些人，被视为与我们的自我相对的一般人的代表，他们的看法则尤为重要。对于在蒙昧时代和在个性发展开端的人类，或者对于今天我们的族群中教育程度比较低的人，这种顾虑替代了他们自身的道德良知。当然，这可能是幸运也可能是不幸，可能是完全的，也可能仅在一定程度上如此。拉扎勒斯（Lazarus）把这种作为整体的一部分的感觉称为自我感觉的延伸。毫无疑问，对于精神发展程度比较低的个人来说，对某一社会圈子的自我意识和荣誉感的共情替代了他们的自我意识。

在斯密的旧作中，他甚至夸张地说，所有对财富的追求都源于追求他人的认可。在他看来，依据他那个时代的理想主义的卢梭式情感，这种追求是相当愚蠢的。他认为，打零工者和百万富翁一样快乐，前者也能够满足那些出自本性的需要。他问，那么是什么促使我们超越这一点呢？他回答说，因为我们希望获得共情和掌声。穷人为自己的贫穷而感到羞耻，为了被人注意，才会寻求财富。在此，斯密呼应了最近文化史家所正确地强调的观点，他们从装饰的需要中推知服装的产生，而装饰又都是为了通过徽章、羽毛、颜色、文身、腰带和戒指把自己与其他人区分开来，为了让别人马上辨认出自己是身份高贵的人，是某一氏族或某一部落的成员。

在某种意义上，我们已经涉及人类的另一种欲望，或者说是被认可的欲望的一个变种，即竞争欲望。如果说社会圈子的存在和划分是基于被认可的欲望，那么社会的发展运动则是因竞争的欲望而发生。

自然，在一开始，人人都希望感觉到自己是平等的群体中的一员，是一个整体、一个氏族、一个部落、一个阶级或者一个组织的成员；所有原始的社会联系，甚至今天简单的社会关系莫不建基于此。如今，高雅的交际依然建立在这样的假定上：聚集在沙龙里的人是平等的，并都认为自己是地位平等的成员。但个性的发展，以及更复杂社会制度的形成，都与一种欲望有关，这种欲望首先出现在最强壮和最有才能的人身上，即对泯然众人的身份的超越。①

……一个更复杂的社会秩序的开端是，酋长、领袖、法官和牧师等职位被创造出来，身居这些职位的个人具有高于他人的

---

① 此处译文有删节。

地位；在性关系中，有名望的男人可以选择最美丽的女人为伴侣；不断增长的财物、畜群以及后来的土地财产创造了社会和经济状况截然不同的等级，这些等级先是与社会荣誉的等级相称的，后来又与之分离，成为吸引强者的目标。总之，为更高的荣誉、更多的财产、更美丽的女人而斗争，为更高的社会地位或某些特殊的声誉而斗争的情况逐渐出现。竞争所引起的斗争，无论是在个人之间还是群体之间，发挥的作用时大时小；它在任何人类社会中都不会完全缺席；它是进步的飞轮，导致了各式各样的生存竞争。

在已经发展出成熟的财产权，并在此基础上进行经济活动的民族中，逐利心是一般竞争欲望的一个亚种。我们现在将更详细地探讨这个问题。

（六）逐利心与经济美德

（1）学说的历史

当大家更严肃地思考人类行动的原因时，也有一些思想家把一切行动，包括人类的种种美德，都归因于自爱。他们的先驱者是诡辩家和伊壁鸠鲁，之后是英国的感觉论者、霍布斯和曼德维尔。后者在他的蜜蜂寓言中，以比其他人更残酷的坦率态度，从自爱中推导出人类的行为。最后是法国十八世纪的唯物主义者，首先是爱尔维修（Helvetius），他以罕见的敏锐探究自私在人心中的变体，不过在更多的情况下，他关注的只是低层次领域中的快乐和不快。他成为利己主义最杰出的理论家，对其时代的思想氛围产生了巨大的影响。整个十八世纪下半叶都笼罩着对个人的迷信，有些人认为个人是只有法律才能约束的恶的动物，有些人则认为个人是高尚、光荣的生灵，只要它摆脱传统糟粕的荼毒，得以自由发展，便能实现善。此外，对经济问题的研究使自爱之心备受重视。

像斯密这样一位卓越的心理学家和伦理学家，在这一点之外，他其实是这种唯物论的反对者，但他在自己的经济研究中谈到每个人都有追求自己利益的自然倾向，并乐观地赞颂这种倾向通常会带来的利益。于是他的一帮追随者，首先是边沁领导下的英国经验主义者，然后是一些比较死板的、非哲学化的德国官房主义者，如劳（Rau）和洛茨（Lotz），他们得出一种一般性理论，大意是：自私（Egoismus）、自利心（Eigennutz）、个人利益（Selbstinteresse）或者逐利心 ① 是国民经济学的唯一基础（这几个虽然近义，实际上并不一致的词语，往往被人们混为一谈），因此，至少对于我们的学科而言，只需要研究这种欲望的后果就够了。边沁从对人类幸福的不同种类的考察中得出结论，财富带来的快乐占据了中心位置，因为它为所有其他快乐提供了实现的手段。对老一辈来说，每个人都想以最少的牺牲换取最大的利益，这个命题是政治经济学的基石，是最基本的事实，不可能被推翻。劳宣称，人类与物质产品的关系是不变的，自利是一种永久性的驱动力，缺少这一前提条件，我们无法确立任何经济法则。

劳本人已经对这一命题做了一些限定，其他人则试图以不同的方式修正它。有些人把自私重新解释为自爱或所谓的"经过升华的个人利益"，在高尚的人身上，它包含了所有更高的生活目标。有些人把公共精神、正义和公平，或所谓的利他主义（相对于利己主义的对他人的爱），看作与逐利心平等的力量，用以解释经济行为（赫尔曼、罗雪尔、克尼斯、萨克斯）。有些人从逐利心中得出了一般的经济意义，认为它总是将付出的努力与成果进行比较（迪赛尔，Diessel）。或者，既承认社会现象受到人性的全部品质的影响，但是同时又宣布经济学是一种假设性的科学（J.S. 穆勒），试图以此挽回经济学解释的唯一原因——追逐财富——的地位。他们的看法是，这门科学只需研究逐利欲望的后果就够了，至于其结论与现实的距离，就像假说性原因与现实原因的总体之

---

① 旧译"赢利心"——译者。

间的差异一样大。

从这些尝试可以看出，旧教义的动摇和不可靠性是显而易见的，但那时还没有一个新的、同样被普遍认可的学说取代它。一如既往，所谓的私有经济体系是基于自我利益的。我们也必须承认，我们今天的乃至一切时代的经济活动都与逐利心紧密相连，比它与国家、教会的联系更加密切。因此，为了找到真相，就有必要比赫尔曼、罗雪尔和克尼斯更进一步，不要仅仅满足于分析两个抽象概念，即逐利心和公共精神，而是要从心理学和历史两方面进行探索，就像我们已经开始着手的工作一样。我们需要回答，经济行为的主要动力是什么？所谓的逐利心如何从其他欲望中脱颖而出？纯粹的经济欲望与我们称之为经济美德的品质有何关系？在逐利心之外，勤劳、节俭、事业心是如何产生的？

（2）逐利心的产生、变质与传播

我们首先要问的是：人的本性是否包含一种自私的获利欲望，即企求为自己积累更多的物质财富？这种欲望是不是一切经济行为的原始动因，于是经济行为就是努力地征服外部物质世界，使之服务于满足人的经济需要这一目的？

对此的回答是，那些原始的感官快乐感受和痛苦感受，以及与之相关的欲望生活，还有对华美事物和装饰的喜好，对拥有武器和工具的欲望，以及对自己的成就的喜悦，这一切无疑都是经济行为的首要的和最持久的诱因。除此以外，我们也因不同事物对自己的某种用途而保存它，这种倾向在感情发生之初就会杂入其中，我们在儿童和野蛮人身上都能发现这点。但真正的逐利心既不存在于儿童和年轻人身上，也不存在于尚未拥有较大的畜群或其他财产，尚未出现贸易的原始部落当中。[①]……

自从有了畜群财产，有了对多妻和奴隶的占有，尤其是后来

---

① 此处译文有删节。

有了贸易、贵金属财富以及放贷活动之后，人类的自利心才越来越强烈地表现为积聚财富。上层人夸耀他的牛群和黄金指环；为了在自己箱子里储存更多金银财宝，他们展开了激烈斗争和搏杀；在日耳曼民族与南欧文化接触之后的数个世纪，他们的诗歌还在歌咏着传说中尼伯龙根的财宝。只要能够搜刮财富，无论是杀人越货还是阴险狡诈，都会博得别人的赞美和尊重。经历了非常漫长的年代之后，人类才过渡到一个比较平和的时代，起先，财富积累在个人和部落之间引发了暴力斗争，在固定下来的法律、严厉的宗教规范和道德习俗的规范之下，它却转变为被社会认可的对金钱和物品的追求。文明民族的逐利心就是这样产生的，它伴随着人的自信心和自觉，伴随着现代人的个性而出现。自我保存和自我主张，在过去另有一套表现形式，但如今对许多人而言，它变成了经营、获利和占有财富。为了飞黄腾达，为了家族和未来的生活，为了野心和权力欲，为了生活享乐和艺术享受——要实现这些目标都需要获得财富。M.韦伯和特勒尔奇（Tröltsch）最近以一种非常动人的方式，阐明了在新教徒当中，尤其是加尔文教徒当中，勤俭理性的生活组织和职业精神等理念是如何促进了发家致富的风气，并阐明了它们如何与其他因素一起，塑造了具有逐利心的现代商人。

逐利心的发扬是使人逐渐脱离野蛮、懒惰和只顾今天不顾未来的最重要手段之一。人们由此养成了一种观念，即不能单纯地贪图一时的享乐，不能只为吃喝玩乐，而是要去积聚经济财富，于是生活被分成了始终互相脱离的两大部分：工作和娱乐。最初教人勤劳可能要通过棍棒，但是持久、强烈、深入内心的勤劳则要依靠利益来养成，这种利益早先是通过抢劫和暴力获得的，后来则通过勤奋和辛劳实现。随着意志被引向被允许的、合法的利润，人就能抑制一时的快乐，克服劳动的不适感了；它是道德生活的开端，使当下的决定服从于长远的利益和将来的快乐。因此，逐利心培育了劳动的习惯和刻苦的品性，它把个人的生存、思想和自律提升到一个完全不同的水平之上；逐利活动的成果带给个人真正的独立性和自主性，真正的尊严和自由，甚至有时候使他的生活获得了更高的意义。逐利心是所有文明民族共有的，却是原始野蛮的人所缺乏的。印度人的特点是具有正义感和荣誉感，有忍耐的勇气，他们还有让每个欧洲人感到羞愧的卓越自我意识。他们与每个饥饿的人分享食物，不仅藐视一切占有财货的行为，更鄙视欧洲人那种因财产而产生的骚动和焦虑：欧洲人都是吝啬和贪婪的。他们问道，既然人的生命如此短暂，你何必建造这么巨大坚固的房子呢？但是，只有当自给的生产让位于市场化的生产时，逐利心才会真正地被养成，此时，大多数人的主要收入来自复杂的商品交换机制，而且这种机制让更强大、更聪明、更勤奋的人易于获得更大份额的成果。这也是为什么许多旧有的小社群瓦解的时候，连同它内部的舒适感，还有人与人之间相互照顾和体谅的关系也一并解体；越来越多的经济参与者，如今在商品和劳动市场上结成某种抽象淡漠的关系，因为他们除了商业关系之外，其实并不相识。于是在这些经济圈子里，出现了一种道德学说，它甚至一定程度上受到法律的保障，那就是允许每个人追逐自己的经济利益，就算损人利己亦大可不顾。于是，在参加竞争的人身上形成了一种逐利心，今天，它在商业城市中支配着商人、大企业家和投机者的行为，它在证券交易所被认为是合理、有益而且必要的品质。①

　　……

　　可见，逐利心由发端至成熟仰仗于几个条件：①它必须建立在某些技术－社会条件之上；②它以某些道德观念、习俗习惯和法律制约为前提；③对所有人来说，逐利心都受到原始欲望和快乐感觉所驱动，但自私感情的强度却非常因人而异。这些快乐的感觉、享乐的愿望、对权力和声望的渴望，总是不同程度地在幕

---

　　① 此处译文有删节。

后起着作用。在崇高生活享受、奢侈和野心增长的时代，特别是在欲望横流的现代大城市里，逐利心也更为膨胀。但对许多主要由逐利心驱使的人来说，这些动机并没有起到决定性的作用。财富原来只是获得更高水平的生活享乐的手段，但如今对一些人来说却成了目的本身。令人快乐的不仅是占有财物，而且是年终决算时看到丰厚的盈利，证明自己拥有比别人更强的获利能力，也许，还因为财富给他带来了社会权力，让别人越加依附于他，让他有可能做出一鸣惊人的善举。

在人民的经济欲望最旺盛的时代，通常也是商品贸易、货币交易和信贷交易高度发展的时代，这时，原来许多道德习俗和法律的制约被打破，原本正当的逐利心很容易变成了狂热的逐利欲，它不只是想依靠自身的能耐和辛劳，而且想通过剥削他人，通过压榨和诡计，无耻和欺诈，快速地获取更多财富。在这样的时代，百万富翁戏谑说，他们已经一条腿迈进了监狱，而激进的工人领袖则指责所有企业主都是掠夺成性的逐利狂。蒲里纽斯（Pulinius）早就说过，贪求无度破坏了生命真正有价值的一切；亚里士多德说，不合理的"贪婪癖"没有界限，为了比别人捞得更多，它可以无所不用其极。在我们身处的今天，天真的唯物论把种种肆无忌惮的逐利心赞美为社会进步的动力，我们必须承认，假如缺乏强烈的甚至肆无忌惮的逐利心，那所有文明国家的伟大经济努力和经济成就都是无法想象的。但另一方面我们也不能否认，需索无度和心狠手辣会毒化社会关系，破坏社会和平，因此产生的仇恨和道德上的野蛮，还有因此造成的争斗，最终会侵蚀和埋葬现有的繁荣。因此，我们的时代面临着一个重大的问题，一方面，我们可以通过什么样的道德手段和社会制度维护健康的逐利心？如果没有这种逐利心，大型社团的经济努力（合理的自我主张）、个人的自由和个性的发展都是空话。但另一方面，又要如何限制那些威胁到道德的和经济的生活的贪婪和社会不公正？社会民主党人认为，唯一的出路是消灭所有逐利行为，他们幻想存在一个没有人类私利的黄金时代。但历史学家和地理学家提醒我们，有一些民族类型，例如马达加斯加人，他们的逐利心要比我们无耻得多，却不像我们那样，常常由逐利心生出与之相关的魄力和经济活力，他们表现出纯粹的吝啬、贪心和单纯的恶行。历史学家还记得，在晚期的古罗马和雅典，逐利心也比我们恶劣，与之相比，日耳曼人的逐利心是有边界的，其他民族却非如此；还有些文明民族知道一种真正的、体面的商人精神，了解商人的荣誉，这使逐利心与灵魂更高尚的品质以及某些美德联系在一起。因此，我们认为逐利心将有可能变得越来越纯洁，只要它能以更为复杂的方式与其他伦理力量相结合，更高形式的社会生活不应试图消灭它，而应对之正确地加以调节。

（3）对逐利心的评价

到目前为止，我们只是单纯地探讨了逐利心，这主要是因为，有些人认为从自私、利己主义和个人利益中就能寻得国民经济活动的根源。但我们认为，所有这些概念并不限于经济生活，也不等同于逐利心。自私和它的极端表现——利己主义，这些都与个人相关，即只为了自己而不顾一切。但是有些人具有强烈的逐利心，却不是利己主义者。人的个人利益与他人的利益是相对立的；但是，经过升华的个人利益包含了更高尚的情感，特别是对亲近的人、祖国等等的情感。我们不需要纠结于此。我们仅仅想要评价经济上的逐利心。

正如我们所看到的，它不像自我保护的欲望一样，是一种原始和基本的冲动；我们不能把它跟其他一些与它不同的欲望搅在一起，声称能以此概括人类的一切欲望。逐利心是在经济文化到达某个高级阶段之后，由自我保护本能、行动欲望以及个人的利己心高度发展而产生的结果，因此它是后起的东西。它从感官需要和对未来进行筹划的意识，从自我克制和明智的勤勉中生长出来。在数千年的经济活动中，人类曾经在逐利心缺位的情况下行动。在今天，它对许多地方的人而言已经发展成熟，尽管如此，它在不同的个人身上会跟其他感情和欲望相结合，从而染上不同的色彩：在这个人身上，它可能与强烈的感官欲望紧密相连；在那个人身上，它可能与自我牺牲的家庭意识相联系；在第三个人身上，它又可能与野心和权力欲联合。同样是逐利心，在此处表现为挥霍浪费，在彼方表现为吝啬，在这里与果敢和魄力相结合，在那里却只剩狡诈。

逐利心不是放诸四海皆准的自然力量，它总是受到某些道德习俗、法律条文和制度条件的约束和限制。尽管如此，在某一时代，对于某一民族，在某一社会阶级中，这些影响因素仍具有高度的一致性，以至于可以说，在市场和商业活动中，某些群体经常受逐利心支配，即他们总是试图以最少的牺牲获取最大的利益。正是出于这个原因，我们才可能将价格的形成、收入分配、利息的形成以及文明国度里类似的经济现象，根据先前描述的或一般性假设的逐利心加以解释。但绝不能忽视的是，即使在同一城市的商人中，这种逐利心也并不总是相同的；尤其是，寡廉鲜耻的高利贷者或家庭手工业中冷酷无情的倒卖专家，并不具有与正派的、名副其实的企业家一样的逐利心，后者鄙视一切不正当和不合理的利益，总是细心殷勤地为自己的主顾们服务，他知道自己与顾客站在相同的道德与共情的基础上，善待与他打交道的人。

尽管在今天，讨价还价、做买卖以及类似行为可以被归结为逐利心，但这并不能解释所有的经济活动，也不能解释所有的国民经济现象。例如，家庭经济、各种企业形式和国家财政的根源是否都是逐利心？我们更不能宣称，衡量逐利心日益增长的标准，就是衡量人民财富增长的标准。不过有一点是对的，即交易经济和交易社会的日益发达是以发展程度更高的逐利心为前提的，如果缺少了它的作用，那过去几个世纪中个人经济活力（Energie）和行动力（Tatkraft）的增长是无法想象的。

这也是我们对逐利心作道德评判的标准所在。日益增长的逐利心塑造了越来越多人的品性，他们的目的主要是挣得财富：这类人意志坚定、精明强干、不折不挠，他们往往又野心勃勃和自命不凡，被强烈的肉体冲动驱使，大多缺乏高尚的追求和强烈的同情心，不过这些人在社会中扮演了非常重要的角色，他们先富起来了。自然，这类人通常不是令人亲近的、高尚的人物；我们也不希望完全由他们主宰这个社会；但只要他们的行动力和能量所带来的好处远远大于他们的逐利心造成的损害，也就是他们对待竞争对手、主顾和工人的严苛，那我们就不得不问：在他们的位置上，到底是这些人，还是高贵的懦夫和不明智、不懂行的企业家，对整体的福利贡献更大？归根结底，只要逐利心在整体上有利于经济，但又不至于引起不公平，导致残酷的行为，不至于造成恃强凌弱，也就是不会带来那些我们所知道的守财奴、压榨劳工者、高利贷者的恶行，那么对一切阶级来说，逐利心的发展就是一种进步。

因此，逐利心和其他所有利己的心理倾向有一些共同点：只要它一方面令个人在自我主张方面，在健康、力量和工作能力方面有所增益，在另一方面它又不会损害整体的利益，并作为人类意志的一部分，恰当地与其他更高的目的相调和，那么，它在人类行动体系中就拥有自己的合法地位。纯粹的、赤裸裸的逐利心不但是邪恶的，而且在经济上也具有破坏性，因为一切高级的经济生活都发生在社团组织之中，假如缺乏共情心和伦理道德规范，这就无法存在。家庭经济、企业、经济性的协会和社团，甚至是简单的市场和交易活动，都依赖于某种互相联结的感情，一种相互信任；缺少了一系列道德特征——如合理和公正——这些经济活动是不可能发生的。至少，所有那些被人称为经济美德的东西，如逐利心一样，也必然存在于经济发达的民族中。比起单纯从逐利心推论，人们如果从这些美德入手，尝试在心理上推求整个国民经济的起源，会更容易成功，特别是从最核心、最重要的经济美德——"勤劳"——入手。当我们在下文中谈到它时，不能忘记，探讨它和其他一些个人的经济美德，跟探讨逐利心一样，研究的是相同的心理和历史过程，只是角度不同而已。在此，我们将仅限于讨论在本质上属于个体的美德，因为前文已经论及了种种同情之心和与之相关的品质，我们在后面还将结合社会制度来探讨这类感情。

（4）劳动和勤劳

如果我们把"劳动"理解为，所有通过不断努力追求伦理上合理的目的的人类活动，那么我们可能会怀疑，是否应该把野蛮人猎取野兽或以其他方式寻求生计的种种活动称为劳动。在动物中，我们只会用勤劳形容那些像蜜蜂一样出于本能、有计划并且持续地为其生活目的不断操劳的动物。人类必须经历很长时间才渐渐学会劳动。毕歇尔（Bücher）以诙谐的方式试图证明，在古代，节奏、音乐和歌曲，往往具有教育作用，它帮助人类克服疲劳和懒惰，使许多人的共同劳动变得更加轻松。通过这种方式，他证实了一个古老的真理，即审美和道德情感、道德品质的形成是紧密相连的。随着定居、田地耕作和园圃种植的出现，在德语中开始用"Arbeit"（劳动）一词来表示这种更大的辛劳（这正是野蛮人厌恶这些活动的原因），同时，总是在规定的时间内劳动也变得必要。自那时起，"为了吃到面包，你就得汗流满面"这条咒语，以及工作六天休息一天的规则，支配了整个世界。对于很多民族来说，在很长时间以来，主要是弱者，特别是妇女和奴仆被强迫从事耕作、搬运和搭棚等艰苦的工作。而当自由人也开始走在犁的后面的时候，这就是一个伟大的进步。不过并不是所有人一下子都能做到这点；在很长一段时间内，贵族依然耻于从事真正的经济劳动。即使在今天，我们也有许多愚蠢的无赖、被宠坏母亲的儿子和虚荣的女人，他们以为懒人是高贵的，不愿去了解懒惰是恶习的开端和幸福的坟墓。[①]……各种最不同的动机以复杂的方式结合在一起，促进了所有高级劳动形式的

---

① 此处译文有删节。

产生和形成，而对于机械性的劳动来说，按照社会分工，依然是下层阶级的命运，因此到目前为止，外部强迫或饥饿仍是这类劳动的基本动机。然而，当我们今天抱怨如此多单调无聊的机械性劳动和超量工作时，或者当我们强调今天有多少人不得不干着对他们来说陌生而不可理解的工作时，我们绝不能忽视这样一个事实：自从在高级的文明中出现劳动分工之后，从来就不会没有这种牺牲者。我们必须把减少这种牺牲定为目标，也就是以合理的方式组织劳动，通过参与和理解，使劳动不再仅仅是饥寒所迫的结果。

尽管存在着机械性超量劳动的现代弊端，但教育个人、民族和全人类热爱劳动，仍是一条进步的道路：一切迫使和诱导人去劳动的东西都比它的反面，比懒惰和散漫要好，它包含了经济和伦理方面，以及身体和精神方面的训练的基本要素。劳动是一种有计划的活动，它掌控着变化多端的念头和冲动的诱惑；它始终为一些目的服务，这些目的不能带来眼前的利益，而是带来未来的利润、报酬和享受。一切劳动都以克服惰性和散漫为前提。劳动者必须忘掉自己，沉浸在他的对象中；是劳动的本性，而不是他的快乐，规定了他的行为。在学校、在车间、在多部门的劳动组织中，工人必须服从于那些他往往根本不认为，或者不会立即认为是有益的和必要的目的；他必须先学会服从和努力工作。他越是理解和赞同这些目的，它们就越是直接或间接地——通过工资和通过为一个伟大的整体服务的感觉——成为他自己的目的，他的身体和精神就越能通过遗传和训练而对某种劳动应付自如。①

……在劳动中，人学会了观察和服从，学会了秩序和自我控制。俗话说"祈祷和劳动"，这样把两者联系起来并不是没有道理的。只有通过劳动，人类才能赋予自己的生活以内容，否则，

---

① 此处译文有删节。

当他屈从于基本的冲动时，生活就会变得空虚。只有通过劳动，人才能了解自己的力量，分配自己的时间，为自己的生活制定计划。经过不断磨炼，人的力量得以增长，这些力量也会带来劳动的喜悦和人类的幸福。一切道德活力都源于劳动。只有那些学会了工作的个人、家庭、阶级和民族才能被保存下来；那些厌弃工作、懈息懒散和不思进取的人或民族终会走向衰亡。"王侯和城市因懈息而毁灭。"（Otium et reges prius et beatas perdidit urbes，卡图卢斯）

……

（七）道德的本质

在前面的考察中，我们已经反复提到了道德的本质。我们已经认识到，语言是教人思考的工具，并把他们提升为一种社会存在。我们看到，随着辨别性思考的发展，我们对各种情感和欲望会有所评价，它们获得了一种秩序，构成了一个等级关系，欲望，特别是高级的欲望，通过调整和正确地融入人类行动系统而成为美德。从此处，只需再进一步就能让我们意识到，对我们的情感和行动的反思性价值判断的反向作用使我们成为有道性的人，赋予我们高贵的品质，通过它，我们成为一个更高级世界的成员。

但在此，我们仍然要更仔细地研究道德判断和道德行动的性质，了解伦理道德的发展及其约束手段，并阐明伦理道德在何种程度上是所有社会组织，包括经济组织的基础和前提。

（1）道德判断与道德行动

伦理道德思想始终包含一个判断，即某种东西是好的或坏的；道德行动是对我们认为是好的东西的实际偏爱。道德本质的问题首先是一个心理学问题：我们如何确定道德判断和道德行动？无论其他人和外部世界对我们的影响有多大，只有当我们把这种影响作为我们内在心灵生活的必然结果来把握时，我们才有了道德。

人的身体，他的手、他的眼睛以及精细的肌肉构造，使他能够比其他动物更大程度地满足他的欲望生活。凭借他的感知能力和聪慧多思，他把自身的活动引向更高的目标；他凭借长远的洞悉、精细的态度和自我控制，为自己谋得衣食，他学会了深思熟虑，抑制住针对某个目标的瞬间冲动，控制住眼下会造成阻碍的感情。因此，他学会了通过劳动来掌控自己，他不允许反射性行动的爆发，他把注意力集中在一些特定的想法之上，让它们共同发挥作用，从而以相对简单的手段获得非凡的成就。人类沿着这条阶梯向上攀爬，在这个过程中，他制造工具，实施劳动，也获得了道德性。一切道德行为都是合理的行为。但是，一旦更高级的和社会性的目的与较低级的感官目的并驾齐驱，我们就会越来越多地仅仅把前一种意义上的行动称为道德行动，并把后一种合理的行动与道德行动相对立，称为有利的行动。如此一来，人性中的合目的性在有利的和道德的行动中就上升到更高的层次。只要人类使较低级的目的服从于较高级的目的，在一个更高的意义上为整体的福祉而奋斗，那就是善的行为。

然而，当人面临选择时，当他每时每刻都要从各种可能性中作出正确的选择，从各种目的中选择善，这是如何做到的呢？苏格拉底说，知识和智慧必然为他指明方向。当然，如果不了解目的和手段之间的联系，还有因果关系，如果不了解善的行为在未来的后果，就不会在道德上有所进步，就没有选择善的可能性。但知识本身并不能使人正确地选择善行。高级的感情发现了善和更高的价值，它成为一种驱动力，让人决定行善。在可能的行为中选择做好事而不做坏事为我们带来了快感，使我们超越了怀疑和诱惑，它照亮了我们，强化了我们在类似的情况下再次行善的力量。但这种感情只有在我们观察到其他人有相同的行为时才会增长和加强。

我们的道德感情和判断力越不发达，就越容易对所见的他人行为作判断："这是善的，那是恶的。"人在观察到别人的错误行为时，对自己的行为更容易作出这样的评判：你做了不正当的行为，应当受到惩罚。我们在观察到这种不被认可的行为时，不像我们自己做出这种行为那样，能够得到眼前的好处。看到被认可的行为会使我们获得共鸣的纯粹快乐，而不被认可的行为则会引起由愤慨带来的反感。道德感情、道德判断和道德行为能力的形成，从根本上源于他人的行为和动机在我们心中唤起的这种共鸣，源于这些在群体中互相感染的、激起愉悦和报复心的感情。我们越是热衷于经常对他人的行为进行道德评判，思想所必需的统一性就越会逼迫我们思考：这些评判别人的标准是否也要用于我们自身？我们会记起，别人会像我们衡量他们一样来衡量我们自己。甚至在别人看不到的行动中，我们也会问自己，这个世界、朋友和邻人会如何评价我们？

通过这种方式，人学会了在同伴这面镜子中正确地判断自己。他必然会把用于评价他人的行为和动机的标准，用于评价自身；在评价自身的行为和感受时，也会唤起同样的赞赏和厌恶的感情。一个人在要求别人行善的同时，也会这样要求自己，只有如此，他才能满足自己的思想，才能尊重自己。于是，渐渐地在他的心里出现了一个公正的、总是通盘掌握情况的旁观者，它对我们所有的动机、所有的行为进行评判，这就是良知，它毫不妥协地要求我们，具有绝对律令的特征，它使人努力追求善和高尚，追求荣誉和人格的尊严。正因如此，柏拉图和歌德说，每个人的胸中有两个灵魂，而这两组原动力——良知和当下欲望——的永恒斗争，构成了人类生活和历史的全部内容。这场斗争从未停息：在永恒的激荡中，低级的原始念头和驱动力在我们的灵魂中与高级的、更符合道德标准的力量互争高下。但更高级的力量逐渐成为主导性和压倒性的，实际上，它成为我们身上唯一的驱动力量，因为它通过遗传和天资（Anlage），通过教育和训练得到强化，因为思想的过程和思想的联系被一次又一次地引向这里，因为道德规范通过理智的教育变得澄明，并成为发自内心的感情力量。道德品质是通过习惯、熟练和意愿的确定性形成的。

（2）道德的历史发展及其目标

由此可见，道德始终是变动不居的东西，个人、民族和人类的道德发展从未停滞。首先是诡辩家，然后是霍布斯和洛克，已经认识到不同民族和不同时代的道德标准各不相同，今天，对地球的地理发现更加有力地证实了这点，对此我们丝毫不会感到惊讶。假如真像卢博克（Lubbock）认为的那样，存在一些缺乏道德判断力的部落，那才是应该引起我们注意的。不过情况并非如此。因为善与恶的观念，被赞赏和被厌恶的行为，在任何地方都不可能完全缺位。只是，根据人们生活的社会和文化条件，根据道德感情和道德观念的形成，它们必然具有不同的物质内容。在过渡到新的生活条件时，一些看来是坏的和应受谴责的东西，仍然必然被另一些人视为善。那些不了解行动和效果的真正因果关系，不了解复杂的社会制度的人，在道德判断上，会与对此了然于胸的人大不相同。高尚的道德感使我们不会触犯使文明人感到恐怖的东西。因此，道德判断必然是流变的；但是在外部条件变化的同时，我们的知识和观念日益完善，我们的感情也变得越来越高尚，这些的因素都在转变中起着作用，如此说来，就可以假定我们会在这条道路上不断进步，也可以期待，道德判断能够越来越正确地对目的进行评估。

如果布施曼人（Buschmann）称赞用武力夺取他人的妻子是一种善行，但是假如另一个人强夺了他的妻子，他却判断这是恶的，那并不证明他完全没有道德判断力，就像在斯巴达，人们会让年轻人挨饿，然后指示他们去偷盗，只要不被抓住，他们就不会受到惩罚。人们曾经认为某些行为是合理甚至是必要的：杀死一定数量的新生儿和老人，从偷树者的身体里掏出肠子绕住树，把自己的妻女献给尊贵的外邦宾客，或者在酋长死亡时烧死数目众多的奴隶和妇女。在我们今天看来，这些行为却是不道德和野蛮的。但生活的匮乏，以及相信这是取悦神灵的唯一方法，这种种原因曾经使这类习俗看起来是善和合理的。只有当我们了解一个部落

和民族的所有外部生活条件和所有因果观念、宗教观念时，我们
才能明白变动不居的道德价值判断为何会认可某些习惯和风俗，
认为它们是促进生命的、合理的，是善行。即使在母亲会按照习
俗扼死一部分孩子的时代，也存在母爱和更纯洁情感的发端；但
起初，它们被其他感情压制。在此处，流行着将长子献祭神灵的
必要性的宗教观念，在彼方，又可能是饥饿和匮乏，频繁迁徙中
的生存需要，以及家庭和部落的利益主导着人的生活，这些不同
的条件创造了相应的习俗，它在某一时间被某一部落认为是善的、
该赞美的。在原始的时代，人们只承认勇敢、狡狯和冒险是美德，
此后又认可了它们之外的其他品质。一个语言方面的事实是：在
大多数民族中，用于表示善和恶的词语最初是指感官和身体的长
处的，后来才指向道德和精神的优点，罗马人的"virtus"一词在
早期并不是指美德而是指战斗力的。这能证明道德判断是一种变
化发展的东西，而不是说它在某个地方会完全缺位。

在任何时代，一个民族都生活在一定的外部条件之下，这
些条件决定了对个人和整体最重要的一系列目的和行动；如果个
人和族裔要生存，就必须优先考虑它；一旦生活的外部条件改
变，最重要的目的和行动也必须随之改变。无论何种经济状况都
受到这个前提条件制约：根据具体情况，最能促进个人和社会的
持久福利的经济品质和行动被认为是善的。迷信、错误的因果观
念以及当权者的利益，无论这些因素如何干扰习俗中的善恶判
断，作为一个整体的道德价值判断总是把更重要和更高级的目的
放在第一位，它会要求人把当下的享乐置于次日的幸福之后，要
求个人万万不能把自己视为目的本身，而是把自身看作氏族、家
庭和部落的成员。当反思性思维和更高级的情感发展得更为强烈
时，个人的生活开始被视为一个整体，美德被视为成年前的预备
性训练，它要通过严格的练习和管教来养成；这时，那些给整个
生活带来意义、内容和幸福的东西被视为善。然后，伴随着更广
泛的社会联系的出现，促进社会实体及其利益的东西成为道德上

的善。最终，人意识到一切人类命运与一个更高世界秩序的联系，因卑微的人生对神圣的世界统治的依赖，人产生了一种谦卑之情，此时，道德价值判断必然再次变得与以前不同。简而言之，每一种对行为进行道德评判的原则，都是建立在某些物质－技术的、社会的和心理－历史的前提之上的。道德的观念世界从个人生活的感官快乐扩展到全体人类，再扩展到整个世界，最后延伸到永恒的领域。善并非静止的，而是不断自我完善的活物。高级感情不断战胜低级感情，整体利益不断战胜个体利益，正是善的本质。

任何时代都有它的义务，它的美德，它的道德目的。被一般地认可的道德律令是义务，它是一个时代的道德价值判断加诸个人的东西；通过道德训练获得的依照义务行事的能力，就是美德，而道德追求所指向的目的就是道德物品（sittliche Güter）。任何时代的、宗教的或哲学的道德体系不仅决定了道德物品本身，使它们与自然的行动和事件，与纯粹的欲望生活，与道德上麻木不仁的行动区别开来，而且，还创造了一个由目的、美德和义务构成的世界秩序。某个时代可能认为勇敢是最大的美德，另一个时代可能认为公平才是，第三个时代可以认为消灭感官享受才最为高尚。对不同时代来说，最高的善可能是摆脱痛苦，可能是其他一些活动，也有可能是人对社会的奉献。

尽管存在这些时空差异，但是由于人同此心，由于相同的社会发展模式，还有相同的理念的影响，目前所有文明较为优越的民族对义务、美德和善行的理解令人惊异地趋于同一。几千年来的经验积累让我们越来越认识到，一些相同的行动、相同的感情是个人幸福和社会利益的必要条件。在走过无数弯路之后，在所有民族当中，同样一些理想——它们用较少、较简单的戒律和思想就可以加以概括——正在努力实现自身。这些理想既是我们对世界和人的知识不断增加的结果，也是道德教育和精神生活升华的产物。维护并完善自己；爱你的邻居如同爱自己；各得其所；

感觉自己是所属整体中的一员；在神前谦卑，在人前自信而谦逊。今天，不同国度和不同宗教都在教导同样的东西。在任何地方，这些简洁的戒律都成了世上最高的精神力量，它们均是一个社会得以存在的基础。

（3）道德的惩戒手段：社会舆论的压力、国家的惩罚、宗教观念

但是，这些戒律是如何形成的，如何成为地球上的最高力量的？道德判断曾经并且将继续通过上述的心理过程产生；但我们不得不同时考虑社会力量的影响，那就是，社会制度和心理压力手段也有助于强化这种判断，它们在人的精神生活中唤起强烈的情感，而这些情感一开始会比深思熟虑和对社会利益的关注，或者对未来利益的考量，更能使人沿着道德的轨道前进。[①]

······

这种邻人和同伴的监督从未消失，只是后来以更温和的形式出现，除此以外，经过公共权力、酋长制、王权制或军事统治的发展，最终出现了国家权力的力量。它起初是一种粗暴的专制主义，后来变成一种也许是完全非人格的最高命令权，它被法律牢牢地限制，它制定规章和进行惩罚；它始终依靠各种权力手段，可以强迫、监禁或杀死不服从者；个人必须服从于它和它的律法；国家强制劳动是由惩罚体系、各种强制手段、奖励和荣誉制度构成的国家强制性力量，在一定程度上成为社会的牢固支柱；尤其是在古代，公民们除了知道他们受制于这种野蛮的惩罚力量之外，别无他法，即使在今天，刑罚权也是维护善和维持社会的最后手段（ultima ratio）。

对道德行为的外部强制力，从父亲和老师的棍棒开始，然后发展为社会和国家的种种强制措施，它甚至规定人有在必要时为祖国献出生命的义务，在大多数情况下这首先带来了外在的合法

---

① 此处译文有删节。

行为，而非内在的道德性。但它消除了对道德秩序的直接干扰，它使众人习惯于规避不道德的行为，它通过习惯和榜样进行教育，创造了正直和美德的外在表现，这不可能不对内在世界产生影响，而且，对社会谴责的恐惧，也会使内在的感情变得高尚。

但是，内在的道德转变更多的是通过宗教思想来实现的，尽管它在开始时非常粗糙，尽管它在很长时间内利用了国家强制的外部手段。宗教控制机构的最终目的毕竟是要改变人们的内心倾向。宗教制度是约束感官的个人欲望的最重要手段。宗教思想以一种甚至不同于其他两种约束手段的力量抓住了人类的心灵。天真的原始人对超验的恐惧，即使不是最强大的，也是巩固道德力量和社会制度的最强大的杠杆之一。①

……

（八）社会生活的伦理秩序：习俗、法律与道德

一切伦理生活，包括宗教生活，都是一个永不停息的心理过程，是观念和判断不断转化为感情，是作为驱动力的感情不断转化为行动的过程。在此过程中，在自然和历史条件的影响下，相同的事件和评判必然重复地进行，如此，在某些圈子里形成一个固定的评判标准，它实际上成为一般规则、行动的规范。这些平均标准和一般规则，一方面与生活的一般历程和现实条件相适应，另一方面，它因应道德理想而产生，假如要求普通人在缺少它的情况下时时都能找到方向，这恐怕是反人性的。而这些规则通过前述的控制和惩罚机制获得其权威性。②……

这些规则不但支配着全部社会生活和经济生活，而且它们的构造形式也显著地决定了某一时代的状况，因此我们有必要介绍一下这些规则的产生。我们必须说明它们在一开始是如何作为统一的习俗出现的，后来又如何分离为法律、习俗和道德，以及这

---

① 此处译文有删节。
② 此处译文有删节。

种分离的后果是什么。

（1）习俗的产生和意义

卢博克说："最大的错误莫过于认为野蛮人具有更大的个人自由；其实他们的生活的每一种表现都受到无数规则的限制，当然，这些规则是不成文的，但其重要性不亚于成文规则。"在真正的国家、司法程序和成熟的法律出现之前，固定的规范经常以有韵律的语言的方式流传下来，主导着原始部落的全部外在生活，人们通过各种仪式和符号保证其实行。这些习俗和习惯产生于集体精神力量。拉扎勒斯说，我们把所有那些被全体人民践行、习惯和经常使用的东西称为习俗，它不是自然本能的表现，而且独立于个人的专断，它被群体认为是善的、体面的、适当的和可敬的。马海内克（Marheineke）说，习惯是由精神建立的第二自然。习俗就是一群个人的共同习惯，它被认为是一种义务，但人们也可能触犯、违背它。

习惯是伴随社会产生的，也是通过社会产生的；但它在个人的生活中表现出来的，也必然在此处形成。它起源于人类生活中相同事件的回归。没有这样的回归，就没有记忆，没有知识，也没有比较和区分。[①]……

［习惯性行动］通过一群人的共同思想和感情，通过共同的道德判断和记忆而成为一种习俗；在相同的情况下产生相同的意志冲动和行动、相同的仪式和相同的行动模式。道德判断告诉我们，这种特定的模式是被认可的。由此就产生了一种义务感，它又因同伴的轻视、惩罚和恐惧立刻得到强化。

每种习俗都赋予一个重复进行的行动以某种始终可识别的印记。从简单的身体运动到最复杂的生活制度，人类试图用一种仪式性的秩序来替代事件的自然进程，宣布只有如此这般行事才是正确的。一切人类行为都以这种方式被打上烙印，被改造为习俗

---

① 此处译文有删节。

的形式。这种形式的行为除了其自然的物质内容之外，还获得了一种额外的精神——道德性的、具有塑造能力的，指向它与其他生活领域的联系的内涵。

旧习俗所塑造的对象包括整个外在的生活，但也仅仅是生活的这一部分，它从来不会从开始就塑造人的意识。无论何处，食物、衣着、家庭、共同生活和人与人之间的交往都是习俗的主要对象。出于饥饿和本能，动物会在发现食物的时间和地点进食；在固定的时间，以固定的形式进食，是由习俗造成的。虚荣心和渴望赞美的心理使人在自己的身体上画上图案和打扮自己；由此产生了战争饰品和着装的习俗。交配是一种动物的冲动，习俗却为此制定了固定的规则。出生和死亡是自然事件，家人和朋友的参与，对逝去的祖先和神灵的顾虑创造了庄严的仪式，父亲高举孩子、洗礼、为死者举行宴会、祭祀以及葬礼，全都属于规范化的行为，人通过这些行为来表达某一事件的特殊意义。出于某种需要，一个部落会与另一个部落交换某些武器和饰品；习俗对此进行规范的方式是，固定地安排一个和平的地点，让交换者在一定的时间内碰面。

不管是出于何种原因，是因为大多数古老习俗都具有宗教色彩，是因为几乎所有重复性行动都与崇拜仪式有关，还是由于人们把促使他行动的精神印记看得比其物质内容更重要，可以肯定的是，一个社会的习惯性行为的形式，有时比其内容本身更具有顽强保守的生命力。处于成长之中的族群发现习俗是一种承传，是一种从意识觉醒开始就被视为神圣的生活方式。诸神的恩典依附于传统所确定的语言、动作、祭品和标志之上。习俗成为最不折不挠的、压倒性的力量。带着最顽强的焦虑，情感往往会紧紧依附于它，即使在习俗中产生的实质性行动不再具有真正的目的。其他目的变得无足轻重，形式则保存下来。为神和死者举行的献祭变成了丧葬宴会，古代的结为兄弟的奠酒仪式变成了今天祝酒的礼仪。在几乎所有习俗中都包含着数千年的历史回声；它们往往是一些习惯和仪式，尽管它们起源于完全不同的自然和社会环境，但今天它们仍然保有其价值和意义。

有鉴于此，习俗的个别形式总是难以用文化历史来解释；它是一个复杂的结果，由一系列非常不同的观念和原因共同产生。道德判断和道德感情，物质上的需要和目的，古老的程式，宗教妄想，以及关于个体和社会利益的错误观念与正确的因果知识，这些东西一起发挥着作用。在穿衣习惯起源的时代，人还没有裸体的观念，赤身露体还不会引起任何性爱的想象和记忆，穿着单纯来自打扮自己的心理倾向，即通过打扮把自己与其他人区分开来；男人比女人更早这样做；因此即使在今天，在有些部落里，依然有男人习惯于穿衣服，女人则习惯裸体。后来，劳动分工和社会阶级的形成，就像以前为了御寒和武装一样，也介入了这一习俗的发展；在现代，人们普遍认识到穿着是维护社会风纪的一种手段，是性预防和社会标识的一种手段，让人以恰当的特殊方式对待丧亲者，以及在节日盛装打扮；它成为一种方式，时刻让军官意识到自己的地位，让神职人员和法官更容易通过官式着装影响他人。因此，只有非历史的理性主义才会单纯以社会效用来解释种种习俗的存在。

当然，利益在任何情况下都会发挥出于直觉的或有意识的影响。只有那些被人错误地或正确地认为是"有益"的习惯，才会变成习俗，先是有益于家庭的，后来是有益于部落的，最后是有益于民族和人类的行为。但是，第一次领悟的发生是直接与感情相关的，而它出现的最终原因必然是道德判断，是某个圈子所共有的心理过程。

习俗是人类社会的外在的生活秩序；它涵盖生活的所有外在领域，特别是它也影响到经济领域。因此，在这里有必要指出习俗的经济意义，它在未来任何时代都会保持类似的影响力。我们在讨论需要时已经看到，它的整个发展过程是如何依赖于习俗的；出于这个理由，对需要的一切研究都是对习俗和消费习惯的研究。

家庭经济的形态受习俗的制约，一切分工只能在某些习俗的基础上进行。任何形式的企业，从手工业到大型企业、股份公司和卡特尔（Kartell），其组织都是以习惯和习俗为基础的；一切贸易和市场交易、货币和信贷都是渐次形成的习俗的结果。任何对国民经济和社会的描绘都是习俗史的一部分。社会和经济改良的种种重大问题，皆与移风易俗的可能性和难度有关。新法律的成功取决于它如何与现有的习俗以及习俗的韧性或可塑性相适应。想要抛开习俗，仅仅在物质上、技术上、数字上理解经济生活的人，必然很容易误入歧途；因为他恰恰不能在经济过程中抓住赋予这一过程特殊色彩和特定面目的东西。正如在劳动关系中，在一般情况下，如何、在何处、何时及用什么货币支付的习俗，比工资的小幅度增减更为重要。

习俗不是道德，但它是道德的外在的和社会性的开端；无论是现在还是以后，习俗都揭示了人类超越动物之处；它诞生于人民的精神道德财富；它为个人提供了善的、体面的、正派的外在规范，它限制了专断和利己主义。它为瞬间欲望的无节制刺激设定了确定的限制；它以共同的外部纽带把部落成员和不断变化的宗族团结在一起；它塑造物质生活滚滚向前的命运，使之与一个更高水平的精神整体联系起来。它在自然界中筑起了约定俗成的世界，也筑起了文化的世界。任何习俗终有一天都会成为历史陈迹，也可能变成陋俗；但它的外在表现形式的全体构成了精神和道德文化的基本标准。在社会生活的开端，在国家权力和系统性的刑法出现之前，习俗维系着和平，约束和引导着原始的激情爆发。

（2）法律的产生及其与习俗的古老联系

随着部落规模的扩大，随着职业、财产和等级的不平等出现，随着酋长贵族制的形成，随着宗法制家庭结构使某些人的地位远远高于他人，单纯的习俗开始不足以维持社会的和平。个人的势力导致了暴力和暴行；受伤害的人只能依靠更强大的力量来对抗对手，要不依靠有名望的人、首领做仲裁者，要不召集整个部落来支持自己。而当这种力量开始将社会规则的执行权掌握在自己手中时，法律就诞生了。

一切法律都是从习俗中产生的；在它出现的时候，已经有了规则和对道德规范的信念；但它受到了争斗的威胁，各种利益互相冲突、互相威胁，不服从于规则的约束。因争斗而受损失和伤害的往往是少数人，是整个部落新生的部分，他们寻求建立一种最大的强力，或者促使已经存在的最大的强力，强制执行能够维系和平、维护整体利益的措施。①……

　　……

正如在一个孩子的身体里，持久而坚硬的骨骼是由软骨逐渐形成的，所有法律也是通过这样的方式产生的，即传统的习俗规则的一部分转变为由权力保证的严格命令。在各种社会规则之中，那些被认为特别重要的，对整体的生活利益意义重大的，对消除争端和维护和平不可或缺的规则，通过部落和酋长的决定，国王和长老的戒律，或者仅仅通过更严格的实施，被筛选出来成为法律。在更强的权力和更高的神圣性的支持下，它的惩罚性或禁止性条款被履行。不过在一开始，为数不多的法律规则只是在权力、武力的维护下才产生和发展起来，并通过这种更强的执行保障，将自己与习俗和习惯区分开来，故此几个世纪以来，习俗和法律的界限一直在变化；而习惯法又把两者联系在一起；在很长一段时间内，比起国王的惩罚，对神灵惩罚的恐惧在法律方面有更大的影响力。只要习俗和法律缺乏严格分野并共同发挥作用，它们所执行的社会规范就会异常强大。大多数早期的真正文明国家都展现出这样的景象。②

　　……从历史事实看来，所有古代的神权社会制度在本质上都具有高度发展的法律和道德，而这些规范由一个统一的、半精神

---

① 此处译文有删节。
② 此处译文有删节。

半世俗的权力来监督和严格执行。只要法律和习俗合理地与人民和现实状况相适应，这些实体在权力和经济、社会风纪和秩序方面就能取得辉煌的成就。然而随着时间的推移，这种适应能力终究因法律和习俗的僵化而丧失。

这种社会制度维持的先决条件是：小而统一的政治实体，稳定的精神、经济和社会条件，没有巨大的智力和科学进步。在存在着不同民族和生活条件的大国，统一的习俗不可能形成，共享相同观念的社会圈子和共同的宗教规约也不容易在几代人中持续存在。不同因素的相互作用会造成摩擦、促成进步。即使在小型政治共同体，随着技术、交往和贸易的发展，也会出现科学思想、批评和怀疑。社会分层的变化要求新的规约，产生了新的理想和目标。旧习俗、旧教会法规和旧法律在不同领域被动摇；在社会的不同阶层中，在不同地方，出现了不同的习俗规则。但是，在道德判断和风俗发生分化的同时，法律——至少是它最重要的部分——必须凭借一个强大的国家权力保持统一。因此，习俗和法律（mores und jus），教会规范和国家法规（fas und jus）逐渐分离。神职人员和世俗法官不再是一体的。除了传统宗教的旧教义和宇宙论，还出现了新的宗教或哲学的理论和体系。旧新势力在严酷而震动人心的冲突中搏斗。高贵的保守派人物，如加图（Cato），为保护现存的秩序而战，因为他们担心旧秩序的解体会使全部道德风尚和道德秩序荡然无存；更伟大的智者，如苏格拉底和路德，则站在新势力的一边，他们结合了改革者的大胆无畏和道德典范的高风亮节，创造了一个新文明世界的基础。

与此同时，在那些时代发生的伟大思想斗争，导致了习俗、法律和道德在后世彻底分离。

（3）法律与习俗的分离

在我们的现代文明国家之中，习俗和法律作为两种看似完全独立的生活秩序并存着。人们似乎常常忘记了，它们是同一位母亲的孩子，实际上，两者想要通过不同的手段获得同样的东西。

当然，初看起来它们的表现方式非常不一样，具有不同的形式特征。

然而，这只有在法律被区分开来，并移交给特殊的组织实施时才会变得明显。只要法律不被区分，习俗和法律之间的界限就仍是变动的。[①]……

……此外，由于实在法比习俗和道德更不能灵活地改变自身以适应新的现实条件，其应用必然时常显得僵化。作为防止争端的屏障，法律在其壁垒之内给予个人和共同体更自由的行动和活动空间，又防范和禁止他们越过界限；但正因如此，在其性质上，一方面法律保障了个人的发展、人身自由，以及在财产和特殊权利基础上的自由行动，但另一方面，它也引起了道德上的不公正；总的来说，它授予的权利总是多于它规定的义务。道德首先强调的是义务。法律就其性质而言，只能强制人履行最基本的义务；至于在其他方面，它强调的是个人、群体、国家在法律范围内的自由活动，因此在道德和社会风气败坏的时代，它为利己主义和下流行径，为腐败和堕落提供了更自由的空间。

与法律相比，习俗是非正式的和不稳定的；在某些情况下，它处于变化之中，但它常常是极其顽强保守的；不同地方、不同阶层的习俗通常各不相同；它没有明文记录，不像法律那样有严格的执行者。过去的习俗施压手段，审查的、教会的和社会的排斥等等，如今大都已经不常使用，部分甚至被禁止了。习俗正在失去其力量和强制性，而法律则越来越多地获得这些特质。但是，习俗能够介入一切法律及其笨拙的手段无法渗透的领域。习俗和法律都是外在生活的规则；它们都作为道德的外部表现，而高贵的品格则是道德的内在特质。但两者都像高贵的品格一样，植根于道德判断，并旨在实现社会的公序良俗。不过，当习俗和法律仍然坚持旧的规则，而更敏锐的道德判断已经发生了改变时，它们就有可能与道德发生

---

① 　此处译文有删节。

冲突，或者，当它们各自的组成部分以不一样的速度、不同的一贯性塑造着自身时，这两者之间也可能发生矛盾。出于这个原因，习俗和法律有时会与个别圈子的道德感情和道德判断发生冲突，即使在人民中最优秀的人身上也会如此。[①]

……

习俗和法律越完善，就越符合道德的理想，也越能使公正的诉求成为现实。但绝不能忘记的是，就其性质而言，实在法只能缓慢地接近这一目标，它也可能退化、过时或者被伪造。如此说来，圣奥古斯丁的话就显得恰如其分了：远离正义的城市如同有组织的暴行（quid civitates remota justitia quam magna latrocinia）。

（4）道德的产生及其对习俗和法律的超越

当人们开始收集、比较和阐释以谚语和歌曲，以押韵和不押韵的形式承传下来的社会规范时，产生了将它们归属于某些关于世界、神灵、人类命运的最高观念的需要；于是，这些规则呈现为神灵的戒律，与解释和说明的宇宙起源思想联系在一起。……如此，一切古老的道德都被理解为宗教信仰体系的逻辑结论；它仍然完全或部分地与习俗和法律相吻合。正如我们在前文所见，长期以来人们对罪孽、宗教仪轨规则、习俗和法律之间的分野并没有清楚的认识。但神职人员的道德总是以习俗和法律以外的某种东西为目标。教士所宣讲的行为规范可能有利于社会制度的巩固；对神的意志的思辨导致了对人类灵魂的内在生活的探讨。……我们为何行善？什么是道德感情、道德判断和道德行动？对这些问题进行互相联系、前后一贯的思考，创造了道德，即统一的学说体系，它试图理解、描述和教导善的意义，它试图从统一的基本思想和基本原则中推演出道德义务、美德和善。因此，与习俗和法律相比，道德和道德体系始终是一个理论的和实践的整体；它想要为生活的各方面提供规则和戒

---

① 此处译文有删节。

律，但它不像习俗和法律那样稳定而明确地订立规则。而且它不仅要调节外在的生活，也要把内在的生活置于正确的状态。它要以善的本身教育人，它要劝说人，并使人信服，它要创造道德力量，而习俗和法律自身正是从这种力量中萌发出来的衍生现象。

……除了教会的传统之外，古代的哲学传统也保存下来了。日耳曼民族的法律和习俗从来不仅仅来自教会，世俗法与教会法同时存在着。在中世纪，哲学性的道德思辨与神学思辨相联系，但到了十六至十八世纪以后的科学文艺复兴时期，它与教会的推论相脱离。教会内部的斗争产生了天主教、新教和异端的道德观。除它们之外，从十七世纪开始，哲学性的世俗道德体系也形成了。所以今天我们可以说，每个教会都有自己的道德，每个哲学流派也如此；我们还可以说，任何民族、任何阶层的道德都有自身的特点。任何一个道德体系都有强大的、独立的生命力，它会产生相应的文学作品和报刊，在科学、艺术和教育方面表现出它的精神，还会以牧师、哲学家、诗人和作家为特殊的载体。

道德之所以独立于习俗和法律而发展，其原因在于，一方面，这是不同的个人承担者以及在不同意识圈的领导者带来的，另一方面，因为它具有不同的形式特征和不同的目的。习俗和法律是外在生活的规则；道德涵盖外在和内在的生活，涵盖一切的人类行为和信念。习俗和法律被固化在某些戒律和禁令中；道德没有固定的程式和命题，它直接指向行动的根源，它希望立起正确行动的石碑，希望磨砺良知。它的终极是自由的道德性，即不受规则的约束也能自觉地实施善的和高尚的行为。道德如同引路的火炬一般在习俗和法律前边照耀，而习俗和法律常常只会犹豫不决地追随着它；道德所要求的信念和行为往往是只符合最优秀者的习俗，其中很大一部分是法律所不能要求的。习俗的实施有赖于公众舆论、荣誉和邻里的闲谈，法律则依赖国家的权威，道德主要依靠良知。比起习俗和法律，道德具有更精微、更错综复杂的结构，但除了劝导和说服，没有其他有效的手段。

对一个民族来说，占主导地位并显现出来的理论和实践的道德体系，是支配着该民族的诸种道德力量的最简明扼要的表达；习俗和法律则仅仅表达了这一体系的部分内容，而且它们往往代表了道德力量在过去状态中的表达方式。但是，一个民族的道德、习俗和法律永远不可能有巨大的差异，因为这三者都是占主导地位的道德情感和道德判断的结果。道德主宰着或者试图主宰习俗和法律，前者是一般性的，后两者是特殊的。只要有民族的道德，就会有改善习俗和法律的愿望。在道德被败坏的地方，情况就会变得很糟糕。但是，当片面、错误的阶级道德在个别阶级中蔓延，当扭曲的道德观在个别哲学家和艺术家的作品中出现时，我们绝不能灰心丧志。如果没有这种病征，自由的精神 – 道德发展是不可能发生的，尤其是在大骚动和大转变的时代。

……

（5）习俗、法律与道德分离的意义

高度文明民族取得的最伟大的历史进步之一，就是把生活中的伦理秩序分成三个领域，这三个领域彼此密切相关，却又独立并存，它们相互影响，相互纠正，以不同的方式规范着社会，使之井然有序。[①]……

……

十八世纪下半叶出现了一种关于自然状态的社会和国民经济的偏颇理论，它的根源是对一个事实的误解和无知——我们的一切行为都受到道德、习俗和法律影响。人们从所谓的自由的、自然的欲望出发，推求社会生活和经济生活，认为这些欲望只在某些具体的和有限的方面受到法律的限制。此外，这些欲望得到最

---

① 此处译文有删节。

自由地发扬似乎就是社会的理想，它们应该在最自由的竞争中发挥作用。人们从一个预设的和谐状态出发展开讨论，认为它能带来一个令人满意的总体结果。这一学说表现为要求无条件的、不受限制的政治、经济及其他个人的自由。它认定逐利心越是不受限制，国民经济就越是健康。另外，它还讥讽一切道德，鼓吹强者的优胜劣汰道德观。

在此，我们只能从大体上分析这种思想的错误和夸大其词之处，当然，这可以在历史上得到解释。1750 至 1850 年，那是一个技术、经济和社会变革最伟大时代，人们最需要的是消除过时的道德性生活秩序，抛弃过时的习俗和法律制度。这种斗争被视为向自然和公正的回归，同时，自由的欲望也一时间赢得了很大的发扬空间。但整个变革是在道德理念和新的道德体系的引领下进行的，其最终结果是新的习俗和新的法律制度变得无处不在。无论在过去还是现在，经济、政治自由的问题都只是正确划定习俗、法律和道德之间界限的问题。当我看到一个可怜的老母亲在为清洁工服务的小店里被劣质的染色咖啡欺骗，而高贵的女士却能以低廉的价格买到好货，我会问，我们今天的道德水平已经下降到如此地步了吗？正派的商业习惯是否因过度竞争而动摇了？然后我进一步质疑，在惩治食品掺假的法规中，难道没有惩罚条款，或能够订立惩罚条款，以防止这种情况发生？它是否有可能起到改善作用，并被公正和普遍地执行？今天主张自由竞争，主张消除这种或那种法律限制的聪明人，会由此推论出，我们需要增强自我意识、个人责任感以及各种个体的力量；他们通常不会宣称，个人独断、利己主义和不受约束的欲望是理所当然的，而是会说，道德和良好的习俗应该自然而然地发生，法规很容易变成刻板的条条框框，造成各种伤害，因此自然的转变最为可取，因为内在的道德力量是可靠的。

对与这些问题相关的历史发展进程，既不能用老式自由主义的口号来总结，即自由必然获得越来越大的领地，也不能用拉萨尔和洛贝尔图斯（Rodbertus）的公式来概括，即所有高等文化都意味着更成熟的法治和对个人自由的更严格限制。从某种意义上说，道德、习俗和法律的总的规范作用必然增强，因为社会实体变得更加复杂，人们更密切地生活在一起，利益冲突也会增加。但人越是在内心完善自己，就越不会把正常的规范视为阻碍和限制。理解进步的最关键之处在于法律的硬性强制与习俗和道德的柔性强制之间的巨大差别。法律可以退出内在的精神生活，甚至退出许多经济过程，以使后者发挥更强大的影响。它有时候必须增强自身的作用，有时候又必须限制自身的影响力。但并非仅仅在文化衰败和解体的时代，法律才变得更加广泛复杂，只是这种衰败和解体往往会使立法机制不堪重负。在伟大、进步的复兴时代，经常也伴随着广泛、专门的立法，以及法律和国家强制力在各个领域的扩展。当然，我们往往可以在几十年后抛弃这些法规，因为过去必须强制执行的东西到时候会自然而然地被遵循。有些人把法律和国家强制力一时的增强或一时的退却看作民族或经济兴衰的基本征兆，这证明了他们的历史知识贫乏，只会抓住一些表面现象。民族的进步在于，各种规范的总体在形式上和实际物质方面都获得改善，在其帮助下，人民能得到更好的教育，在精神和身体上都提升到更高的层次。在其中，到底实在法发挥的作用是大是小，到底是国家强制力抑或人民的自由行动影响力更强，这取决于当前哪些任务更为优先，也取决于此时更多的判断力、知识和道德力量是在国家的中枢、政府，还是在此之外，在自由的社会力量之中。

（九）国民经济生活与伦理生活的一般联系

（1）自然力量与伦理力量

国民经济可以被视为一个自然力量的系统，也可以被视为一个伦理力量的系统；它同时是两者，取决于观察的角度。

如果我观察行动的人、他们的欲望和人数，观察土地的矿藏、资本和货物的存量、技术能力、供求关系的影响，以及按一定数量交换的服务和商品，我看到的是一个自然 - 技术力量交错的过程，是取决于变量状况的力量作用，这些在一定程度上是可测量的；同时，我看到一些力量试验和权力斗争的结果，在某种程度上，对此也可以进行力学的考察。当然，当我看到的是自然 - 技术的和生理学的过程，并孤立地研究每一过程时，根本不能说它是道德或不道德的，而只能说它是有用的、合适的、合理的和正常的现象，又或者用意义相反的词来评价它。在下面的《一般国民经济学大纲》中，我们将试图说明国民经济的自然力量和变量状况、自然和技术的作用、供应和需求的博弈以及各种力量的力学效果，只要这些作用在此种意义上是可以把握的。

只要涉及人类行动，这些力量表现（Kraftäußerungen）中的全部或大多数，都可以追溯到不仅是自然的，而且已经被精神和道德的发展重新塑造的感情，追溯到伦理化的欲望，追溯到自然的与更高级的力量（主要是道德感情）的有序共同作用，以及源于共同体伦理生活的美德和习惯。制约这些力量的因素包括：心理上的普遍联系、道德判断及其对观念和意志冲动的道德反作用，道德、习俗和法律，以及宗教和道德上的指导性理念或道德理想。因此，尽管从自然的方面观之，经济行为要不就是在技术上合理的，要不就是不合理的，因此无关于道德；但从经济行为与全部心灵力量和社会的联系观之，它就是道德上正常或反常的，即是说它受到道德判断的决定与影响。在某些情况下，自然 - 技术的合理性和道德的合理性在具体的行动中可能是分离的，但是对一般的人类行动而言，两者总是或多或少地相互影响；它们只是同一把梯子的上下层横木。正如我们已经说过的，道德的本质是一个永不停息的过程，它使低级的感情服从于高级的感情，它试图使身体和精神力量达到和谐统一，使人类的各种生活目标井然有序，使个人适应于社会的目的和制度，并始终使低级的目的为高级的目的服务。在每一个互相联系的整体中（也就是一个人或一个社会），各个部分从来没有完全独立的生命；任何一个部分都依存于其他部分，只有在其他部分和整体都保持健康的情况下，只有当各个部分都能合理地相互契合，处于适当的主从关系中时，其中一个部分才能正常运作。道德试图在个体身上和在社会中实现这种秩序，教育个人，形成休戚与共的情感，造就适当的社会协作。而在个体和社会中为这一目的服务的诸种力量，我们称之为道德力量，尽管它们有其自然的根基，也必须通过自然－技术手段实现，并为国民经济的自然－技术机制所制约。正是这些力量使欲望变成美德，使个人变成社会角色，使社会变成和谐而有序地发挥作用的总体力量。那么，国民经济能够缺少这些力量吗？

舍夫勒（Schäffee）解释道，社会力学的理想是协调众多的人类力量，使得每个人的活动在发生时，对自身力量的损耗最小，并且对所有其他人的活动干扰最轻微；我们必须通过道德、习俗和法律来协调各种力量；因此高斯的（Gausssche）力学基本原则也适用于社会领域。通过语言、模仿、教育、相互适应、道德观念和道德制度的支配力量，产生了社会性的和谐合作的可能性；所有的道德力量都指向这一目标；甚至在每个家庭、每个企业、每个市场和每个社区中，人们的经济合作也因此依赖于道德的协调作用。无论是今天还是明天，无论对哪个时代的人来说，这种合作都同样重要。

过去时代的道德经验通过习惯和教育，通过现存的制度代代相传，所以左右国民经济的一切自然力量也只能在这一框架内发挥作用；当它们参与了重塑现存社会框架的过程，例如，一种新技术在国民经济中促使新的社会、道德秩序产生，那在同时，被普遍认可的伦理思想和道德理想也一定会发生反向作用，影响到新技术在习惯和制度中表现出来的方式。每一代人都依赖于过去的精神－道德财富。这份遗产的传承，如一代代年轻人的教育，以及让他们熟习社会道德和惯例的训练，是伦理力量最重要的职能之一。假如没有这个教育和训练的过程，整个国民经济甚至是不可想象的。为了他们的未来和社会的利益，儿童和年轻人被榜样、课堂、习惯、惩罚和奖励引导，将他们的自然欲望转化为社会欲望；他们必须艰难地学习起初会令他们不快的东西，通过重复来适应它；他们必须学会服从和工作，习惯于和平共处、纪律和秩序，他们必须获得知识和技能；他们之所以可以做到这一点，是因为年轻人比老人更有可塑性，因为任何行动都会在身心上留下痕迹，会使人易于回到同一轨道上。如果没有这个过程就不会有社会进步，当然也不会有经济进步。它使自然力量的原始游戏转化为一个有序的进程，在其中，自然力成为被道德调和的、服务于社会协作的力量。

在下面，我们会尝试对社会制度和社会组织，对生存斗争，还有对道德体系和道德上的指导性理念作一些探讨，以进一步阐明这一真理。

（2）社会机构和社会组织

在我们看来，社会机构和社会组织是伦理生活的最重要的结果，是伦理道德的结晶。从上述的种种心理上的普遍联系中，从习俗、法律和道德中，从日常生活的交往、吸引和排斥中，从契约和暂时的相互交融中，产生了社会生活的持久模式，它们为各种社会目的服务，也许最主要的是服务于经济目的。

我们所说的政治、法律或经济制度，是指为某些目的服务并独立发展的共同生活的局部秩序，它为一代代人，经常是为数百年、数千年的人类活动提供了坚实的框架，如财产权、奴隶制、农奴制、婚姻、监护权、市场制度、钱币、贸易自由等等，都是这类制度的例子。每种制度都是道德、习俗和法律层面的习惯和规则的总和，它们有一个共同的中心或目的，彼此之间相互联系，构成一个系统，这些习惯和规则在实践中和理论上具有共同的形成过程，牢牢扎根于共同生活，并作为一种典型的形式不断把有生力量纳入其影响力范围之内。我们理解的组织建构是制度的人身方面；婚姻是制度，家庭是组织。社会组织是为特定目的将人和物品联系起来的永久形式，如氏族、家庭、协会、公司、合作社、社区、企业、国家，这些是社会生活的基本组织。①

······

各种组织的差异主要在于，它以何种方式通过习俗和法律将个人结合在一起并获得行动力，以及社会组织对外作为一个单位，对内作为一个具有分工的群体，以何种方式被赋予特定的责任和任务，在人类活动中承担起特定的职能。在一切生活领域中，都存在着无数的组织和不同组织之间的相互支持和帮助，从最松散的私人联系到最完整的公法人强制力。然而，个别生活领域在某种组织形成方式上有其重点：今天的军事活动主要是国家组织的，同时也存在某些照顾伤员或处理类似事务的个人协会；今天的经济生活部分是家庭组织的，部分是企业组织的，但在一些重要的领域，它已经由公法人和国家来管理，将来很可能会朝这个方向继续发展；教会活动部分是社团组织的，部分是公法人组织的；科学和艺术活动主要是个人性的，以家庭和小企业为基础。每一个追求统一目标的生活领域都有一个由不同组织构成的系统，它们构成一个整体，但它们的发展与其他领域的组织有着最密切的联系，甚至是齐头并进的。当一个领域缺失某种组织时，其他领域出现的组织就会填补其空白。习俗和法律的形成是统一的；同样的人在不同的领域行事，并将思想从一个领域传播到另一个领域。一个有着发达的社团生活的民族，会把它的习俗从政治领域转移到经济领域；一个高度集权的军事国家，也会在经济领域承担起在其他国度属于股份公司、协会、教会的职能。

近数百年来，在关于国家和法律、社会和国民经济的整个科学

---

① 此处译文有删节。

发展历程中，曾经众说纷纭，人们有时高估了制度和组织建构的意义，有时又会低估它，而舍夫勒的贡献在于，为社会组织的一般学说勾勒出基本的轮廓。当然，出于不同的党派和阶级的利益，出于不同的历史哲学立场，今天人们对这个问题的看法仍有分歧。

重商主义和官房主义高估了通过国家法律和王侯意志来重新安排和创造一切的可能性；最初一批思想家——从霍布斯到弗里德里希大帝——甚至把道德和法律也视为国家命令的产物，因此，制度对他们来说就是一切，个人自由的作用则是微不足道的。启蒙运动颠覆了这些命题，自由主义学说却依旧坚持这些观点：相对于国家、国家的制度以及稳定持久的组织，个人的感情和行动、契约自由、结社自由和唯意志论被颂扬；在这种自由主义的立场上，如哈尔腾施泰因（Hartenstein）在他精致的伦理学中所主张的那样，人们担忧随着持久、稳定的制度的形成，统治者自身的利益将获得过多的话语权，担忧即使是一种制度偶然获得成功，也会很快过时，成为进一步发展的障碍。有人认为（S. 梅因爵士），社会的发展从等级关系走向契约关系，也就是说，在旧时代，个人在各个方面都受到固定的制度的约束。之后，通过一个自由契约系统，个人可以对自身与他人的关系进行安排。

于是，旧式的社会主义又开始高估制度的作用和有意识的组织建设；它认为，通过对社会生活的外部安排甚至可以改变人类行动的内在动机。在国家中寻求最高道德性的黑格尔哲学，以及其他保守的潮流，如欧洲最新的国家实践，一方面重新肯定和修复旧的制度（如行会），另一方面，又大力争取建立新制度和新组织。最新的社会民主主义学说反对现有的国家及其一切制度，它从激进个人主义的内核出发，梦想着一种个人力量的自由博弈，但对心理－道德生活的期望使它实现了巨大飞跃，最终，这种学说还是肯定了公共制度，因为它可以吸纳个人的意愿，并能凌驾于个人专断之上。

上一段落探讨了个人自由与积极权利的进步，下面的争论大体上与之相同。追求自由的个人主义者把废除过时的机构与清除一切持久性机构混为一谈。他们高估了旧制度变得僵化对我们时代的危害。今天，公共讨论、党派和议会的斗争、立法方面的资料收集和各政府部门的立法准备工作，至少为顺利地进行良性的革新提供了某些保障。而且，尽管在近年来，契约已经在许多情况下取代了制度的地位，但同时，我们仍然看到新的组织和新的社会机构大量出现。如果它们能为社会发展指出一个明确可靠的方向，我们将感到高兴。很明显，如果制度要产生有益的影响，就必须具有一定的刚性和稳固性。因为它的目的是给善的、有益于生活的、合理的东西以坚实的形式，只有如此，它才便于发挥作用，才能够保存过去的经验，能够防止数以百万计的人重复同样的错误，使他们免于反反复复为相同的目标耗费精力。显然，在完美的社会状态下，人民生活中健康的心理力量不会受到制度的阻碍，而是得到促进，稳固的机构和个人力量的自由博弈在恰当的相互作用中互为补充，此时，制度不会不必要地阻碍自由的活动，而是促成了我们所期望的发展。这些制度不是主观的尝试，而是一些方法和准则，它们客观地体现了千百年来积累的经验和智慧，能指导我们理性而正确地处理实际状况。

对不同时代和国度的国民经济的比较研究，也会考虑到自然和技术的差异、种族的差异、资本数量的不同等等因素；但它首先会比较各种制度和组织：经济、家庭、社区和国家的制度，农业和手工业的生产和经营形式，市场、交通运输、货币和信贷的制度，以及劳动分工和阶级形成在社团和公法人、等级和制度中固定下来的方式。组织和制度研究对于社会机体的知识而言，就像解剖学之于躯体的知识一样；甚至想要了解血液生理学（Säftephysiologie）和血液循环，也要以对器官的了解为基础。旧国民经济理论迷失在价格研究和流通现象之中，这就如在缺乏社会机体解剖学的情况下，试图建立一门国民经济的血液生理学一样。

经济生活的历史进步首先应该表现为更强的生产力和更好的经济物品供应，但这只有在更优越的制度、更复杂的组织构造下才能实现。这一任务自然会日益艰难，但也日益成果卓著。拉扎勒斯说，正如好的方法强于好的思想，明智的宪章强于明智的王侯，公正的立法强于公正的法官。我们还可以补充说，完善的国民经济宪法强于经济力量针锋相对的无序博弈。正是这些关于进步的伟大思想和道德理想，沉淀在社会经济制度之中。任何伟大的进步时代，包括国民经济的进步时代，都与社会制度的改革，与新组织的建构（如合作社、同业协会、股份公司、卡特尔），与工厂和劳动立法，与保险组织相关。伟大的人物和伟大的时代都致力于社会、政治、经济制度的创新。

（3）生存斗争

如果说习俗、法律和道德，以至于一切的社会制度的存在都是为了确保社会的和平，为了调和与压制互相冲突的力量，为了教育未经训练的人，并引导他们走上合作的道路，为了把众多的个体团结成某些力量的中心，那么，在人类文化社会中似乎就没有生存斗争的位置了。然而，自从达尔文的颠覆性研究以来，整个社会生活和人类历史又被概括为一种斗争，就像自诡辩家时代以来经常发生的那样。于是出现了达尔文主义的文化史、社会学和国民经济学。这种观点的正确之处何在？社会的基本原则是和平还是斗争？抑或两者皆是，而且各有其方式与地位？[①]

……达尔文的伟大观点是一项划时代的进步，关于这一点毫无争议，但依然有必要探讨的是，这些过程是否能单独地解释物种的起源，还是必须与其他事实联系在一起。更成问题的是达尔文的狂热追随者的结论，他们想要单纯地从这些原则出发解释社会经济现象，甚至断定，除了以斗争为条件的进步之外，没有任何其他的进步，于是任何阻碍和削弱个人和民族之间的斗争的企

---

① 此处译文有删节。

图都是错误的，因为它保存了弱者，使强者更难成功地征服或消灭弱者。因此，对于国民经济、社会以及对于个人、阶级和民族的行为来说，他们宣扬一条粗暴原则，即强者打倒弱者是天经地义的。

由这些问题引起的疑问和争论非常多，也非常复杂；它们与进化问题相关，部分属于医学和生理学领域，其中许多问题尚未完全得到解决。但有一个与我们此处的探讨相关的简单思路，它能消除达尔文主义者的夸大其词中最暧昧不明的部分，即以"生存斗争"概括千差万别的状况和原因之间的内在相互联系。那就是，每一个社会群体的形成本身，就已经包含了对所有属于一个群体的人的某些竞争的否定，特别是残酷的摩擦和斗争，这些东西被认为是不道德的。在社会群体内，共情心、习俗、道德和法律一直在阻止或试图阻止社会群体内部出现这类斗争。

在通过历史发展来表述这一伦理真理之后，我们可以说，古代部落、民族和国家的组织主要是基于对内的共情心和对外部的厌恶情感，内部是和平、互助和友爱的，对外则是对抗、紧张，有时甚至是毁灭性的斗争。但各部落内部也会存在对抗，与外部的关系也有可能是和平的。不过，文化越是原始，相反的情况就越可能占上风。文明程度越高，群体、部落和民族的规模就越大，对外的共同斗争就越趋于缓和，和平分工、互相适应、相互促进在族群关系中渐渐取代了斗争和毁灭。然而，在更加团结的较大的共同体内部，必须给小团体和个人的自由的自我行动以更大的空间，因此也就产生了更激烈的争斗；此时，出现了某种社区、家庭、企业、个人之间的斗争，然而这些斗争始终是在传统的共情心、共同利益、宗教、习俗、法律和道德规定的范围内进行的。因此，这实为一个历史流变的过程，人的分群、个人与群体间的斗争或和平关系不断改变，对斗争焦点、斗争方式和斗争手段方面的规范和许可也不断变迁。在人类社会中，斗争从来没有占据绝对的支配地位。否则，它就肯定会导致一切人反对一切人的战争，导致社会解体和无政府状态，这样大型的社会共同体就不会出现。而且，各种要素之间的摩擦会阻止人类力量的任何伟大合作，假如真的如此，人对自然的巨大胜利，高级种族对低级种族、组织良好的国家对组织不佳的国家的征服，都不可能发生。但是，单纯的和平也从来不会存在。如果没有部落和国家之间的斗争，就不会有历史的发展，如果没有国家之间和国民经济内部的摩擦，就不会有竞争、奋发和伟大的追求。

因此，个人和社会群体总是同时处于吸引与排斥、和平与冲突的关系之中。在任何地方，同样的人和团体之间，今天互相敌视，明天却和平共处；今天彼此相爱，携手合作，相互帮助，明天互相仇恨和嫉妒，相互争斗，相互毁灭。人性的两面只有通过由自私和共情两种意志冲动共同参与的游戏，才能得到发展；个人的行动力只能通过有力的自我主张得到增长，社会本能却只能通过和平和避免争执养成。由于斗争本身始终是双重的，即个人的斗争和集体的斗争，因此就很容易理解，何以两者以极其多样的方式并肩发展。集体的斗争只有通过共同体才可能实现。在各部落和各民族中，大多数人都具有相似的身体和精神力量，不必通过激烈的内部斗争，他们也能繁衍出有能力的后代，有时候甚至通过变异留下更优秀的子孙。所以无论如何，他们只有和平地共同生活、通力合作，才能在语言、共情心、宗教、法律等方面取得巨大进步；只有在和平的制度的统治下，才能形成政治美德、爱国主义、忠诚和服从精神。国家的组织和纪律，特别是战争的组织和纪律，只能通过对个人生存斗争的强有力禁止和限制来实现，这当然会阻止强者消灭弱者。但对于自然选择来说，这是无关宏旨的，因为婴儿死亡率、疾病、与动物和其他部落的斗争，还有经济竞争已经能起充分的选择作用。而且，并非一切人类进步都是源于选择。达尔文自己也必须承认，社会赖以存在的道德品质更多的是靠习惯、理性思考、教导和宗教来养成。人类社会的生存条件不能直接与动物和植物的生存条件相提并论，无论在繁殖和遗传方面，在个体间的斗争方面，还是在群体和社会方面，两者都不尽相同。有些人曾认为，凭借这些从草率类比得出的结论，就可以不必研究具体的社会状况，不必理会发生在社会中的斗争以及对它的种种限制的特殊性质。[①]

……

重商主义者认为，在贸易中或者在国家间的一切经济关系，本质上不过是一种斗争，即一方赢得另一方失去的东西，所以他们的经济政策是一种过度的斗争性政策。他们认为，只要可能的话，国家都应该互相伤害，另一方面，一国中的个人应该被置于种种限制和管理条例之下，进行友好、有益的接触和交易。自由主义的经济自然法理论则以一个稳固的、秩序良好的国家为基础，从理想化的和谐观念出发，认为不同的国家和民族在经济上几乎不可能相互伤害，而且可以通过自由贸易共同获益；但个人与他们的收入和利润，人们为市场和价格所做的种种努力，则被想象为一场斗争，这是一个劣等生产者被优等生产者取代的过程。无所顾忌的、自由的、个人的竞争似乎就是唯一的理想；道德、习俗和法律的限制虽然在现实中从未消失，但在理论中却被忽略了。于是，马尔萨斯以个人对食物的争夺来解释人口现象，他显而易见的先驱者聚斯米尔希（Süßmilch）从一系列现象中发现了神的秩序，马尔萨斯却在其中看到了暴力争斗：其劳动不被社会需要的穷人，通过饥饿和疾病被合理地清除。社会主义者看到社会阶级的斗争，声称弱者有权组织起来反抗当权者和贵族，另一方面，他们的乐观主义却与亚当·斯密相似，他们对民族的斗争一无所知，或仅仅批判这是不正当的。他们面对的贵族阶层对手、资本的辩护士、富人和强者，也同样片面地宣扬本圈子的统治权力，这些人把一切穷人救济、工人保险和对抗失业方面的努力，都视为对低劣要素的错误维护，甚至不再想起达尔文主义的名

---

① 此处译文有删节。

言，因为今天在金钱斗争中的胜利者绝非总是最优秀、最有能力的人。①

　　……

　　习俗、道德和法律被称为调解争端的秩序，这在一定程度上是正确的，但我们必须补充说，调解争端的秩序日益精细化和合理化是高级道德文化的主要任务，限制争端的最终目的不仅仅是维护和平，更是塑造更强大、更和谐、更复杂和更有效的集体力量。精诚合作，共同奋斗（Concordia parvae res crescunt）。我们的道德和国家发展得越高级，拳头硬、钱袋鼓和诡计多端的人就越要服从于道德性的生活秩序，野蛮的暴力、剥削和严苛的统治关系就变得越少。渐渐地，社会中只有某些类型的胜利是被允许的，那就是更大智慧和更强能力的胜利，例如在公众面前的竞争性斗争中，或是在考核机构监督下的职位竞争中的胜利。在社会阶级的斗争中，我们不会给下层阶级戴上手铐，或者让上层阶级为所欲为，但如果下层阶级的骚乱导致了极端、有害的狂热和暴力行为，危及公共和平状态和国家经济繁荣，我们也不会容许。我们必须作出一切努力，以仲裁法庭或行政机构的合理裁决取代粗鲁的暴力压制以及结果难料的无序斗争。我们要永远记住，只有有节制的争执和斗争才能激发社会的活力和行动力，过于激烈的争斗会使社会陷于瘫痪。保护性措施、教育与有限的竞争对许多社会圈子来说可能更为合理，也比过度严酷的、消耗性的和毁灭性的斗争，更有利于集体能量的发挥。在每一个文明社会，所有的斗争都被不断地伦理化，甚至交战的军队也要服从国际法的伦理规范。②

　　……赢得胜利是强者和优越者的权利，但这样的胜利不仅应该有利于个体，同时也应该有利于整体。如果对整体来说，个人在胜利中灭亡是更好的结果，那就必须接受它。如同历史上那些伟大

----

① 此处译文有删节。
② 此处译文有删节。

的斗争，整个民族和整个阶级的斗争也一样，弱小、落后的家庭和个人也必须在经济生活和社会生活的斗争中走向灭亡。腐败的贵族阶层、窘迫的中产阶级、堕落的无产者阶层，有时就像某些有身体和心灵缺陷的人一样，不值得拯救。驱除有缺陷者是发展进步的代价。但是，在某些情况下，衰弱的民族、受欺凌的阶级、受苦的个人是否不再值得被拯救？他们除了错误和弱点之外是否还有发展能力？他们是否能被教育、支持、过渡性措施挽救？重重压力是否能为他们造就新的品质，使他们重新奋起？这是开放性的问题，只有生活才能回答。每一场这样的斗争都是无限复杂的，取决于许多不同的特质、情势和巧合。政府、党派和阶级，即那些起领导作用的头脑，根据他们对个人力量和整体状况的了解，根据他们对公共利益和理想发展方向的看法，有时会赞成缓和、限制斗争，扶助弱者，有时又会牺牲弱者，允许斗争。但是，"强者的自由"这样的口号并不总是理所当然的：在某些情况下，它不但有利于优秀的、有能力发展的人，而且有利于野蛮和粗鄙的力量。从十七世纪到十九世纪，德国的农民阶层被明智的政策拯救，英国的农民则走向灭亡，难道我们要因此颂扬英国吗？

毋庸置疑，斗争始终存在，而政治的任务往往是缓和斗争，拯救有发展能力的东西。社会民主主义希望有一个没有竞争、斗争和战争的时代，这种希望就像玩世不恭的贵族和百万富翁的快乐一样片面和错误，后者把大众的苦难看作他们的弱点和错误的必然后果，又把自己的财产看作自身地位的结果。我们不会放弃希望：在历史的进程中，从长远来看，将有一种势力占上风，它包含着更强大的道德力量，更具有发展的潜能。但也有许多例外，特别是在诚实与欺诈、旧力量和新力量搏斗的时候。因此，此时对进步的力量加以保护往往是社会的道德义务，否则，我们可能不得不让小偷、强盗和杀人犯支配这个社会。

我们通过习俗、道德和法律保护弱者，是否会造成一潭死水、噤若寒蝉的局面？这种风险是非常小的，尤其是在我们这个时代。

与从前相比，今天的经济竞争已经发展得如此剧烈，以至于最广泛的社会改革和保护措施，也不能给社会上的弱者过去那种保护和帮助。即使在最具有人道主义的社会中，随着人口越来越密集，为荣誉、财产、收入和权力而进行的斗争永不止息，社会团体和国家之间的斗争也不会停止，在某种意义上，这类斗争更加正当，因为它总是把一个个人、一个阶级的成员、一个国家的公民团结在一起，迫使他们压抑自己琐碎的利己主义激情，为物质上和理想中的公共利益而行动。这样一来，纷争得到了抑制，爱国主义得以苏醒，道德力量得到了培养和增益。过去那些大型的战争——无论获得了有利或不利的结果——往往是国家内部改革和新的经济繁荣的起点。

（4）宗教和哲学的道德体系

我们在上文试图阐明宗教对道德判断和道德行动的形成的意义，并进一步指出，从历史－心理关联看来，统一的道德思想体系从习俗和法律中发展出来。与之相关，我们现在要回过头来讨论一下这些体系。首先，我们有必要简要说明创造这些制度的精神－方法论过程。大体上，它与后来创造并一再创造政治、社会和经济制度的过程是同一的；国民经济体系是从道德体系生长出来的旁枝（Anleger，Auslaeufer），并与之紧密相连。道德和政治体系深刻地影响着生活中的一切实践活动，也包括高级文化中的国民经济生活。然后，我们必须简单探讨一下，文明民族的精神生活创造了哪些主要的道德体系，以及某些伟大的实践性生活理想和指导思想是如何从中产生的，这些思想和原则的性质又是什么？它们在近几个世纪主导了人民的经济生活，但常常也会起到误导的作用。

①一种宗教与一种道德体系，都建立一些统一的观念之上，这些观念涉及神与世界、它们的相互关系、自然与精神、生活与死亡，以及人类生存的终极目的。出于各自的认识基础与对因果关系的看法，出于不同的心理学观点和道德需要，每一个体系都

必须在这些基本问题上得出统一的结论，这个结论要适应相关人群的精神道德水平，要对成千上万的人具有说服力，而且往往能在几个世纪的时间内发挥影响力。正如人类必须首先联系与统括一切知觉、体验和追求，才能综合为一个统一的自我，然后才产生了人的自我意识，同样，在任何人类社会中，都有一种精神上不可抗拒的统一趋势，它创造了一个在一定程度上是统一的思想体系，将特定的社会团结起来。在人的思想中，只有当所有理论的和实践的观念都归结到一个中心时，人才会感到幸福，因为这既满足了他们的思想，也满足了他们的良知。这个中心提供了一个对世界的合理解释，同时成为一切行动的真正指路明星。宗教和道德体系正起了这种作用，因此在大体上，它们统一地支配着不同民族和不同时代的生活。

任何宗教都试图一方面建立一种宇宙论，以合理地解释存在物，另一方面，又建立一个体系，教人如何在实践中驾驭一切发生的事情。虽然那些哲学性的道德体系至少一定程度地放弃了神的启示与神灵插手人事的思想，但某种形而上学以及某种关于世界与世界的统治、关于死后生命、关于一切生命的目的的思想，依然是它们的基础。这种思想建立在不断积累的自然和历史知识之上，但它不能满足我们的需要，因为它既不能对世界作出全面的描绘，也不能为一个实践所必需的统一的义务基础和体系，提供背景和出发点。每一个道德体系都代表着某种统一的世界观，并提出了一种统一的生活理想，这种理想同时建立在知识和信仰的基础上；人们只有找到了一个理解整体中一切联系的基点，才能讲授某种"应然"，才能有效地宣扬某种理想，才能征服世界和说服他人。在这其中发生的心理过程，类似于宗教的产生和出于希望与信仰的宗教思想的统治。人类精神以直觉、综合能力和想象力，试图为自身创造一幅图画，它描绘了世界，描绘了那些主宰世界的原则和思想，描绘了世界的发展，还有个人命运与上帝、整个人类、国家以及社会的联系，也描绘了死后的未来。精神通过这种方式理解世界和自身，理解自己的任务和责任。中世纪早期的基督徒，预感末日即将来临，他们认定消灭肉身是第一义务，而在这个世界上只有邪恶，他们必须以与众不同的方式评判事物，以与唯物主义者不一样的方式行动，对后者来说，只有此岸世界和感官快乐才是真实的。谁要是看到原始时代人类动物般的状态，并由之出发，假设巨大进步是必然的，就能得出一幅个人与社会逐渐趋于完善的图景，那他对绝大部分义务和社会机构的态度，必然与历史早期的神学家不一样。后者把理想的、完美的人想象为没有罪恶、没有国家、没有财产的，他们只是因为恶行引起的原罪和世俗机构而堕落了。但即使在差异没这么巨大的情况下，乐观主义与悲观主义、古典精神与基督教教义、唯心主义与唯物主义，这些思想都包含着不同的世界观、不同的人生理想和道德体系，现今，它们在高度文明的民族中间共存着，相互斗争，相互更替。

这些体系越是互相接近，就越会把更多确定的经验知识用于构建自身。但这始终是不完善、零散的。它是一种从整体的图像出发的目的论程序：一个试图进行理解的个体，会从他的目的出发，通过反思性的判断，把所有有关的东西在一个统一的视角之下排列起来。在《判断力批判》中，康德向我们展示了人类精神是如何必然地依赖于这样的程序的。之后，哲学认识到在这些终极问题上，目的论有权与经验科学并列，因为它是一种象征性的补充。这涉及一种解释整体及其目的的尝试，人借此达到意志的张力，缺少这种张力，就不能完成任何伟业，也不可能取得任何进步。只是通过这种方式，才能把世界描绘为一个和谐统一体，把自然和历史描绘为一个秩序井然、不断完善的过程，就像对神的信仰一样。令人振奋并具有实践性的新兴宗教、道德和政治体系只能以这样一种方式出现，它们的原则在某种程度上始终是片面的，但却能改变世界；它们使旧事物解体，动摇一切现存之物，它们是变革性的力量；但同时它们也建立了新的秩序，它们的原则主宰着重塑的过程，尽管这些原则在一开始可能是偏颇的。

无论是宗教和道德体系，还是一切与之相关的，关于国家、法律、经济、社会政策的类似体系和一般理论，都是比严格的科学成果更加强大的实践性生活力量。虽然对严格的经验研究和知识来说，永远只会有一个正确的、让人信服的结果，但对于实践性的理想，对于义务和未来的发展，对于自身的生活和社会目的为何优于其他目的，总存在一些不尽相同的观点和学说。即使在旧时代，当统一的教会－宗教的信念支配着整个部落和民族时，也不乏个人的怀疑与不同意见。但是，随着社会发展，自由的批评、各种文字材料和教育已经开辟了一个开放的思想斗争的领域，与以前的时代相比，现今各式各样的世界观创造了更多针锋相对、争论不休的体系和学说。各种体系的片面性代表了人类生活的不同侧面，在不同的历史时期，不同的思想轮番地成为人类的引领者，带领人类在摸索和尝试中不断建设更完善的社会组织。

②因此，自公元前五世纪的希腊以来，以及自中世纪末期科学和哲学研究的复兴以来，一直有两大类道德体系在相互斗争，即感觉论－唯物主义的和形而上学－唯心主义的体系。前者更多是从最切近的现实出发，它缺乏对非尘世和理想之物鸟瞰式的观照和深刻的洞察力，它是使传统宗教解体的催化剂，是陈旧文化的"掘墓人"，是现存道德张力和现有社会制度的破坏者。唯心主义体系则一再与之针锋相对，它一方面试图拯救过去时代的善，另一方面为更美好的未来提出一个理想的图景。

古代的诡辩家伊壁鸠鲁，还有近代的伽桑迪（Gassendi）、霍布斯、洛克、法国百科全书派、边沁、J. S. 穆勒、贝内克（Benecke）、费尔巴哈和他们现今的追随者属于前者；柏拉图、斯多噶派、新柏拉图主义、奥古斯丁、托马斯·阿奎那、雨果·格劳秀斯（Hugo Grotius）和继承了斯多噶派的自然法学者，以及莱布尼茨、康德、谢林、黑格尔，在某种意义上还有奥古斯特·孔德，都属于后者。前一派的思想家想要为善、为正确的行动找到一个公式，他们先是把个人的快乐、有用性和心灵的平静，最近又把个人或社会的幸福放在研究的中心位置。他们认为单个的个人自愿地聚集在一起，就产生了国家、社会和国民经济，他们也认为个人有时处于斗争之中，有时则出于本性地处于和平共处之中。十七、十八世纪的个人主义自然法学说和新兴的功利主义伦理学是其高峰，两者都在很大程度上受到古代伊壁鸠鲁学说的影响，但后者只是为一个衰败的文化时代的个人幸福学说提供了肤浅的辩护。这一派人的体系正确地观察到许多个别的东西，他们总是以合理的方式把道德性和自然性联系起来，他们认为追求幸福是一切道德考量的核心，这无疑是对的。但总的来说，他们对道德事实、道德力量和善行的观察是片面的，他们没有透彻地理解生活。他们高估了反思和理智行动的作用，对于那些伟大的社会现象和伟大时代的创造性成果，在一定程度上缺乏恰当的内在理解。

　　唯心主义道德体系的力量源于宏大而深刻的世界和历史图像，源于一系列关于神、世界和人类的，出自宗教感情并经过艺术修饰的思想。凭借唯心主义诉求的强大威力，凭借崇高的道德戒律对人的权威，这些体系从先天的理性观念或人类灵魂对其神圣起源的记忆中推导出人的义务。它们把善与自然之物对立起来，并且往往对以幸福解释道德行为的做法嗤之以鼻；它们始终将国家和社会看作整体、更高的善以及世界道德秩序的一个部分，使之与个人和利己主义形成对照。这些体系为道德力量的培育，为严格的义务概念的神圣化，为理解和肯定社会制度的作用，作出了巨大贡献。但在许多情况下，它们更多地依靠假说和唯心主义的假定，而忽略了心理过程和社会机构的经验细节，而且没有经过更先进、精密的科学检验。

　　经济学这门学科并非想要讲授"应然"或者阐述理想，而是要以经验的方式描述伦理生活，并从基本的心理学和社会事实中理解它与寻找它的根源，因此自古时候以来，它就自然而然地独立于这两类体系而发展。我们可以称赞亚里士多德是伟大的伦理学家，首先是在他身上，科学兴趣战胜了实际利益。在近代的经济思想发展中，必须一提的重要代表，在英国有沙夫茨伯里（Shaftesbury）、霍奇逊（Hutcheson）、休谟和斯密等人的旧心理学–伦理学学派，在德国有格尔哈特（Gerhart）、洛策、霍尔维茨（Hurwicz）、冯特（Wundt）和保尔森（Paulsen）等等。这批人尝试建立一种经验性的伦理学，但并不拒斥一般性地把统一发展和不断进化的设想置于体系的顶端。正如我们赫伯特·斯宾塞（Herbert Spencer）身上看到的那样，他从一种发展理论推出一切，包括伦理生活。但形而上学–唯心主义体系则倒退得更甚。这个流派由于它的基本倾向，呈现出的一个最明显的特征是，它试图在描绘和指导整个人类行为的伦理体系之外，建立所谓的社会学。

与 R. 莫尔（Mohl）的时代不同，这种新兴的社会理论不仅想要承接一些国家学、统计学和国民经济学所无法适当探讨的社会议题。它想要把社会现象的整体作为一个连贯的自然–精神的、因果相关的系统来加以描述、理解和解释——这些现象常常被伦理学忽视，被人当作道德物品轻率地处理，或者被人仅仅从特定道德体系的角度进行研究。这当然是一项巨大的任务，只有当一些专门科学——如政治学、国民经济学、财政学和统计学——至少获得了一些具有精密科学性的初步知识之后，这才是可以想象的。因此，某些研究者很自然地向社会学家呼吁：让我们坚持做我们的细节研究工作。但是，为伦理学寻找经验依据，以及为各种特殊的社会科学寻求一个更普遍的基础，两者都必然导致上述的尝试，我们在孔德的作品、斯宾塞的社会学和舍夫勒的《社会体的构造与生活》（*Bau und Leben des sozialen Körpers*）中，看到了在这方面最重要的成果。这些尝试当然是不完美的，但它们是经验伦理学的最重要支柱，也是研究特殊社会科学的一般问题不可或缺的辅助工具。不论是更强调综合性研究，还是更强调对所有这些科学的共有问题的专门研究，人们都将不能再否认这种社会学——它只是一种高度发展的经验伦理学——在科学王国的公民权。

　　③道德体系以及由此衍生出来的经济政策和其他政策体系，其实践性效力要得到提高，它们就必须标举若干一贯的口号和打动人心的思想，即所谓的道德原则和道德理想，并成功地将行动的持久或暂时意向与改革的方向，尽可能地统一于这些口号和思想之下。诚然，几乎不可能找到一个单一的原则或公式，使我们能完全逻辑一致地从中推导出所有道德理想和道德诉求；但任何一个体系都不得不尝试把它所宣扬的义务、各种道德诉求和理想，与一个基本思想建立某种关系，或者把它们简化为少数相互调和的原则。为了凸显这些原则或基本思想，必须尽可能一般性地对之加以表述；但这样做的副作用是，同一原则会有不同的应用和解释，其表述也不能不受到不同的文化社会条件，受到当时的思想潮流的影响。[①]

　　……

　　在近代，公然宣扬利己主义的道德体系，或者以精致化的利己主义为基本原则的道德体系，有些变成了个人的幸福学说，有些则被提炼为一种理论，即认为道德进步不过是追求最多数人的最大幸福或快乐；这种功利主义学说，看起来与基督教和唯心主义道德相去甚远，但在高贵而敏感的伦理学家和政治家那里，两者却大体上是一致的。洛策自己确实说过："所有道德法则都是一般性的快乐经济学准则。"甚至唯心主义体系也间接地被偷换成一种幸福学说。这个现实主义学派的影响力目前还在增长；整个英国的激进主义及其政治、经济理想都是在这片土壤上成长起来

---

　　①　此处译文有删节。

的。但当然，这种增进幸福的理想可以由于不同的分类以及个人对各种快乐的表述和阐释，表现为非常不同的形式，因此也很容易产生误导性的社会理念，容易导致人类对自身的各种目的错误排序。即使是功利主义最优秀的理论家 J.S. 穆勒，也没有成功地证明他的断言——做一个不如意的人比做一头心满意足的猪更有价值——更没有使它得到普遍的认同，并作为原则主导着道德的进步。

唯心主义的道德体系从人类的伦理和政治历史中抽象出它的公式和唯心主义的目的观念。我可以举出的例子是：人对神和社会共同体的奉献，以及个性的养成（连同自我主张和职业教育）；个人与社会的不断完善；友爱、同情心、所谓的利他主义，还有公平、自由与平等思想的培育。这些理想和目的观念已经发展了千百年时间，是所有高级宗教中的伦理思想的核心，对所有文明人来说，它们都是高级情感生活、义务观念和社会行动的重要组成部分。这些理想和观念都在一时一地通过引领时代的人物、主流文献和时代潮流，给生活实践，特别是给经济生活和社会生活打下印记；而且，它们的影响力远比追求快乐的精致思想更为强大，因为这类理想总是随着高级感情的胜利而获得力量，特别是在动荡的时代，与快乐的计算相比，它们更能抓住和激荡民众的心灵。

在相关民族的自然、技术、经济和社会状况的影响下，这些指导思想和目的理想在实践中获得了不同的具体形态；然而，它们最内在的本性在于人的道德本质，以及他的社会－历史发展本身；在几千年前，它们发挥的作用在基本取向上已经如同今天一般，在未来的千百年里也将如此。没有一个时代会认为公平、正义、友善与对社会共同体的奉献不是值得追求的理想。就其一般趋势和影响力而言，这些思想是人类精神的最高境界。它们也代表了历史和社会发展的最高力量，并将永远是进步道路上的引领者。伟大的时代和伟大的人物为此而斗争，从而推动了变革。对于一切经济和社会改革也是如此。①

……

公正（Gerechtigkeit）的理念已经由犹太人、古希腊人和古罗马人发展起来，然后由新兴的文明民族、宗教、哲学和实在法在长期的发展中不断完善，它与最崇高的情感联系在一起，在一切社会生活中，特别是在国民经济中起着决定性的作用；它为一切社会生活提供了理想的标准，人们根据这些标准来检验现实与"公正"的符合程度；它伴随着我们的经济和社会行动，不断地经受着批评。对一笔交易、一次工资支付、一种经济制度，人们都会问，这是否正当。而从回答之中又会产生新的感情、判断和意向，它们至少在一定程度上转化为改革的方向以及习俗、法律以至于整个经济宪法的改变。谁都知道，人们过去以公正的名义要求经营自由、贸易自由和自由的劳动契约，并在这面旗帜下才获得了胜利。但是，社会主义的所有要求也与感情和思考有关，这些感情和思考在有关的人看来是对公正的要求，每一次革命连同它的所有暴行都相信可以用这面旗帜来掩盖自己。

……

在另一项研究里②，我曾经尝试更准确地分析和说明这种与经济生活有关的心理 – 社会过程，并回答下面的问题：一方面是更为复杂的经济过程，另一方面是对"公正"的更高级的感觉与更成熟的判断力，这两者的逐渐形成如何不断地催生出其他实践的后果？固定成形的、在广泛的阶层中获得统治地位的公正标准，如何能够逐渐地塑造实在法（Positives Recht）和各种制度？一切法律条文的形式边界与其他最高道德理念的同时介入，如何一直约束着"公正"的可行性？最主要的是，我力图指出，公正的思想更多是个人主义的，因为它想要替每个人划定什么是

---

① 此处译文有删节。

② 应指施穆勒的《国民经济中的公正观》（"Die Gerechtigkeit in der Volkswirtschaft"）一文。——译者

"自己的"东西，它往往不会把全体的要求和目标放在首位，因此对"公正"理想化的要求往往不能在实在法中实现。在此，我无法复述这项研究的细节，也不想再重复论证这一问题：为何各种各样的个人、阶级、党派往往对"公正"有着不同的感受和评价？

以上的论述足以证明，一种伟大的道德理想，无论它作为一个整体多么合理，无论它们作为进步的催化剂在适当的范围内和适当的背景下多么有利，但在个别情况下，它也会很容易导致错误的要求和对现状的错误评估。它始终只能有限地指明历史发展方向，或者代表若干在一定程度上合理的目的。它必须在生活中，在实践中，还有在思想的斗争中才能证明自身的合理性并构造自己。在理论上和在党派的斗争中，它总是很容易被误解和被夸大，因为人们没有对它的一般表述作出限定。如今，自由主义者说，现代国民经济的基础是个人自由和自由产权；社会主义者则说，国民经济依赖于生产和分配过程的日益社会化。这两种说法都既是真实又是错误的。因为这两种说法各自表达了一种现实的和合理的发展趋势，但是如果对此不作任何限定，仅仅用一个一般性命题把它抽象地表达出来，它就很容易被用来推出错误的结论。

前文的种种阐述让我们更容易理解，为什么我们现在要转向国民经济理论的历史和国民经济制度的历史。在过去，它们之所以那么不可调和，根本原因是它们各自怀有某种伟大的道德理想，这些理想作为某一时代的合理要求，适逢其时地登上了历史的前台，同时，它们也被片面地视为一切时代的潮流和诉求，被当作经济学的单一基础。

三、国民经济学文献和方法的历史发展

（一）引言

至此，我们已经根据国民经济体系在实际历史进程中的产生，考察了各种占统治地位的体系的发展。我们承认，即使进一

步研究其他有待探讨的文献资料也不会偏离这些主要趋势。但总的来说，更严格的科学——它在19世纪逐渐产生和发展——建立在一个不同的基础之上。它首先不再是想教给人们一种"应然"，以之为生活实践提供指导；它想要去理解，并获得关于事物之间相互关系的无可辩驳的真理。当然，到目前为止，上文介绍过的作者都努力地追求这一目标，而且一定程度上取得了成果。然而这些成果是有限的，一部分是因为更严格的认识方法直到最近才被发展出来，一部分是由于他们的首要目标不是认知事实，而是树立一些实践的理想。这些理想要在一夜之间确立起来，那就必须依靠信念和希望，有时甚至于依靠假说和目的论的图景。即使是科学也永远不可能完全摒弃这些手段，它必须清醒地意识到，它在这个阶段是在一个不确定的基础上发展的。它必须坦然而谦虚地承认自身的种种缺陷。即使它始终希望它的成果能够为未来照亮实践的道路，它也必须在合理分工的意义上，把自己的任务首先限定为认知，并必须致力于更好地完成这一任务，因为它知道，思想家和学者们希望通过某些理论来支持某种主观的"应然"概念，这种希望曾经一再地扰乱着科学程序的客观性。

上一代人在自然科学和人文科学领域的整个科学程序上所取得的成就，也必然对国家科学和科学理论领域产生影响，带来了研究方法的完善和改进，规定了在观察、解释经济现象时所必须严格遵守的原则和规则。国民经济科学试图勾勒出一幅完整的国民经济图景，勾勒出经济现象在空间和时间上，在规模和历史序列方面的草图。它通过对感知进行比较和鉴别性思考，通过检验所感知到的事物的确定性，通过将正确观察到的现象按照相似性和差异排列成一个概念系统，最后试图通过典型的规律性和一致的因果联系来理解经过整理的现象。因此，严格的科学的主要任务是：①正确地观察；②恰当地定义和分类；③获得典型的模式并对之进行因果解释。根据科学的发展状况，有时候其中一个任务会比较突出，有时候另一个又会走向前台。在某个时期，求助于经验更为重要，在另一时期，则更需要通过概念、序列的建立、因果分析和假说，对经验进行理性的推断。

（二）观察与描述

根据我们的理解，对某一现象的科学观察，往往是由同一个或由不同的观察者反复地进行的，它总是得出相同的结果，从而尽可能地排除主观的欺骗和意见的影响。这样的观察指明了一个客观发生的事件。观察应具有客观的有效性、极致的准确性和最大可能的完整性。研究单个现象时，既要研究它本身，又要把它看作整体的一部分，在它与后者的可感知的关系中观察它，并把它与类似的或不同的事物进行比较。把科学观察固定下来的方式是描述，但每一个大体上有用的描述都以此为前提：一个有序的概念系统，以及关于广为人知的或者已被确定的模式和因果关系的知识。

对国民经济的观察涉及个人和社群的行动，涉及这些行动的动机和行动的结果，也涉及由此产生的社会模式和社会联系。这样的观察总是同时凭借内在感知和外在感知达成的。前者对我们自身有直接的确定性，而通过与他人的比较，我们也获得了对他人的语言、表情和行动的感知的确定性。后者给我们直接展示了世界多彩图景中的一个小片段，我们所有的思考都有赖于它所展示的鲜明生动的力量。这一世界的片段——在此是经济的世界——是我们目睹和亲身经历的。我们大部分的感知都是间接地通过各种形式的陈述、读物和报道获得的。个人的幻想力和想象力决定了这些褪色、模糊和间接的图像的有效性。个人具有的洞察力、批判力和与之相关的有条不紊的理解力，决定了对这些二手的世界图像的使用是正确还是错误的。在承传下来的科学中，我们所接受的是一个被系统地整理的观察结果的总和，它根据某些正确或歪曲的观点构造出来，其中一部分被提炼成苍白的抽象概念。它被很多人欣然接受，并总是被研究者不断地重新检验和整理。

一切观察都必须把一个单一的事件过程从混沌的现象中分离出来，以便对之进行考察。它总是依赖于抽象，它分析的是一个片段性的内容。这个片段越小、越孤立，观察就越容易。基本自然过程的相对简单性极大程度上有利于自然科学领域的观察。此外，自然科学家有能力随意改变环境和参与作用的原因，即进行实验，从而更容易从各方面把握研究对象。这对于国民经济现象往往是不可能的，而且这些现象，即使是其最简单的形式，都会是一些更为复杂的对象。它们被最多样化的原因决定，受到一系列共同作用的条件影响。我们可以以粮食价格的上升、工资的上涨、汇率的变化或者贸易危机、劳动分工的进步为例。几乎每一个这样的事件过程都是由某些群体的感情、动机和行动构成的，此外还有自然界的普遍事实（如收获）或技术活动（如机器的引进）的参与，经济过程受到习俗和制度的影响，而这些习俗和制度的原因相去甚远。因此，它总是或大多数时候要求同时观察在时空上分散但相互关联的事实。如果要观察经济生活的典型模式，如家庭经济、企业，或者具体到某一国民经济体和某一工业部门，那么，要亲身而正确地观察它，并把很多观察整合在一起，就会异常困难。所观察的个别现象规模越大、枝节越多、越复杂，出现错误的可能性就越大。尽管科学研究的准则就其本身而言是合理的，但只有在特别有利的情况下，我们才可能严格地执行它，即把要调查的过程分解成最小的部分，分别观察每一个部分，然后由此概括得出一个总的结果。一般而言，我们会在一个事件过程中查明某些可信的资料，以此对其他未观察到的或未充分观察到的资料进行结论性的补充，从而形成对整个过程的完整描绘；这是在某些总体印象的影响下通过想象力的创造性作用完成的，如果没有充分的天赋和训练把思想引向正确的轨道，就会出现错误。描述总是在一定程度上超越观察本身，其方式是：使用既定的概念，凭借确切的真理，从观察到的事物中得出若干结论，然后将单个观察结果结合成一个整体，并通过比较进行解说。对若干观察结果的概括和比较，试图对经济生活的更大领域形成一些整体的判断，这是从盘根错节的混沌中获得一致性的主要手段。它也是归纳性结论的起点，一切描述的主要目的都是归纳，即从个别现象到基本规律的推断；但观察本身还不是归纳，它还服务于演绎以及对事实一再进行的检验。

当然，越是大规模的描述，越要把通过分析得来的单个判断概括成综合命题，越要从基本的局部分析推进到因果性的、相互联系的分析，我们可以设想，此时只有最富有经验的专家——他必须同时是一位卓越的艺术家——才能臻于完善之境，因为他知道如何用简练的笔触勾勒出所有本质特征。这种智力活动超越了单纯的观察和描述，它涵盖了全部科学领域。对一个国民经济、一种经济制度的出色描述，同时也是一种因果解释，它往往部分地包含假设性的和目的论的要素；然而在大师之手，它却不失严格的科学性，因为它极大程度地接近于真实的知识。通常，完善的描述会不可避免地同时纳入在空间上彼此相邻、在时间上彼此相随的相同和相似的现象。只有在这样的比较中，人们想要清楚描述的事件的代表性特征和特异性（Eigenart）才会显现出来。今天的行情只有和昨天的状况放在一起才能被理解，如果我把家庭工业和大工业相对照，手工业作为一种典型现象就会变得更加清晰，如果我把德国的与英国的工人保险相比较，就会更加容易理解前者的特点。因此在最近，人们在描述中使用比较方法，这在不同的科学领域中变得越来越重要，在我们的学科中也是如此。这一方式自然能够超越描述，得出一般性的结论。不过，恰恰在此处也包含了一种错误，它在一定程度上败坏了比较方法的名声。一些学者都倾向于在缺乏良好的观察结果的情况下，使用不完善的观察结果。他们经常不去比较类似的时期和文化中最相近的东西，而是成为偏执的比较者，把对埃及人、罗马人或霍屯督人的某种制度的肤浅记录拼凑在一起。这样只能得出错误的整体结论和歪曲的论断。国民经济学能够从方法上高度成熟的科学——如植物学、人类学、地理学、历史、统计学和法律史——中获取的原材料越多，它的发展状况就会越好。但是，即使今天的情况确实如此，即使这些相关科学的具体方法，特别是那些工具科学如统计学的方法，已经成为国民经济学自身的方法，即使经济学在涉及历史的领域利用了其他学科发展出来的语言学批评方法，相邻学科所提供的材料往往也是不足够的。历史为我们提供了无数零散的、没有关联的行会文件，但只有国民经济研究者看出，有必要将一个行会的几百份证明文书联系在一起。历史为我们提供了不少关于过去人口迁移的材料，但只有受过人口统计和国民经济学训练的人，像以前的休谟（Hume）和迪特里奇（Dieterici），以及最近的毕歇尔和贝洛赫（Beloch），才能在这类研究之中通过新方法发现其中的相互联系，从而创造了比较性的历史人口统计学。如此一来，邻近的科学对彼此的发展产生了互相促进的作用。

鉴于国民经济素材的复杂性，自然不可能依靠单一的方法研究经济现象。对不同的问题，我们必须选择最有效的手段，以求获得对现实状况和经济事实最准确、最真实和最完整的了解。

洛策说，了解事实虽然不是一切，但它毕竟是一项伟大成就。假如因为贪多务得而低估这一点，他们不明白一半常常胜过全部的道理。而拉萨尔也在类似的语境下表示：没有思想的素材仍有一定价值，但没有素材的思想只属妄想。

（三）概念的构造

我们想要正确地描述、说明一个物体的特征，揭示其原因，并确定它后继的结果，就必须使用具有固定内涵的词语来描述现象、特征及结果。许多词语已经存在于日常语言之中，它们被科学使用和发展，而且经常被重新解释，概念的构造的任务是，对之进行探讨、解释并确定其内涵。这种概念化是一切科学的基本任务之一，它首先是自然语言构造的发展或增益。每一种语言用法都来自一个现象的直观和感官的图像，在这幅图像中，所有的观念（Vorstellungen）都围绕着一个占主导地位的观念；词语取自这个主导性的观念，并指称这幅图像及其包含的所有观念；这个词语成为一个抽象的、约定俗成的符号，在所有使用它的人身上唤起相同或类似的观念。然而，这些观念并不固定；在每一种活的语言中，新的、变化不息的观念会不断被掺进词语的含义中；主导性的观念会也被另一种观念取代。而一个词所概括的观念群越具普遍性，它在普通语言中的意义就越不确定。科学为达到自身的目的，必须一再努力把这些流动着、变化着的观念群固定下来；它想要得到尽可能具有恒定性、一致性、足够的明晰性、可信性和普遍有效性的词汇。定义是对一个词的含义作出的具有科学依据的判断。通过定义，我们希望为思维工作的所有参与者设置观念内容的统一秩序，从而也为各种现象确定一致的分类。但这个目标只能在一定程度上实现。事物的本身和我们关于它的各种观念总是处于变化之中，对现象的完美分类从来不存在。我们用来定义一个概念的词语本身并不是绝对一成不变的，当我们已经有一个完善的概念体系的时候，这种稳定状态也许会存在，但在实际上，不断向前发展的科学和生活总是留给我们不断修正的可能性。一门已经有了相对固定的概念系统的科学，只需定义更高级别的概念，以及对不同的种类加以区分。在国民经济和整个国家科学领域中，仅仅在某些问题上发展到了能够以这种方式定义的程度，例如，家庭工业是一种经营模式，它的小生产者不直接向公众销售，而只是通过商业中介销售其产品。通常来说，在定义的时候，它必须把概念根据它所包含的特征进行分解，然后使用最重要的那些特征来描述它。如果定义因此退化为宽泛的分析性描述，它就不再是一个定义，甚至有可能不能抓住主导性观念。如果它在定义中只强调多个特征中的一个，那么风险在于，对另一个人的科学目的而言，也许另一个特征才是最重要的。因此，不同的定义几乎总是可能的，这些定义的不同不是因为它们的正确性，而是因为它们对某些科学目的的便利性。术语越是笼统和抽象，风险就越大。正如法学对个别具体的法律领域拥有最完善的概念体系，但对关于法律、国家等等一般概念却尚未达成任何普遍认可的定义，可以理解的是，经济学也有类似的命运。每个人几乎都会以不同的方式定义最一般的概念，如经济或劳动。

这对那些纯粹想要赋予名称（Nominaldefinitionen），即对语言表述作出取舍的人来说意义不大，因为他们仍然忠实于常用的定义，不会过于背离一般的语言用法。对于那些想给出真实的定义（Realdefinitionen），即想对事物本质作判断的人来说，它的意义就完全不同了。而真实定义的旧有方式，像黑格尔（Hegel）和洛仑兹·施特恩（Lorenz Stein）等前人做的那样，建立在一种站不住脚的观念之上，即认为词语和概念本身包含着对世界的巨细无遗的写照，就像一面完美的镜子对现实的反映。在现实中，词语往往建立于一个不明确或错误的概念内容之上，而且无论如何，都会受使用者的精神视野影响。这就解释了为什么最聪明、最富想象力的人，在使用词语，特别是一般性概念时最能触类旁通，即凭他们相对丰富的想象，对概念推而广之，从而有更多创获。更进一步说，一门科学的发展程度越高，就越能把它所获得的真理和因果联系融入其最高级概念的定义之中，因为这些真理属于最基本的特征，是构成词语的最本质的观念。然而，对普通人来说，最普遍的概念也是最空洞的概念，因此，认为只要采用经济或劳动的正确概念，并对之详加推敲，就能洞悉国民经济的本质，这是一种异常危险、具有误导性的想法。此外，它还经常与一种歪理邪说——统一的概念图式主义（Begriffsschematismus）——合流。这种思想以为，不必借助经验就可以纯逻辑地推断，一种现象是从另一种现象中产生的。正确的看法是，所有的概念都是内在相互联系的，我们会把每个词与其他的词一起重新定义，因为对一个词义的规定总是同时包含对相邻概念的词义的界定。

出于这个原因，每一个概念的构造都同时是对现象的分类，当人们想根据某个视角或体系对相互关联的一系列现象进行划分，使多个类别形成一个序列的各个组成部分，并以一种系统的方式穷尽整体时，这种分类就会变得更加重要。这时，我们努力进行整理和分配，以便在我们的思想中对一组现象进行最佳排序。这种技巧能够增强我们对知识的控制力，这也是一项最重要的科学活动，要顺利地开展它，就必须对所有个别现象有最精确的了解，也必须对整体，以及对所有原因和后果了然于胸。但由于这个先决条件不容易完全满足，这种分类式概念的构造也是假说性和暂时性的，总是可以不断地加以修正。我们可以把分类分为两种方式：分析性的或发生学的。当 A. 瓦格纳把整个国民经济现象分为私人经济、公共经济和慈善系统时，这是一种分析性分类；当希尔德布兰德划分自然经济、货币经济和信用经济时，还有我自己把村庄经济、市镇经济、属地经济和国民经济作为一个历史序列提出来的时候，这是一种揭示历史发展的发生学分类。在建立这类序列的时候，序列中不同类型的边界总是不甚明确的，但我们试图通过一个概念把握的现象的实质，所对应的就是这样一些特殊的类型。

正确的概念和分类是科学最重要的工具之一，但它们并不构成科学本身，不是科学的首要或唯一任务。好的定义好比是锋利的刀刃，它们必须一次又一次地被磨掉，新的刀刃是由新的金属构成的。但是，在科学中定义一些不会被使用的词语，就好比在没有任何东西可供切割或分解的时候，不断地锤打旧的刀片，试图磨出刀刃一样，这没有任何意义。当新的经验积累到必须整理的时候，当伟大的新思想需要新的分类的时候，就有必要修正旧有的概念。当英国的经济学自然论传播到德国时，德语和英语词义的差异使明确的概念辨识变得必要，就如胡弗兰（Hufeland）、洛策和赫尔曼（Hermann）所做的研究。今天，这种研究也有其巨大的价值，敏锐的学者如 F.J. 诺伊曼（*Grundlagen der Volkswirtschaftslehre*，1889；*Schönbergs Handbuch*，*Wirtschaftliche Grundbegriffe*；*Naturgesetz und Wirtschaftsgesetz. Z.f. St.* 1892），大大促进了这些科学领域的发展，他还因其出色的统计学和方法论著作而闻名。但是，如果宣布国民经济是一门科学，这门科学的作用只是进一步对概念进行分析，或者只是通过公理和概念进行推理，那就是灾难性的歧路。概念的发展在我们的学科中永远不可能具有与法学相同的意义，因为后者主要的实践目的在于正确地运用定义明确的法律概念，而经济学的基本目的是解释一些现实的过程，它试图描述与之相关的典型现象，并阐明其因果联系。

（四）典型的序列和形式，对它们的解释与原因

如果没有相同或者近似现象重复发生，就没有人类的知识，与之相类，所有真正的经济理论，都是从典型事件过程，从相同或相似的个别现象和系列现象的重复中概括出的。否认规律性并宣布社会、经济和历史生活的所有现象都是独特的、个别的和特殊的（根据李凯尔特（Rickert）），这是近年出现的一种错误、夸大的观点，不过在其中，我们可以看到历史思维试图摆脱自然科学思维束缚的要求［根据戈特尔（Gottl）］。当然，这种论断的起源在于社会生活的巨大复杂性，在于我们不可能完全用因果关系来解释历史。而且，敏锐的描述性历史学家的技艺往往更多是凭借直觉和共鸣，而不是凭借因果解释。一些草率的发明家一下子祭出数十条历史规律，自然激起了更多持怀疑态度的历史学家的反对。但如果因此而否定人文科学的一切规律性和合法性，那这就走得太远了。有些历史学家被这种思想迷惑，这个现象只能表明，他们更多是历史专家，而不是受过哲学训练的思想家。无论

如何，关于国家、社会、国民经济的科学从一开始就不得不处理一系列重复发生的相同的现象序列。

家庭经济和社区经济、社会阶层和劳动分工中的典型现象首先引起了有思想的观察者的注意，接着他们又注意到货币流通、税收和国家的经济政策。在十七和十八世纪，产生了一幅包括市场和交通、市镇和乡村，还包括地主、资本家和劳动者的交易社会的图景。这些基本形式被认为是必要而且必然会产生的，人们想要把它们从某些前提中推导出来，还想用一个理想的模板来衡量它们在具体情况下的实际形态。即使当人们开始考虑国民经济形态的历史与地理多样性时，也会首先把注意力放在在变化中保持不变的东西，放在典型的变化节奏，以及放在某些形式和现象有规律的共存之上。当统计学成功地把对社会和国民经济状况的定量观察与定性观察结合在一起时，首先引起人们注意的，同样是在时间上、空间上的数据的典型规律性。在某种程度上，人们可以通过观察到的种种变化，指示出一个典型的过程，这个过程在不同时代和不同民族中一直重复，比如说人口过剩。科学的第一个巨大的进步就是对定量形式的记录，以及对它们的定量测量。但在关于国民经济的很大一片知识领域内，我们直到今天仍未取得更多的进展。这种关于不同形式和序列的图式化思想，本身就是思维秩序的一个要素，是理解过去和未来的启发式辅助工具（heuristisches Hilfsmittel）。

但当然，这样的类型和序列、形式和规律性都指向一种更深刻的解释。尽管人们从一开始就能确认或预感到现实中因果关系的合规律性，而且能马上推知事件的具体原因，但是，无论是像自然法的导师一样把一种一般的人性视为一切的根本原因，或者是像重商主义者一样注重货币流通，还是像斯密一样把劳动和逐利心置于因果解释的中心位置，这种把事件归因于单一的或一组因素的肤浅方式并不能令人满意，粗糙的类比方法更不足以作为主要原则，用于解释真实。例如，人们以物理学为榜样，把人口、国民经济和社会视为一个由各种力量组成的机械系统，它们保持着自身的平衡，或者人们认为能够以在动植物世界中观察到的生存斗争来类比社会发展的过程，都属于这种情况。自然，这种类比可以使我们对现实的了解更清晰一些，也有助于让我们发现其中的相互联系，但它往往使人误入歧途，而且永远无法取代基于一些具体原因的解释。

近年来科学已经达成了一个无法证明却又不可动摇的信念，即相信自然、历史和人类社会都是一个有规律的、内部完美地相互关联的发展过程，它总是受到特定力量的支配。于是乎，科学程序的最重要任务似乎就是确定各个现象的一些特殊原因，甚至是其全部原因。只有如此，我们才能在无限多样的现象中找到令人满意的统一性和秩序。然后，从许多各式各样、随处可见的原因中，我们试图提炼出少数简单的原因。我们希望借此对世界、对事件的共生关系及其后果作出无遗漏的解释。

但这是一个无限困难的任务。什么是原因？什么是结果？如果我们说 A 是 B 的原因，如果 A 是 B 的充分和必要的前因，那么我们要立即补充说，B 在逻辑上并不包含在 A 中，因为 B 只是在经验上呈现为一个始终整合在整体中的部分，在其中，A 先于 B 出现。我们看到，即使在简单的物理或生物过程中，一个事实的发生通常也取决于一些状况和前提条件的总和，至少在这种情况下，只要缺少其中一个因素，就可以阻止它的发生。把最后发生的因素称为原因，而把早先存在的因素称为条件，这只是一种语言上的救济手段。

一切的社会和经济现象一方面可以追溯到一系列的物理和生物原因，另一方面也可以追溯到一系列心理和道德原因。而这些单独的原因中的每一个都指向时间更久远的原因链和原因复合体，这是我们永远无法完全掌握的。所有存在物的复杂共存关系总是可以追溯到更早的事件组合，追溯到某些我们无法探明的，合乎规律但又遥远的状况，关于它们，我们只能作出估计和假说，只能通过目的论考察来理解。一切经济现象都被物质原因和精神原因的双重条件决定，这给我们的研究带来了特殊的困难。人们经常尝试把后者归因于前者，就像唯物主义者和布克勒（Buckle）那样，他们想通过气候、土壤和类似的因素解释一个民族的精神发展，或者像马克思主义者，认为可以从经济生产出发，完满地解释一切高级的文化生活。这类尝试必然一再失败。因为，就算今天我们对精神活动与神经系统活动的联系，以及心理和生物现象的相关性有多么深入的了解，心灵生活也从来没能，而且也许永远不能通过纯粹的物质因素得到解释。当然，人们也不再相信唯心论者所提出的那些相反的命题。正如英国历史学家弗劳德（Froude）所说："如果一个人可以随心所欲地做他想做的事，那就不存在关于他的精确科学，如果存在关于他的科学，那就没有自由选择。"如今我们知道，精神上的因果关系与力学上的因果关系是不同的，但我们同样把它们视为必然。当我们看透一个人的时候，当我们完全了解一个民族的特质的时候，我们就完全有把握由之进行演绎推理。我们不会像唯物主义的统计学家一样，相信难以捉摸的命运每年都会把手枪送到一定数量的人手中，让他们去自杀。但我们相信，在某些道德和物质状况的稳定延续中，自杀率和犯罪率的数值能保持稳定，其中存在某种必然的因果关系。我们发现道德品质的自由不在于否认精神上的因果关系，而在于承认个人的力量是我们做决定时最重要的因素，在于认可高尚的品格和高度教养能使人行善。我们发现惩罚罪犯的合法性恰恰在于：惩罚不仅仅是对单一行为的回应，而且是对必然导致犯罪的长期内在心路的惩戒。

但是我们要问，从一个人、一群人甚至所有人的心理推断出可靠的知识，这是如何可能的呢？心理学是所有人文科学研究的关键所在，对国民经济学也一样。我们知道，数千年以来思想家都能了解比较简单的精神现象，因为它基于内在的感知，后者又是所有知识最可靠的源泉。所以很容易理解，人类对某些基本的心理因果机制的了解有着久远的历史。因此，对于在商品交易和货币流通的时代发展起来的国民经济来说，从自私的逐利心中演绎出许多命题是自然而然的。每一个有知人之明的人和政治家，也时刻运用这类一般性的心理学真理进行推断，用以解释各种现象。但遗憾的是，我们还远不能说心理学在经验性和科学性方面已经臻于完善，也不能说我们已经充分掌握对不同民族和阶级的心理学知识。迄今，我们拥有少数几条已经成为老生常谈的心理学真理，并精打细算地使用着，而现在已经到了必须取代它们的时候，这样才能为经济学说和国家学说建立一个更好的基础。一个研究者无论要向我们展示一个国家的工业，还是仅仅研究一个工厂部门的工人，都是从心理描绘开始的。任何一个论断，无论是关于一种制度的作用，还是关于供求关系变化对人的决策的影响，都必须正确地区分研究所涉及的心理学中间环节。但始终成问题的是，人们是否以及在多大程度上对这些心理因素有了足够精确的了解，是否掌握了它们的无限复杂性，或者是否能够完全地追溯它们与自然原因所起的共同作用。

毫无疑问，由于人文科学所探讨的是一些最复杂的互相联系，所以我们不可能轻易达到自然科学的严谨性。特别是，我们对遥远的过去所知甚少，因此我们永远无法把历史的进程视为一个绝对必然的过程，只要发现它在大致上是可以把握的、合理的，我们就满足了。每个民族的命运的特殊之处恰恰在于因果关系的复杂性。在世上，完全相同的场景不会重复发生，就像地球上没有一棵树跟另一棵一模一样。对于各民族的总体命运，以及他们的经济发展，我们永远不会得出一个完全可靠的预测，因为我们永远不可能对所有原因作出统一的概括，并对它们进行定量测量。

尽管如此，我们也不会退缩，而是一直试图尽可能准确地把握因果关系，以便尽可能地理解和预测。我们已经取得了很多成就，并将获得更多的成果。目前，我们正处于有条不紊地认识这些相互关系的开端。为了获得这种认识，我们首先要意识到，在任何一项经济研究中，我们面对的不是某些统一的原因，而是一系列原因的复合体，每一个原因都有自身的特性，因而需要特殊的科学处理。

主导和影响国民经济的外部自然事实只有通过自然科学研究的方法才能被把握；它为国民经济发展的可能性设定了某种最低和最高限度，纯粹的外部物质、经济原因也与之相类，例如人口密度、资本财富、技术状况，必然会在某种程度上塑造整个国民经济，但是，这种塑造在其最重要的细节上可能会有很大的不同，这点则取决于人民的心理和伦理特征。

自然科学、历史学和心理学的研究让我们获得了关于人类社会的人种学和民族学事实，这些事实的总体与其他因素一起，从根本上造就了不同民族形态各异的经济文化，因此，我们必须把这些事实补充到关于一般人性的普遍心理学结论之中。

关于基本的人口流动（der elementaren Bevölkerungsbewegung）的事实具有生物学和心理学的特性。在一定的文化和一定的气候中，它的一般过程必然具有规律性，而对其基本现象的解释首先是生理学上的。人口发展方面的普遍现象，以及在相对而言自由发展的国家中的市场价格现象，在统计上都可以用一种力学–数学的方法来处理，这也预设了基本原因的不变性。对人口统计中的偏差和波动的解释，以及对反映道德状况的统计结果的解释，都需要进行心理学的、民族历史比较的和经济方面的分析。

影响和支配经济生活的一般心理因素仿佛是一级的原因，其作用部分地以初级、直接的方式表现出来，因此必须同时以一种关于欲望的心理学学说和一种关于道德性格形成的理论对之加以解释。但随后，心理因素又会呈现为高级文化生活的复杂结果，即语言、习俗、法律以及经济性和法律性的制度。这就形成了一个更高层次的心理因果关系网络。要理解前者，我们需要个体心理学和比较心理学，要把握后者，则主要依靠历史方法的研究，还有比较性的伦理史和法律史。

（五）定律、归纳方法和演绎方法

此处的结论会使初学者惊慌失措：由于国民经济领域的研究要进行多方面的科学分析，于是我们需要运用极其多样化的方法，以及借助来自不同领域的知识。由此所得的结果却从来不是完备的。由于方法和素材的不同，这些结果往往南辕北辙，以至于把它们综合在一起极其困难，因此到目前为止，只有在少数领域实现了这种完善的认识。然而，与过去相比，我们毕竟已经获得了极大的进步。对于市场、流通、人口等方面的简单现象，对于国民经济发展的大致过程，我们已经有了相当准确的认识。我们知道，在文明程度相近的国度里，基本的国民经济过程和社会机构都大致相同。现在，我们虽身处这座建筑最低的几层内，却获得了某种预测能力，对此我们无须妄自菲薄。虽然我们承认自己还不了解历史规律，但我们至少能谈论国民经济法则和统计法则。当然，我们这里所说的法则，部分是指那些有规律地、典型地重复的现象序列，那就是所谓的经验法则，即其因果关系要么尚未被揭示，要么至少未能被定量测量。真正的定律是一种因果关系，我们不仅能认识其恒定的作用机制，而且能对之量化测量，但这样的法则，即使在自然科学领域也寥寥无几。试图以量化方式测量各种心理力量，可能是永远做不到的。但无论如何，在经济学中常见的情况是，我们喜欢把所发现的因果关系称为法则，而在这些法则里，人们至少会尝试以某些常量或者按一定比例变化的数值来衡量心理－社会力量的共同作用，我可以举出的例子是"人口法则""工资法则""价格法则""地租法则"这类表达方式。

企图为国民经济中诸种力量的作用找到一个最终的统一的法

则，那终究是没有的，也是不可能有的。对某一时代、某一民族而言，诸多国民经济因素的作用所产生的最终结果都是一幅独特的图景，我们可以借助一般的国民经济、社会和政治的事实，通过民族性格和历史来理解它，但我们远远不能毫无遗漏地追溯到所有的原因。对于人类经济关系的整体发展，我们只能提出试探性的解释、假说性的论断和目的论的考察而已。但对于构成一个具体国家和时代的国民经济的众多要素而言，我们的脚下却有着坚实可靠的基础。最普遍的东西是最复杂的，因而始终是最不可靠的。只有从具体的现象出发，我们才能取得进展。我们能够理解比较简单的关系，也可以相当全面地从因果关系解释某一具体方面的发展，并且通观某一经济机构的历史。

我们之所以取得成果，既要归功于演绎法，也要归功于归纳法。我们所取得的成就既是演绎的结果，也是归纳的结果。谁要是透彻地理解了这两种被人如此命名的推理程序，就不会断言，任何一门解释现实的科学可以仅仅依赖其中一种方法。只不过在有些时候，依据知识水平的不同，不同的科学会对某一种方法有所偏重而已。

演绎法从已知的分析性或综合性真理出发，通过推理和组合，试图从这些真理中获得新的真理。遇到错综复杂的现象时，它试着用已知的真理对之加以解释。它的主要意义在于，研究者在面对新问题时，将尽可能多地利用已经确认的命题来解决，通过试验、玩味、探索这些命题的结论，从中求取解答的办法。假如缺乏这一手段，我们的科学发展几乎寸步难行。而我们面对的问题越单纯，我们在一个领域的知识越丰富，那运用演绎法所获得的成果就会越大，因为有待解释的东西不过是已知命题的更复杂的结论而已。因此，众所周知的事实是，比较单纯的科学已经大部分或者全然成为演绎的科学，如数学、力学和天文学，经济学中最基本的现象，即市场现象，最适合运用演绎方法进行分析。这就说明了，为何随着时间推移，所有科学都会朝着演绎化的方向发展。

即使在人们的知识不怎么丰富的领域，其中的许多因果关系完全未被揭示，纷繁复杂的现象使人无法掌握足够的事实，以至于远不能获得完全的解释，这时，人们也会尽可能地利用已知的真理进行演绎推理。尤其是，由其他较先进的科学提供和确立的命题被借用过来，用于演绎推理，即在国民经济学和所有国家科学中，人们从自利心、野心、爱的冲动，总之从已确知的心理学命题中进一步演绎出新的结论。如果在本来有多种力量共同作用的地方，人们仅仅根据一种力量来推理，或是错误地高估一种欲望的强度，甚至视之为一个不变的常数，这只能是误导[①]。

如果演绎推理的结果不符合实际，或者已经确立的真理不足以解释现实时，那么我们就应当改弦更张，使用归纳法；也就是说，我们试图从当前经过精确观察和检验的事件中得出一个普遍的规则，得出一个迄今为止不为我们所知的因果关系。但发现新的真理以后，我们又会马上用它进行演绎推理，检验它是否适用于同类的情况。

在习惯上或者说经常地，人们把一切经验性的观察统称为归纳法。所有统计学的和历史的研究，以及一切根据这类研究的结果所进行的综合都被认为是归纳性的。如果谁不是从自利心出发，而是从民族性、从时代状况出发来解释某一现存的经济关系，就会马上被冠上归纳派经济学家的名号，比如说，一个研究者试图从一系列关于家庭工业的描述中，获取这种企业形式发生的普遍真理，他就会被归入这一派。但说到底，在这类研究中所运用的演绎推理也许还要多于归纳推理。

---

① 董洗凡在 1963 年曾节译了 28 页的《一般国民经济学大纲》片段，这是一个总体上非常优秀的译本。但可能由于疏忽，董把以上两个段落的"演绎法"。一词都误译为"归纳法"（季陶达主编，《资产阶段庸俗政治经济学选辑》第 359–360 页，）特此说明。——译者

但有一点确是事实：选择以现实经验为先的人，从不轻率地相信演绎法的结论，他至少知道有一种需要，那就是必须根据经验对一切论断进行再次验证，并通过新的归纳在实践中检验其有效性。即使是约翰·斯图亚特·穆勒，也承认归纳法在国民经济学中的作用，尽管在其他方面他又推崇演绎方法。根据穆勒的看法，实验心理学和民族学需要为国民经济学提供它推理所需的更高级命题；国民经济学自身不可能进行任何可靠的归纳，因为它无法实施任何实验；如果它由此而得到一些大体上有用的概括性论断，那就足以令人满意了。

我们承认，我们经常必须满足于大致正确的概括，但是上文已经否定了，由于缺乏实验的条件，我们就不可能通过完善的观察作出任何归纳推理。如果我们试图通过对劳动制度、工业制度和农业制度各个方面的描绘，持续地推出普遍性的论断，即使观察越来越广泛，我们又对其结果加以对照辨识，那得出的结论也未必是不易之理；但我们也要承认，这确是一项必须归功于归纳法的非凡进步。在新兴的德国国民经济学中被认为是归纳派代表的人，并没有一般性地反对演绎法，他们反对的是基于肤浅的、不充分的前提的演绎推理，他们认为可以在更完善的观察的基础上，以更精确的高级命题来替代这些前提。他们认为，英国演绎学派在当今的徒子徒孙，如 K.门格尔和迪策尔（Dietzel）等人，把我们的科学领域规定得过于狭隘，因为这些人认定，只有从一个或几个心理学命题或是从经济效率原则出发进行演绎推论，才算是理论国民经济学。新兴经济学的学者主张，通过大量的归纳，辅之以其他知识领域的演绎结论，可以减少仅仅是假说性的或者越来越脱离实际的论断的数量。最重要的是，正如我们前面已经解释过的（第73—75页），他们反对单纯地从伦理原则和社会理想，例如从平等、自由和正义的原则出发进行演绎推理。他们强调，人们只能始终根据一些被严格界定的、关于因果联系的陈述，进行演绎推理，而不是从一些假定和目的理念（Zweckideen）中得出结论，因为这些假定和目的理念只表明了一种值得追求的发展的一般方向，但现实中总有其他一些与之并立的理想，因此，根据某一种理想得出的结论，其有效性是有条件的。

到底归纳法和演绎法哪个对我们的科学更有用，这是一个根本无法回答的问题，特别是由于我们的学科与其他领域一样，最伟大的进步更多仰赖于天才的直觉或者对分寸的掌握，这种能力可以在一瞬间照亮现实的相互联系和因果链条，而只有在此之后，严谨的证明才会逐步被提炼出来。

但恰恰是为了获得这样的光明，在人文学科，特别是在国家科学和社会科学中，我们必须要做一件事，因为它能使我们向演绎推理的领域进一步推进。那就是，需要通观广泛的知识领域，特别是相邻的科学领域。始终都坚持这一点的，是所谓的纯粹使用归纳、历史方法的一派。而自称演绎派的人，既不了解也不想去学习相邻的学科，他们往往谨小慎微、费时费力地立下漂亮整齐的科学界标，从不敢越雷池一步，去追捕一只逃到界外的兔子。最近，冯特称人文科学和自然科学之间最本质的区别是，对于后者，强大的抽象能力是最有力的工具，对于前者，成果首先取决于快速的概括能力和丰富的联想能力。这有一部分取决于个人天赋，但另一部分则取决于所受的科学训练。研究者受到的科学训练越全面，就越有可能从已确立的真理中得出触类旁通（vielgliedrig）的综合性结论。

一切的科学和知识领域都会仰仗若干假说和目的论命题来支持因果论断。在因果认知不充分的情况下，如果我们确实相信其中存在一种相互联系，那么，正如我们已多次强调的那样，从解释性的反思能力中，就会产生对神灵、历史、创造性自然力的目的性假设，凭借这种统一的思想，我们试图理解，或至少是在大体上理解那些不能以经验解释的东西。这是一个不可或缺的反思原则。历史发展阶段理论的基本观念都是建立于这一类目的论的思考之上的，即假设世界是统一和相互联系的。它与其他一些假设非常相似，如旧式国民经济学的和谐理论，还有社会主义者谋求让下层阶级彻底翻身的信念。在知识的极限之处，可靠的知识最终汇入我们的信仰和期望之中。我们都是以这种方式把握最重要的终极事物的整体。我们必须努力确保这种信仰建立在正确的经验认知之上，确保它能越来越多地纳入已确定的科学知识，让它不会与科学相抵触，并使它不受政党和阶级利益、偏见和激情的影响。每个研究者都必须努力避免这一类因素的干扰。如果他自己过于积极地参与日常的各种斗争，将发现很难实现这一目标。人们曾经以为，作为一个学者，只要以整体的利益为重，就可以免受阶级立场的欺骗，不受流行的偏见的影响，其实这种看法存在某些偏颇之处。如今，每一个充满激情的政治家都认为，他的片面观点和建议代表了整个社会的利益。要达到某种精神高度，使人除了获得可靠的具体知识之外，还能正确把握关于整体发展的，总是在一定程度上模糊不清的边界，这不是凭借一个表达整体利益的方程就能办到的，而是要依赖全面的教养、澄明的品性以及足以排除当代潮流干扰的精神自由。

......

五、国民经济学于十九世纪发展为科学 [1]
......

（四）最新的研究成果与本科学现今的立场
......

......此外，人们会承认，我们的知识的许多新要素和新领域仍处于发展过程之中，要从新发现的知识总和中得出普遍的结论，从而创造一门新的统一的科学，仍然需要努力。但我们

---

① 此处译文有删节。

可以宣称，我们在总体上正在接近这一科学目标。可以期待的是，这些快速积累的、可靠的个别经验知识将渐渐地被整合成一个整体，能做到这一点的人，就是那些同时具备全面的素养、个性和高尚品格的人。如果是这样的话，今天国民经济学取得的巨大进步，在将来也会结出丰硕的实践——政策果实（praktisch-politisch）。

然而，如今绝大多数最优秀的经济学新成果，就其一般思想和目标而言，大致上具有下面几个特征：1. 承认发展的思想是当今经济学的主导性科学思想。2. 从事心理 – 伦理的研究，并采取现实主义的态度，从欲望和感情出发，承认伦理的力量，把所有国民经济视为基于道德、习俗和法律，基于制度和组织的社会现象；如此，对经济生活的探讨又再与国家、宗教和道德联系起来；于是市侩经济学（Geschäftsnationalökonomie）重新变为一门道德 – 政治科学；3. 对个人主义的自然法学说与社会主义学说均持批判态度，从两个学派的学说中筛选出合理的成分予以承认，又清除其荒谬之处；同时拒绝任何阶级立场；取而代之的是明确的努力，始终以共同利益以及国家和人类的健康发展为出发点。根据第 3 点我们还必须认定：①现代的个人自由和财产自由不可能再次消失，但同时，经济的社会化程度和相互联系的紧密程度在不断加深，这必然导致新制度和新收入分配形式出现，以满足所有参与者对权利的合理要求；②社会阶级的过度分化及社会阶级之间的斗争威胁着当今社会，只有深刻的社会改革才能帮助我们；③在国与国的关系中，尽管每个国家都必须致力于自身的经济发展，在某些情况下甚至必须用强力来捍卫自己的特殊利益，但从世界经济的角度看，国家之间的关系必然越来越趋于亲近。①

……

---

① 此处译文有删节。

在下文中，我还试图从上述思想出发，统一、系统地总结我们的国民经济知识的一般和公认的成果。本书对素材的划定与劳的时代以来德国的习惯相似，但与劳的意图有所不同。后者将经济政策和财政学从国民经济学中划分出来，在经济政策中又区分了农业、小工商业和贸易的日常问题。在国民经济学中，他追随斯密，将经济力量视为一个独立于国家、行政和政治的系统，并首先研究基于自由竞争的生产和交易现象。他的经济政策学则是对此必要的补充和修正。根据我们目前的知识水平，甚至在经济学的一般理论中都不能被忽视国家和经济政策这两个因素。正是出于这个原因，人们为这两个领域正确地选择了其他的名称，而不同的名称也赋予了它们不同的含义。今天，除财政学外，一般经济学和特殊经济学之间存在着区别，前者被理解为试图对我们的全部经济知识进行系统的概述，却不涉及当今局势、特定国家或者国民经济某个主要部门的特殊问题。经济政策的基本问题必须在国民经济学的一般理论中就加以处理，尽管对它的详细阐述是特殊国民经济学的任务。一般理论以主要文明民族为对象，从结构和历史发展两个角度，分析国民经济的典型组织和机构、基本现象以及活动过程。它的目的是为初学者提供一个概览，又让专业研究者能够把个别现象放在一个一般的背景中加以研究。一般国民经济学必须具有社会学、伦理学和哲学视野，与之相对，特殊国民经济学关注现状及当今的社会、经济问题，它着眼于本国经济，最多是附带分析邻国的经济情况，它从实践的、行政法的角度研究问题，以经验为依据考察个别现象。这两个领域的并列关系被保留了下来，它们在材料和方法上是相互补充的。我们的《一般国民经济学大纲》旨在研究一般国民经济学，将分为两个部分或者两大卷。

译自：Schmoller, Gustav von（1920）. *Grundriß der allgemeinen Volkswirtschaftslehre（Erster Teil）*. München：Duncker & Humblot. 第1—76，101—113，124—126页。有删节，主要删去了一些比较冗长的论述和经济思想史评述的部分。

第二部分　施穆勒纲领的体系化尝试——桑巴特的"经济系统"

经济生活的秩序

维尔纳·桑巴特

一、引言

（一）秩序的概念和种类

经济学研究的核心问题就是统御经济活动的秩序之本质以及秩序的原则。毫无疑问，这由这些科学的研究对象——经济生活——的本性所决定：因为它是人类文化生活的一部分，更确切地说，它是人类的社会生活的一部分。它包含在人类"维持生计"（Unterrhaltsfürsorge）过程中产生的一切现象。

概而言之，我们可以把"维持生计"定义为：一种生物为了维持个体生存，从自然界获取各种必需品的一切活动。

我们把人类所进行的维持生计活动称为"物质资料的取得"或者"经济"。它是客观精神的一部分，体现了人类的文化。

在经济领域内，我们能区分以下几个组成部分：

①经济信念或者主观精神，它是支配人类经济活动的目标、动机和行为规则的总体。

②一切经济行为都是"有影响的"行为，也因而是人们的互动行为，原因是人类依其本性是社群动物。只要发生了人与人之间的理性行为，那么作为行为依据的（主观）计划就必须客观化，

如此，它才能对行动者起指导作用。我们把客观化的计划称为一种"秩序"。因此，"有序化"（Geordnetheit）就成为经济活动的第二个组成部分。我们也称之为经济活动的形式（Form）。

③因为经济即是取得物质资料，所以人类需运用某种手段，根据自身的需要对自然界的事物加以塑造。我们将这类手段或这种行为称作"技术"。技术就好比是经济过程的素材。

例如，纺纱就是一个经济活动。它包含经济主体（Wirtschaftssubjekt）的目标设定，也包含支配其行为的准则：最终目的是获利还是满足需要，企业采取理性化的还是传统的组织形式等等。此外还包含与劳动者和顾客的打交道方式，这些方式又是以由经济主体设立的秩序为依据的（如订立合同等）。当然，它还包括纺纱的整个生产流程：准备原材料、借助机器或工具加工原材料、包装和发出制成品等等。

很显然，根据这种观点，将经济和技术对立起来是毫无意义的，因为经济和技术属于两个不同层面。

经济属于文化范畴，技术则是操作方法。纯然的"技术"或者纯然的"经济"并不存在。谁认为经济与技术是一对独立的概念，那么经济这个词就必须具有与前面所述不一样的含义，即针对某个行为的"经济性"。在这种意义上，我们可以把"经济"和"技术"的概念相对照：存在一种特定的"经济性"行为和一种特定的"技术性"行为，前者在手段既定的情况下选择目标，后者在给定的目标下选择实现的手段［正如安德烈亚斯·福格特（Andreas Voigt）的准确表达］。不过我们要知道，这种不同的理解可用于解释人类行为的一切领域。如在陀思妥耶夫斯基的小说里，被判处死刑的人思考如何最好地利用自己生命的最后五分钟，他的思想和行为是"经济性"的。相反，就其主要内容而言，卡萨诺瓦的传记则是一本关于求欢技巧的小册子。

经济生活的"秩序"通过三个不同的方面实现，因此可以从三个方面描绘它：前两个方面属于现实层面，第三方面属于思想层面。创造这三种秩序的主体分别为：①大型的社团，经济活动在它当中进行，我们把该社团创造的秩序称为"管制"；②经济主体，它创造的秩序可称为"组织化"（Organisieren）；③科学，它把经济生活的诸事件在思想中——依我们的说法——进行"知识系统化"整理。

我们首先尝试从本质上辨识这三类秩序。

（1）经济生活的管制

我们看到，所有的经济生活都发生在一个支配着经济行为的秩序框架之内。我们把所有决定经济行为的规则或规范的全体称为经济秩序。具体而言，经济秩序规定了以下事实：

谁掌控经济行动的主动权，也就是说，谁是经济宪法中的经济主体；

经济主体能否拥有经济物品，如果能，那么是以哪些形式，以及拥有哪些物品；

经济主体能够以何种方式与其他人产生关联，经济主体之间是否存在各种依存关系，以及它们是什么样的依存关系；

经济主体之间是以契约形式还是以别的方式联系在一起；

经济活动是由"自由人"还是"不自由的人"开展的；

生产出来的产品以何种方式进入流通之中；

社会收入的分配是依据哪些的基本原则进行的；

人们以哪些方式达成交易；等等。

规范个人行为的具体准则可能有非常不同的来源，因此也会有非常不同的本质。据此，我们在经济秩序的范围内区分出以下几个主要组成部分。

①法律秩序（Rechtsordnung）。法律秩序指由一个强制机构强制执行的所有规则，它通常是由国家制定的，但并不全都如此。

②公约秩序（Konventionalordnung）。公约秩序也由一个管理机构实施，但规则是在行动发生的特定圈子内，通过有关人员的同意或者反对（通过"心理强制"；也有可能通过财产或者其他经

济方面的制裁）强制执行的。

例如（不属于法律规范的范围的）交易所条例，卡特尔以及类似的联合协议，不同国家之间的协定，只要这些协议不具有国际法特征。

③习俗秩序。马克斯·韦伯认为，习俗秩序是"一种有规律的行为，它仅仅是出于习惯和不假思索的模仿而成为常规"。比如（还没有成为"习惯法"的）商务往来的规约，企业经营的基本原则等，这些都属于经济习俗。

很显然，在一种特定的经济秩序中，在人们遵循一定的基本原则、一定的法律信念的过程中，产生了某种"精神"。只要这种精神是由法律制定者赋予经济秩序的，我们就可以说，这是一种特定的经济政策体系，在这个体系中，我们可以在思想层面，从经济性法律秩序的各式各样个别规定中发现统一性。在接下来的论述中，我们将会根据它的基本特征来说明几种最重要的经济政策类型。

（2）经济生活的组织化

我们所说的"组织化"，是指有意识、有计划地实施每项任务，它让人们团结在一起共同进行某种活动；所谓的"组织"（Organisation），要么是指这一过程，要么是指它的结果。经常性地被组织起来的经济性劳动（所有的社会性劳动也一样）发生在企业（Betrieb）之中。①

当我们一大早穿过城市的街道，会看到成千上万的人急匆匆地走向目的地。这个人走向机器旁的位置，那个人走向讲台旁的写字桌；这个人奔向一所高校的教室，那个人要去练兵场；这个人要去报社编辑部，那个人要到有轨电车的车库里；诸如此类。一个小时以后，所有从事工作的人都消失在街头，只剩下邮递员、运输工人或街道清洁工，但即使是他们也在按计划工作。这些人

---

① 在此处，桑巴特是在最广泛意义上使用"企业"（Betrieb）一词的，在下文中，他才区分了不同性质的企业，例如所谓的"经济性企业"。——译者注

都去哪儿了？答案是：去了企业，因为他们要在那里完成他们的工作。那到底什么是企业呢？

企业就是为了持续不断地进行某一"事业办理"（Werkverrichtung）而建立的组织。这一定义包含以下要点：

①突显在企业中进行的某项活动：事业办理——正如我说过的——有可能是追求达成经济以外的其他目的。

②强调其持续性。事业办理是延续性的。我们所指的不是一项仅仅在短时间内进行的活动。

③突出其计划性、有序性。这涉及经过精心安排的活动。

如果一个人独自工作，那么他只需要为自己的工作设定一个（主观的）计划。不过，即使对于这样一个持久、独立地从事某项工作的人来说，他工作时所遵循的规则虽由他自己制定，但同时，规则又像一种客观秩序那样左右着他。如果多人协同办理一项共同的事业，那么计划被客观化为一种秩序就是必需的。因为，如果要把个人的活动如计划一样整合在共同工作之中，那么，从一开始就必须把每个人的工作岗位、工作时间以适当的方式安排妥当。由此，就产生了企业的秩序；我们可以思考它，也可以谈论它，甚至把它写下来或者印刷出来。它可以以默契的形式存在或者被明确地宣布出来；对工作流程（Arbeitsprozess）的各个组成部分来说，秩序可以是相同的，也可以有差异——只要秩序存在，那就够了。

而"企业安排"（Betriebsanordnung）的作用，就是在空间和时间上合理地分配各种生产要素，将它们整合成一个整体。具体来说，企业安排涉及以下要点：

①工作流程的开启。这包括从数量、质量方面规定录用、安排和辞退劳动者的一切决定，以及规定生产所必需的工作场所和必要的劳动手段。

②工作流程的部署。也就是说，规定工作地点和工作时间。

③工作流程的落实。也就是说，真正去执行预先规定的工作

计划，按部就班地完成工作流程。

企业内的秩序与之前所提到的管制秩序的不同之处在于，它是经济主体创造的。然而，这种秩序本身嵌入在经济秩序之中，并为后者所决定。

经济秩序仅仅规定了经济行动的可能性，但这些行动却真正发生在企业之中。经济秩序是一个规范经济行动的一般框架，但每个企业都是经济计划的有效实施者。仅仅存在着一种经济秩序，但在这一秩序中却存在无数的企业。

一个经常被探讨又备受争议的问题是：划分出一个企业的标准是什么？一间大百货商店是一个企业，还是商店的每一个"部门"都属于企业？这个问题特别是对统计学家来说非常重要，但至今仍未有令所有人满意的答案。我认为，企业统一性的最重要特征是其组织秩序的统一性。在讲经济生活的组织化的章节中，我们将研究企业组织的原则，即我们将详细分析一般意义上的企业组织的不同形式，以及在资本主义经济系统的框架下，分析企业组织的各种特殊形态。

（3）经济生活的知识系统化

未经训练的思维往往会混淆安排经济生活的各种可能性，不能清晰地辨识现实的和理想的秩序过程。我们必须始终意识到不同秩序原则之间存在根本性的差异，保护性关税或工厂规章，与所谓的国民经济或资本主义是完全不同的东西。前者对现实中的经济过程进行安排，后者则在思想中使之系统化。在此处，我们还会探讨那些思想上的整理方法。

我们在前面已经借助经济的理念将经济生活界定为文化生活的一个领域。经济的理念是脱离空间与时间的理性概念。然而，经济生活中的"经济"则是一个依赖于特定时空的真实事件复合体。如果全部的文化——当然也包括全部经济活动——都是真实发生的，那它就是历史。因此，经济的理念总是在一些特定的历史现象中呈现出来。正如不存在"抽象的"宗教、艺术、语言和国家（除了在理念之中），而只存在某一个宗教、某一种艺术、某一种语言和某一个国家，也会不存在"抽象的"经济，而只存在某一种类型的、具有特殊历史的经济。

因此文化科学的任务就在于，寻找一定的手段与路径，来把握它所处理的文化现象的历史特征。如果在某一文化领域，人们学会了通过突出其具体的历史特征，来确定它在历史中的位置，并依据其特异性，把它与同一文化理念的其他现实呈现方式相区别，那就算是做好了科学研究的准备。为了做到这一点，又必须借助于一个加诸事实状况之上的理念，但在这种情况下，理念不是要行使其界定功能，而是起构造的作用。

例如语音学运用内在语言形式的理念，宗教学运用教义的理念，艺术学运用风格的理念，以确定它们各自研究的文化领域的历史特异性。

经济学也同样需要这样的构造性理念，从而系统地安排它的素材。这一理念被要求确定某一特定时期经济生活的根本的特异性，并将其与其他经济时代的经济形态区分开来，从而为人类经济的重大历史时期划定界限。

显然，这样的经济科学的风格理念（我们在此借助艺术学的术语来表述它）必须力求涵盖全部经济生活，必须能够确定经济信念、经济秩序和经济技术的特征。这样的理念比（实践性的）经济秩序和企业秩序的秩序理念涵盖的范围更广。我们通过这样的方法也可以确定先后次序，在接下来的阐述中，我们将根据这种次序考察各种秩序原则。

显然，我们所区分的三个秩序原则可以有效地应用于分析历史发展的序列，在这项概要性研究中，我们正是要探讨这一序列，不过还要加上一个限定条件：经济生活的管制和组织是同时发生的，不能孤立地分析。缺少了经济秩序和企业秩序，经济生活就是难以想象的。经济生活伴随着经济秩序和企业秩序产生，也由它们组成，因此经济秩序和企业秩序从一开始就发挥作用，在此之后，才会产生在思想中整理经济生活素材的理论需要，然后，知识系统化才成为整理的原则。尽管如此，我们在接下来的描述中必须把探讨三个秩序原则的顺序颠倒过来。我们必须把对科学知识系统的讨论放在首位。这是因为只有在系统地整理了我们的全部素材——经济生活——之后，才能正确地（在理论上）洞察其他两个秩序原则的本质。

本文的阐述必须证明这一程序的合理性。

二、经济生活的知识系统化

（一）迄今的知识系统化尝试

很自然，自它的发端，经济学就已经开始寻找一种原则——尽管对具体的研究者而言往往是无意识的——从而使事实素材产生某种条理。下面我将讲一讲这一点。

（1）依据形式原则的知识系统化

其中最为人喜爱的理念是国民经济，人们相信借助它就可以建构经济学。的确，人们可以说这一理念直到今天（至少在个别研究者的观念中）仍然支配着经济思想，特别是在德国。在这里，人们不把关于经济生活的一般科学称为"政治经济学"，而是依然习惯称其为"国民经济学"。

我从我们最熟知的教科书中引用几处，以证明国民经济概念对于构建系统的重大意义。

阿道夫·瓦格纳（Adolph Wagner）的《政治经济学基础》（Grundlegung der politischen Ökonomie）第 100 页：

"这门学科（政治经济学）研究人类的经济现象和经济活动是如何在各经济单位的相互关系内以及从这种关系中产生的，并在各个经济单位间的劳动分工和商品转移（流通）基础上构成一个'整体'或互相关联的（？）系统的。这一'整体'，或者这个'系统'就是我们所说的'国民经济'。因此，人们也可以这样表达，它代表了一个被视为有别于其他类型'整体'的'人类经济的社会系统'（舍夫勒）。'国民经济'是经济现象的特殊复合体，是一种'集合现象'（门格尔）。"

古斯塔夫·冯·施穆勒在他的《一般国民经济学大纲》中阐释了"国民经济"的"一般科学原理"。对他来说，它"是一个真实的整体，也就是一个内部相互联系的总体，在其中，各个组成部分活跃地起着相互作用，而且在一个国民经济之内，整体所发挥的影响力是可证实的。它是一个总体，尽管它的各个组成部分永远处于流变之中，但它的本质和基本特征在数年或数十年内基本保持不变，即使整体发生了改变，它也不失为一个不断发展的实体。千百个单个的经济体，假若它们属于不同的国家，就绝不会被认为是或者能够构成一个'国民经济'。属于同一种族的人民，往往操同一种语言，他们具有共同的感情、观念、习俗和法律规范，拥有统一的国家经济制度和中央的财政，并通过一个统一的交通系统进行活跃的商品交易，他们因此而联系在一起。只有这样的体系，我们才称之为国民经济。"（引自《一般国民经济学大纲》，导论部分，第1章第3小节）

……

毋庸置疑，国民经济的理念对于经济学研究来说确实是异常富有成效的，而且显然是不可或缺的。不过遗憾的是，"国民经济学"也是经济学的一个相当不发达的分支。仔细观察就会发现，大多数经济学的作者都认为他们研究的就是"国民经济学"，这是不言而喻的。这就是为什么——正如我用几个例子说明的那样——他们把"国民经济学"的概念放在他们教科书的开头。但在此后的论述中，他们并没有探讨国民经济问题。因为在这些"国民经济学体系"中涉及的所有范畴，很大部分与"国民经济学"根本没有关系，例如：市场、货币、信用、企业、经济状况、危机、劳动工资、地租、资本利息等等。但在一般性分析生产和分配的章节里，我们确实也读到一些真正涉及国民经济的观点，也就是说，全文极少有专门阐述"国民经济有机体"的内容。正如一个由重商主义者发现的，弗里德里希·李斯特尝试进一步探讨的观点：如今我们对"国民经济理论"的了解仅限于少数无足轻重的知识。国民经济学更多是以其他理念为基础建构它的体系，而不是建立在国民经济的理念之上。

有人可能会提出异议：我们的学科曾经犯过错误，偏离了正确道路，因为它由次要的、有误导性的理念推演出来，而"国民经济"是正确的理念，因此我们应该在其帮助下建构我们的体系。稍加斟酌就知道，这样的反对意见是软弱无力的，国民经济这个概念根本不适合于构建体系，因为它本身就是空洞的。虽然国民经济这一视角是非常有益的——实质上这是康德已经提出过的"有机体"的工作思路——但它仅仅是一种视角和思路，这就是国民经济的理念所能提供给我们的东西。因此，这一概念本身没有说明，我们所观察到的国民经济有机体属于何种类型。"一个民族整体内部的各个单个经济体之间的社会联系"这一想法也完全无法让我们了解这种关联性是属于何种类型的，然而这是我们迫切想要知道的东西。这种联系有很多不同的可能性，它正是我们想要知道的。一个"国民经济"可能建立于手工业的基础上，也可能基于资本主义和社会主义。我们对体系的构建性理念的要求是：它能让我们发现某一时期经济生活的历史特征，能让我们准确判断某一经济状况的历史地位。但是国民经济的理念缺恰好无法满足这一要求。这个理念是一个发育不全的肢体，它之所以落后是因为一种关于经济本质的观点，它今天已经被我们超越了：自然秩序（ordre naturel）的观念认为，经济生活的自然秩序毫无疑问地只能有一种。这个形而上学假设正是古典经济学的基础。这种理论之所以能够运用国民经济的概念，是因为对它来说，国民经济表达了各种经济关系互相结合的唯一形态，因此古典经济学会无意识地用资本主义经济形态的内容来充实这一概念，今天的"国民经济学家"仍会不自觉地这样做。但我们只要仔细审视这些关联，就知道如此将国民经济理念置于经济学研究的中心是有局限的，也就不会怀疑它的缺陷，并知道它不能成为我们的科学体系的最高建构性理念。

除了国民经济的概念外，最近人们还越来越频繁地使用两个概念，人们认为借助它们，经济关系的系统就可以被认为是一个自成一体的系统，这两个概念就是私有经济和世界经济。

……

首先我们要批判的是，经济现象的三分法在逻辑上是站不住脚的，因为这三个概念并不属于同一个层面："私有经济"是经验性的事实，然而"国民经济"与"世界经济"则是纯粹的科学概括，它们把分散的要素整合为假设的统一体。此外，"国民经济"和"世界经济"这两个范畴又有完全不同的意义和认知价值。我对将"国民经济"一词作为经济科学的最高建构性理念所提出的保留意见仍然有效，而且因为刚刚提到的两个附属概念而变得更加强烈。正如"国民经济"一词是空洞的，如果不能从其他方面确定"私有经济"和"世界经济"各自应被置于何种经济关联之中，那"私有经济"和"世界经济"两个概念也是完全缺乏内容的。

接下来，我将要尝试对经济学现象的知识系统化进行探讨，但尽力避免我在上文着重批评的错误——那种形式主义，因此，我会尽可能探明各种经济形态的具体内容。

（2）依据"生产状态"的知识系统化

我们可以根据占主导地位的生产取向（Produktionsrichtung）来区分不同的时期或民族，从而在我们的头脑中，把千姿百态的经济生活概括成各种类型，这是自古以来就有的尝试。确实，这可以说是最古老的知识系统化方式，因为我们发现亚里士多德已经用过这种方式。他在《政治学》中写道：从事自然劳动的不同的生活方式有如下几种，即游牧的生活、农耕的生活、强盗的生活、渔夫的生活和猎人的生活。他把这些生活方式与以挣钱为目的的生活方式进行了对比。

18 世纪的社会学文献非常热衷于这样的分类：狩猎、放牧和农耕民族是"文明民族"的初级阶段，其后这些民族发展出发达的制造业和贸易。例如在亚当·斯密的研究中，信贷行业、教育事业和税务系统的划分起着巨大的作用（参见《国富论》第三册的第 1、3、4 章和第五册的第 1 章）。

在德国，弗里德里希·李斯特率先运用这种划分模式，并将其拓展为以下五种类型：①野蛮状态，②畜牧阶段，③农耕阶段，④农工阶段，⑤农工商阶段。

之后，古斯塔夫·舍恩伯格（Gustav Schönberg）在《政治经济学手册》（*Handbuch der politischen Ökonomie*）中充分地完善了这种分类方法（1890 年第三版，第 27 页以后）。

舍恩伯格把他用以分类的特征称为"生产状况"，并据此区分出六种类型：①狩猎民族，②渔业民族，③畜牧民族，④定居的纯粹农耕民族，⑤小工商业民族，⑥工业民族。他基本上是从以下视角来描绘各个类型的特点的："劳动、自然和资本（即人类进行生产所必需的物质生产资料）这三种生产要素中的每一种在商品生产中，以何种比例、在何种范围、以何种程度被投入其中。"

在前两个类型中："自然要素主导了生产和消费。唯有自然才能创造出人类所需的食物。人的经济活动是孤立的。共同的、互相关联的活动，职业的分野，或者商品和服务的交换，都还没有发生。"所有人的职业是一样，都完成同样的工作（男性的工作 - 女性的工作？！——作者）。可以流通的物品就是私人财产，猎场（捕鱼区域）是大家共有的，但部落会共同防止外族侵占它。当时尚未产生具有法律效力的财产制度。

对畜牧或游牧民族而言，"生产的主要分支和食物的主要来源是畜牧业……他们的主要活动不再像第一阶段那样是纯粹侵占性的。牧民不再仅仅靠自然界生产他的食物……由于畜群——作为被人类占有的或者是在他的影响下生产出来的生产资料——是资本，于是在这个经济阶段，资本也成为一个基本的生产要素和一个独立的收入来源……如今，人们已经有可能通过畜牧获得更丰厚、更令人艳羡的资产……而积聚财产的可能性也导致了贫富差距。个人从事不同种类生产活动的可能性，以及对非自由劳动力安全的、经济性的使用，在雇主和受雇者之间，在自由人和非自由人之间造成了（！）分化。奴隶制在这种经济形态中是可能的……而因此……相当常见。一如既往，财富的差异以及其他经济状况与经济地位的差别，在这种情况下造就了其他社会和政治方面的阶级差异……在经济方面，畜牧民族的生存状况相比以往已经大大改善。主要的食物来源和供给更稳定、更有保障……但他们的生产仍然是孤立的，仅限于满足家庭经济的需要。各种获利阶级、商品生产以及有规律的商品交换往往还不存在……这样的经济形式使人们有可能大规模地联合起来……经济的进步也伴随着在法律方面（财产权、继承权、法律保护、刑法等等）以及社会关系方面，特别是在精神生活方面的进步"。

定居的纯粹农耕民族的状况有如下特点：人们已经成为定居者，农耕已经与畜牧一起成为主要的生产部门和主要的收入来源。"向农耕过渡使生产和人民的整个经济状况发生了重要转变……他们……不再完全依赖自然界的免费馈赠来维持自己的生计，而是自行决定土地产品的种类，并通过自己的劳动增加产品的数量。随着土地的耕种和在社区的持久定居，产生了对土地的新的权利关系。"虽然这些民族的经济状况各不相同，但具有以下共同特征："人类的工作量增加，劳动变得更多样化，这提高了物质需要的满足程度，使经济方面的生存条件更有保障，同时也降低了人口过剩的风险。随着教育程度提高、知识增长，习俗变得更加文明。这时人民的生产主要是初级生产（物质生产），以农业（农耕、畜牧）为主要部门，而且通常是在单个私有经济中的直接消费品生产（孤立生产）……只有在特殊情况下，才会出现交换品的生产和有偿的产品交换。但是（！）这些经济体经常也包括非自由人，统治阶级为自身的利益而剥削他们的劳动力或财产……

基于职业的劳动分工开始在这些经济体中出现，生产性人口被划分为各种职业群体。小工商业……原先只有家庭劳动和辅助工作，不是独立的职业性劳动，其技术含量还是很低。但是几乎在任何地方，它都会随着时间的推移发展成为一种独立的职业……诚然，专业的工匠和各门各类的工匠阶层只占人口的一小部分。但只有在例外的情况下，手工业才是自由的收入来源，大多数手工业者是附属于大型单个经济体的非自由人，他们为东家及其经济需要工作。……独立的贸易或者商人阶层并不存在，而货物交易——假如它真的发生——都是以物易物的交易"。

对于小工商业民族，"除了农业、林业和渔业之外，还有采矿业和小工商业，后者包括各种手工业类或商贩类的独立职业和营生手段。……除了主要发展农业和林业的农村地区外，还有作为工业和商业集中地的市镇。人们被分为农村居民和市镇居民。在市镇里，许多人比邻而居，一起生活和进行经济活动。他们生产的物质产品不再全部是自己所需的。他们大多是商人和手工业者，其物质生产基本上限于生产工业产品和采购商品。市镇和农村居民之间出现了有规律的贸易交易，市镇成为集市所在地。……在物质生产的领域，最大特点是更明显的行业分工……这种劳动分工，以及在各个企业内部，特别是在小工业内部的进一步的劳动分工，导致了技术上的巨大进步。工业制品的数量增加，种类变得更多，质量更好，成本更低"。……但是，"其产品仍然主要是用简单的工具和设备制造的劳动产品"。……"以往的孤立生产在很大程度上成为一种社会性生产，即生产出来的是具有稳定销路的交易品。"同时，出现了公法所规定的一种全新、独特的制度——特殊的商品性货币。……于是，国民经济成为货币经济。随着货币成为具有绝对购买力的商品，就出现了一种新的财产形式、新的生产资料，而且，由于它可以作为有偿借贷的对象，它也成为一种新的收入来源。货币的引入也创造了五花八门的放贷以及信用形式。在所有行业中，有报酬的职业也成为自由人的工作。但它并不总是自由人从事的工作。……随着经济关系的复杂化，随着人在经济活动中发生了大量新的相互关系，一种更复杂的经济法律诞生了。……随着生产关系和互通关系的改变，财产关系和社会的阶级秩序也被重新构造。……劳动、个性、个人收入和资本成为社会阶层划分的新要素。……在社会和政治生活中，相对于旧的财富阶层，新的财富阶层获得了合法的影响力。人身的支配关系也被软化，在许多情况下甚至被完全废除。

前述状况使小工商业民族的国民经济成为一种新的、独立的和更高级的基本经济生活形式。在更大程度上，它为一种公正和人道的经济条件提供了基础，在此之上，人民的生活被塑造为一种文化生活。

"工业民族的经济发展已经达到了历史上的最高水平。大多数欧洲人民和北美联邦在19世纪都达到了这个水平……"其决定性的因素有以下这些："在国民经济生产中，工业生产——即用机器生产——应用越来越广泛，并在国内和国际、总生产和流通中占据主导地位。同时，经济有机体的全面改造在各个领域中发生。劳动分工和技术都取得了非凡的进步。生产和消费实现了巨大的增长，分配和社会的阶级秩序发生了根本的变化和改善（！），国民经济在更高程度上满足了经济性、公正、博爱和道德性的要求，并成为更高级文化生活的基础。新的经济阶段是所谓的近代以来人类更高级的精神进步的产物。科学的进步、公共教育的普及，以及对人民的个人权利和道德义务的了解和承认，这些因素创造了新的国家。这些国家……变为法治的宪政国家，并致力于进一步发展成为文化国家。人的自由和法律下的个体平等成为国家秩序的基础……在经济领域，在新兴经济科学的影响下，个人被赋予了非常广泛的行动自由权……由于自然科学和技术科学同时发生的巨大进步，这种自由的积极效果得到加强……在农业、工业生产和采矿领域，这些因素使生产技术过程完全改观，并创造了一个全新的运输、通讯、保险和信贷系统，一种完全不同的交通，特别是世界性的交通。除了更为强大的劳动力，资本在国民经济中的地位变得远比以往重要。无数新的企业类型，许多新的职业阶层应运而生，在许多时候，不仅竞争和市场状况以及企业形式发生了变化，而且大批企业家的经济、社会地位也获得改变。对许多行当来说，大型企业成为唯一可能的商业形式，它们在许多情况下取代了中小型企业，大型股份公司和其他社会性企业（gesellschaftliche Betriebe）获得了迄今为止人们从未梦想过的重要性。然而与此同时，虽然如今许多受雇阶层劳工的状况得到了根本的改善，他们得到了很大的利益，但伴之而来也有极大的风险（！）。国家和社会最重要的任务之一，是保护他们免遭这些风险，并使之获得令人满意的生活状况，为他们实现公正、人道和道德性的要求。"

我们自然不能指责舍恩伯格的分类学是空洞的，它可以被看作对《政治经济学手册》中"现代国民经济学"部分（第47—88页）的详细描述的补充。然而，舍恩伯格为我们提供的是某些经济、文化状态的生动形象。而我们所缺乏的却是科学有责任提供的东西：其中的秩序。舍恩伯格列举了不同经济生活的种种本质特征，但这些特征彼此之间是孤立的，没有任何思想性的关联：它们缺乏思想上的统一性，没有被整合成一个总体。究其原因在于，此处缺少了一个能够构建系统的理念。因为所谓的"生产状况"并不是一个构建性理念。读者会注意到，在标记不同的类型时，"生产状况"被赋予了略有不同的含义。对于狩猎民族、畜牧民族和农耕民族，经济生活的一个非常具体的特征就是作者（舍恩伯格）所说的"生产状况"，即生产的主要取向，也就是获得食物的最主要途径。应该注意到的是，以此作为区分的标准虽然清晰，却是错误的。因为，把整个经济生活的特异性单纯看成这样一个单一特征的结果是不适当的。正如舍恩伯格指出，奴隶制在畜牧民族和农耕民族中都存在，那么主要的工作类型对经济生活的整体结构就不是决定性的。尽管如此，"生产状况"一词作为原始经济形态的分类标准仍有一定意义。但对于经济宪法的"更高级"类型而言,它就完全失去意义。这时候,它的含义已经扩展到"经济生活的状况"这一概念。人们不再根据生产的主要取向方向来描绘手工业、贸易和工业民族,因为这是不可能的,原因在于"生产"变成一个全方位的现象,必须通过法律秩序、阶级划分、劳动分工、技术、分配、企业规模等方面,简而言之,必须依据我们在一个经济"状况"中感知到的所有本质特征来刻画它。我们的任务恰恰是将各个本质特征概括为一个思想上的统一体,并为之找到一个理念。但这正是舍恩伯格出错的地方。如果把"生产状况"等同于"经济生活的状况",它就不能服务于"经济生活的状况"的系统化。因此,尽管大量重要的经济学研究者为此作出了种种努力,而舍恩伯格的尝试可以被视为这些工作的顶峰,但我们不得不说它是失败的。

(3)依据"销售距离"的知识系统化

在大量前期工作基础上,卡尔·毕歇尔创造了一种经济生活的分类法,该分类法至今仍广受好评,尤其是受到历史学家的推崇,并被认为是分类问题的一个最终的解决方案。毕歇尔在展开论述之前,首先为区分不同的经济宪法订立了清晰的标准,以便宣讲者(和批评者)易于理解他的理论。他在《国民经济的产生》(第一版,1893)(*Entstehung der Volkswirtschaft*)第14页中写道:如果我们想要从一个视角来理解整个发展过程(正如许多其他对经济生活进行系统分类的学者一样,毕歇尔认为,通过把不同经济类型按时间先后排成一个序列,就可以阐明人类经济生活的历史进程),那就必须是这样的视角:它把我们径直引向国民经济最核心的基本现象,但同时也向我们揭示了早期经济秩序在组织方面的决定性因素。它不是别的,而是商品的生产和消费之间的关系,或者更准确地说,商品从生产者到消费者手中的路径长度。从这个角度看来,我们的结论是应该将整个经济发展——至少对中欧和西欧的民族来说——分为三个时期:

①封闭的家庭经济时期(纯粹的自足生产,非交换经济),在

这个时期，商品在生产它的经济体内被消费。

②市镇经济时期（为顾客的生产或直接交换的时期），在这一时期，货物从生产经济体直接转移到消费经济体。

③国民经济的时期（商品生产，商品流通时期），这时，商品在最终被消费之前，通常要在一系列的经济体之间转移。

毕歇尔的分类法尽管看起来很严密，但实则经不住推敲，其原因我在多年前就分析过。

假如毕歇尔所偏爱的区分方法是正确的，那我们必须注意到，所谓"销售路径的距离"这一特征根本无法刻画整个经济生活的状况。它根本不能把我们"径直引向国民经济最核心的基本现象"，它仅仅涉及一些相对不重要的事实。

但更有甚者，毕歇尔的理论实质是错误的，因为它与事实相矛盾。在我们需要区分的历史上的各种经济宪法中，销售路径的距离没有任何不同，因此，它显然不能作为一个区分特征。我在以前曾经论述过这个问题，具体如下：

"举几个例子就能清楚地说明我的异议：中世纪城市布匹生产者在市场和集市上出售的布匹（或者我还要补充一点，出售给商人），古老的贝吉什－梅尔基什地区（Bergisch-Märkisch）小铁器工业的产品以及中世纪的矿山开采的白银，这些产品从生产到消费的路途，并不比今天同样的产品从工厂到裁缝、锁匠或珠宝商的路途更长或更短，但过去和现代的经济过程却属于完全不同的模式。裙子、靴子等商品从现代资本主义的大宗生产者达到消费者的路途，并不比中世纪时期长一丁点。克虏伯公司之类为国家或社区提供商品的企业，是真正以满足客户需求为目的而生产的；每个现代马车厂、机车厂为客户提供的都是最纯粹的'客户服务'吗？而且这些现象在我们这个时代并不罕见：正如毕歇尔自己也非常了解的，这些现象代表着主要的发展趋势。我们经常观察到中间环节被取消的现象，或者消费者与生产者的距离缩短了，那这会使我们回到中世纪的市镇经济组织吗？或者说，这样的'客户关系'会不会在各个不同的经济时期都存在呢？ 面包从面包师、资本主义的面包工厂、消费者合作社的面包房或者军队的面包房送到消费者手里，距离都是一样的，因此，我们就应该同等对待这四种判然有别的经济组织？但即使按照毕歇尔的方式也不能成功勾勒出现代的流通经济（Verkehrswirtschaft）。我们可以设想，我们按照社会主义的模式构建了一个社会，但保留了今天的劳动专业化方式进行生产，那么许多产品从生产经济体到消费经济体的路径是不变的。而我是否因为产品在被消费之前走过了同样长的路径，就应该对这些截然不同的秩序不加区分？毕歇尔也无法否认的是，在今天，产品是作为商品生产的，但在某些社会主义国家并非如此。假如他提出这个反对意见的话，就只会证实我们的批判，因为强调商品生产所使用的区分标准与他所宣扬的销售距离标准完全不同。总之，人们对毕歇尔理论的各方面质疑，都能证明它是站不住脚的。”

对于上述最后一点，我还想补充以下内容：事实上在毕歇尔的著名演讲的结论中，他正确地描述了不同的经济宪法，他所强调的几种区分的特征也是极为准确的。但他似乎没有意识到，他这样做等于摈弃了他自己的论题（正如我们在舍恩伯格那里看到的那样）——而他正是根据这一论题将销售路径的长度视为系统建构的标准。他没有注意到各种经济宪法的特异性——劳动组织、货币的功能、资本的功能、收入以及财富的形成、职业分类、贸易地位、信贷的重要性等等——都与“路径的长度”无关。我们因此会问：如果这不是分类的标准，那真正的标准是什么呢？这恰恰是我们要找的东西：一个能让我们把经济生活中种种个别现象概括为一个整体的理念。毕歇尔没有为我们提供这个理念，他没有超越这种二元对立。一方面，他提出了一个特征，却无法用于区分，另一方面，他列举的各个特征缺乏内在一致性。毕歇尔的分类法甚至不如舍恩伯格的体系实用。

我还要附带谈论一种将经济生活知识系统化的尝试，它虽然非常荒谬，但其缺陷至今仍然未被人认识到——特别是在历史学家的圈子里。我指的是布鲁诺·希尔德布兰德（Bruno Hildebrand）的经济学三分法："自然经济"、"货币经济"和"信贷经济"。我必须对这种三分法提出反对意见，正如我对毕歇尔理论提出的反对意见一样：假如这样的划分是对的，它也只是说明了一些表面现象，而不是各种经济宪法的根本特征。但它在事实层面也是错误的。自然经济和货币经济根本不是一对对立的概念，自足经济（Eigenwirtschaft）和流通经济才是。再者，正如许多人曾经指出的那样，货币经济与信贷经济根本无法区分。例如古斯塔夫·科恩（Gustav Cohn）在他的《基础》（Grundlegung）（第337页）中写道："这种三分法已经站不住脚了，因为它忽略了货币的基本功能……即价值功能。我们真正要对比的是'现金经济'和'信贷经济'，而在这两种情况下，都出现了'货币经济'；我们也不能基于这种三分法断言，'信贷销售'随着经济的高度发展而变得越来越普遍，并越来越取代现金销售：与之相反，不断发展的经济越来越将信贷与销售分离开来，并把发放信贷变成了一种特殊业务，使买家得以用现金进行购买。只要对英国、美国等地的现代商务交易有一点了解，就可以证实这种看法。"

（二）经济系统的理念

一个能够把众多经济现象构造成一个系统的理念，必须直接从经济的理念本身衍生出来。这一理念必须包括经济的所有基本特征，并且必须把这些特征概括为一个统一体。然而，它不是抽象的思维形式，而是必须具有具体的、历史的确实性。

经济系统的理念能够满足这些要求。

我所理解的经济系统是指作为一个合理的单位呈现的经济形态，在其中，经济的基本组成部分各自具有一定的结构。

我们还记得，经济的概念有这几个基本组成部分：①经济信念；②秩序；③技术。

我们由此可以更准确地界定经济系统的概念：该系统是一种被我们在思想上视为整体的经济形态，它：①受到某种经济信念的支配；②具有某种秩序和组织；③采用了某种技术。

经济系统这一理念事实上满足了我们对最高层次的建构性理念提出的所有要求。它是一个广泛的概念，足以涵盖经济生活的所有方面，因此比起仅仅强调个别特征，它能让我们展开更富成效的研究，在之前的知识系统化尝试中，个别特征被作为系统建构性理念使用，而这些特征由于其本身的性质，只能够刻画经济生活的某些个别方面。另一方面，它也具有足够的明确性，能够把握经济生活的历史现实，并因此证明了它的建构性能力优于纯粹的形式理念——如国民经济的理念。最后，它还具有足够的一般性，能适用于任何我们可以想象的，从最原始的到最发达的经济宪法。

有多少种合理的组织经济生活的方式，就会有多少种经济系统。这些可能的方式取决于经济的各个基本组成部分的可能形态，同时也取决于这些可能的形态合理地结合起来的可能性。

在下文中，我将概述各种可以想象的合理的经济组织的可能性，我相信下面的表格可以划定这些可能性的范围。我们将在下一节看到，在历史上出现的经济形态莫不属于我们表中所列举的各种可能建构方式的组合，而且即使是未来的经济宪法，无论是社会主义者、共产主义者还是无政府主义者的理想制度，都不可能有其他的组织方式，它们只能内在必然地依据下表中包含的某些原则而产生。在此，包含在一切人类精神活动中的合规律性占据了统治地位。

我们所说的经济的（主观）精神或经济信念有以下的表现方式。原则上，人们对经济生活可以指有两种不同的目的：他们可以为自己或他人生产消费品，即满足某种需要。或者可以把获取尽可能多的钱设为目标，即赚取"利润"。依我的说法，在前一种情况下，人们以满足需要的原则（Bedarfsdeckungsprinzip）为指导，在后一种情况下，他们以获利或利润原则（Erwerbs- oder Gewinnprinzip）为指导。

正如我们在上面看到的那样，亚里士多德列出了一份生活方式的清单，在其中，人们从事"自然的"劳动，而且他们都不是通过交换和贸易维持生计的。这里指的生活方式包括游牧、农耕、掠夺和渔猎。他还在另一个章节（《政治学》I.6）里阐述了各经济体之间"自然的"交换行为在历史的发展中是如何产生的，这种交换贡献出生活富余的东西，而不会使"自然的"经济发生任何根本改变。然而，货币在这种"邻里交换"的基础上出现了，它从根本上改变了人类经济形态，因为它决定了经济的形式，改变了人的目的，人们不再以满足需要原则，而是以获利原则为指导。与此有关的内容如下："一旦货币从交换的需要中产生，就出现了另一种获利方式，即商贩行业，起初它可能只是非常简单的（也就是说，它仍然以满足需要为指导原则，正如我所展示的欧洲中世纪的情况——作者），经过不断实践，商贩磨炼了自己的技能，在经营中注重购销渠道，尽可能获取最大的利润。"正如米达斯的例子教导我们的那样，把拥有大量金钱称为财富是荒谬的，因为它不能使人免于饥饿。"因此，应该把自然的财富积累和获利区分开来。"亚里士多德深刻地揭示了两种经济原则之间的根本差异：根据第一个原则，人追求的是一个确定的、有限的目标——人类的福祉，但根据另一个原则，人迷失在无止境的欲望中。然而，这种无止境的追求是荒唐和应该受到谴责的。

奇怪的是，亚里士多德的这一深刻认识——关于满足需求原则和获利原则的根本区别——在几个世纪以来一直没有得到重视。假如人们对亚里士多德的洞见多少有些了解，那就不会如此强烈地反对我让这对命题为人所知的努力了。我希望从现在起，这一洞见能够成为关于经济生活的科学的坚实组成部分。有可能塑造不同经济信念的第二个因素，是人对手段的选择。显然，在按照这一模式列出清单时，不可能详细列举人们用来实现其经济目的的种种手段，因为其数量是无限的。更重要的反而是指明人们选择手段的各种基本态度。其中又有两大类：传统主义的和理性主义的。传统主义是指人类在其经济活动中使用传统的手段，没有别的原因，只因为传统就是如此。这（在历史上）一直是普遍的，也就是经济人长期采用的进行经济活动的方式：农民按照他从父亲那里学到的方法套好的牛车；车夫驾着两轮车，因为这是他唯一知道的东西；匠人按照师傅教导的法子制作靴子；店主在世代相传的地方开店，并与先人一样，以同样的方式售卖同样的物品；如此等等。与之相对，当一个人理性地进行经济活动时，他会根据自己的最高合目的性检视他所使用的每一种手段，即他会对承传下来的手段采取批判的态度，当他认为这些手段与合目的性的要求不符时，就予以拒绝。

此处所强调的差异，即那种显而易见地将早期经济与"现代"经济截然分开的差异，只是一种主观态度的差异。传统主义经济和理性主义经济两者并不能说明客观理性程度的高低，为了确定这点，需要有一个标准，而这个标准必须在经济生活的个人选择之外，不同于主观目的。

归根到底，是参与经济生活的个人对待别人的不同行为方式，产生了经济信念的根本差异。这种行为方式又可以从根本上分为两种，要么是个人主义的，要么是社群主义的（人们可以用这个不太恰当的表达方式称呼它）。如果个人完全以自己的利益为导向，仅仅信赖自己的力量，只知道自我负责，那这就是个人主义或利己主义的待人方式。在这种情况下，经济活动完全依赖于个人的努力。不过它有可能与宗教相联系。这时人的座右铭就是："上帝帮助自助者。"但在任何情况下，具有个人主义信念的人都不会"帮助"别人，"他不喜欢为上帝的缘故做有益于别人的事"。但他也不指望得到别人的帮助。任何经济行为都是基于互易原则（do ut des-Prinzip）：付出都应该有相应的回报。

与个人主义原则相对立的是社群原则。信仰这一原则的人在进行经济活动时，并不觉得自己是一个个体，而且一个更大共同体的成员。他的行动不完全是由他的个人利益决定的，同时也由其他人和他所属的团体的利益决定。他觉得自己对其他人也负有责任。而且，如果有必要，他希望别人能为他挺身而出。社群意识可以基于责任感，也可以基于爱。在这种情况下，我们把它称为一个慈善原则。

经济生活的塑造形式，即经济生活的管制和组织，需要考虑的原则有以下几个。

经济生活既可以是受约束的，也可以是自由的。这意味着，人们的经济行为既可以受制于超个人的规范，也可以仅仅受到个人或团体的绝对自由权力的制约。我们称第一种情况为经济规范主义，称第二种情况为经济自然主义。很明显，没有任何管制，就不可能有经济生活。但这种管制既可以把个人的任何行为都置于法律或道德规则的约束之下，也可以仅仅是禁止某些行为，凡未禁止的均是可为的。

那么，经济生活的秩序要么是私有经济的秩序，要么是（任何形式的）公共经济的秩序。这意味着，经济活动的主动权，亦即经济生活的"重心"，要么落在个别经济体之上（我们称其领导者为经济主体），要么落在某些集体（部落、市镇、国家）之上。私有经济或公共经济的秩序（和组织）要么只延伸到生产领域，要么只延伸到消费领域，要么同时延伸到经济活动的这两个领域。

私有经济和公共经济之间的对立，并不等同于前面所讨论的自由经济和受约束经济之间的对立。虽然公共经济总是一个受约束的经济，但私有经济可以被纳入自由和受约束的经济秩序（后一种类型与中世纪市镇经济的情况相符）。

在经济宪法中，（私人的）经济生活是带有贵族色彩还是民主色彩，会有很重大的区别。如果参与经济活动的人群中只有少数几个经济主体，而大多数只属于经济客体——也就是说这些人必须服从少数经济主体的命令，而且单个的经济体是一些统治集团，那这种经济的组织方式就是贵族制的；反之，如果参与经济活动的大多数人（或全部人）都是经济主体，那就是民主制的。民主制的经济宪法始终以分散的财产为前提，以便经济主体能够拥有生产所必需的生产资料。贵族制的经济宪法则有各种可能性。在这种情况下，生产资料可以掌握在经济主体或经济客体手中（例如，在中世纪的庄园经济中就属于后者）。在贵族制经济宪法中，经济主体和经济客体之间的联系也可以通过不同的方式实现：通过强制手段或建立在自由协议的基础上（契约）。

下文探讨大型和小型企业组织的区别，与贵族制和民主制经济宪法的对照部分重合，却并不完全一致：庄园制度或大家庭工业组织是基于小型企业的贵族制经济类型，而合作经济是具有大型企业组织的民主制经济形式。

大部分从事经济活动的人的经济生活要不就是自成一体的，要不就是与其他经济体相互渗透。通过这种对照，我希望把两种经济宪法区分开来：第一种情况是每个单个经济体都独自进行各种经济活动，第二种情况是各种经济活动必须在多个不同经济体中进行。换句话说，这是无职业分野的经济体与具有特定职业的经济体之间的对照。我们也可以说，对后者来说，职业专业化或职业分化占据了主导地位的职业，对前者则不然。

封闭式经济体和渗透式经济体之间的这种差异又与另一种差异（满足需要的经济与流通经济之间的差异）相似，却不完全一样。在上文中，我们知道满足需要原则是经济信念的一种可能形式，并将其与获利原则进行了对比。在这里，它作为对经济生活的真实的管制和组织原则出现，与流通原则相对立。这意味着，在这里，它所描述的是一种经济宪法，在这种宪法中，物品生产实际上是作为消费品的生产而进行的，无论实施生产的经济单位是否同时是消费的经济单位（如各种形式的狭义上的自足经济），还是一个更大的生产共同体为一些消费经济体生产消费品（如在一个（设想中的）社会主义经济中）。此外，如今的合作组织经济宪法已经属于这种模式了。

另一方面，我们用流通经济这个词来描述一种经济宪法，在这个体系中，货物的生产基本上是为了与其他货物交换，也就是说，不是作为消费品，而是作为交换物品（货物）。然而，满足需要原则也可以在流通经济中占上风，作为某种经济信念的表达方式，例如我们在研究手工业经济时会看到这种情况。

我说过：封闭式经济宪法与渗透式的经济宪法，以及满足需要的经济与流通经济，这两对概念之间互相关联，但并不重合。流通经济显然以职业专业化为必要的前提条件；与之相对，满足需要的经济可以是职业专业化的，但并不必然如此。例如，当它是一种经过扩展的自足经济（中世纪的庄园经济）或社会主义经济时，它是职业专业化的，但当它是原始的自足经济时，就并非如此了。

我们现在所探讨的这对概念的差异，与我在前面提到的自然经济和货币经济之间的差异相类似。一个封闭的自足经济必然是自然经济，一个渗透式的、以满足需要为目的的经济——如交换经济——可以是自然经济，也可以是货币经济。亚里士多德已经知道，交换经济即使没有货币也是可能的，而现代社会主义理论家声称，这是一种社会主义经济。

最后，经济生活的形式基本上是由企业的组织形态决定的。由于我将在下文中更详细地谈论这个问题，这里只需指出，企业可以通过完全不同的方式组织起来，这取决于它们是采用个体性企业（以及扩展的个体性企业）还是社会性企业的形式。

（在很大程度上，经济生活的形式是由经济秩序的构造决定的。因此，我们会发现这一问题与上面讨论的现象以及各种经济政策体系中的构造原则有许多相关之处，我们将在关于经济生活的管制那一章中讨论这一点。）

我认为，这里已经涵盖了一种经济宪法（管制和组织）中可能发生的一切。我有意只把注意力集中在生产和消费的组织上，而忽略了分配的各种可能性（自然－规范的分配、按劳分配、按需分配、固定分配等等）。其原因是，调节分配的方式要么与经济系统的基本设计无关，要么是在应用与某种宪法形式相关的某种经济原则时必然地产生的。

我们还需要研究的是，经济生活的具体组织，以及生产和运输货物时所采用的程序有哪些可能性，总而言之就是（经济的）技术问题。

正如对经济原则进行知识系统化一样，在此处出现了三组相对的概念：技术是经验性的还是科学性的；它的发展是稳态的还是变革的；它的实施是有机的还是非有机的。

技术要么以经验为基础，要么以科学知识为基础。经验性技术依赖于经验，即个人经验，这种经验也是通过个人来传授的，它从师傅到师傅，被一代一代地承传下去。人们感激地接受大自然通过不可捉摸的作用向劳动者提供的东西；但探索自然的奥秘，却非经验性技术所能做到的。人们知道如何操作可以纺羊毛、造桥、冶炼铁矿石，并且满足于此。如果某人偶然发现一种能更快、更完美地达到目标的方法，它会被人当作上天的恩赐来赞美。人们会接受它，珍惜它，并把它传授给后人，就像一个人对待他在生命中获赠的财宝一样。此时，一切的理论只能是一种规则理论：证明为了得到某种技术上的成果，需要采用某种操作方法。而在科学性操作中，谦虚自豪的"我能"则被勇于挑战的"我知道"取代：我知道为什么桥的柱子立在水里不会腐坏；我知道为什么水会跟着泵的活塞流动；我知道为什么向铁吹入空气时它会融化；我知道，我知道，我知道——这就是科学性操作的座右铭。在这种操作中，没有任何事情是由于师傅拥有的某种个人能力而实现的，而是因为每个对对象进行处理的人都了解在技术过程中起作用的规律，而且，正确地遵循这些规律就能保证每个人都获得成功。如果说经验性操作是按照规则工作，那么科学性操作则是按照规律工作。因此，技术变得依赖于自然科学理论，而自然科学的进步决定了技术本身的效果好坏。

与经验性操作和科学性操作这对概念的差异密切相关的，是下述两种技术上的基本组织方式，原因是它们部分地（虽然不是完全）依赖于操作方法。

如果一项技术中使用的操作方法只在很长一段时间内——最短在一代人之中——发生根本性的变化，甚至只在极少数情况下才发生变化，那么它就是稳定态；相反，如果操作方法频繁地发生变化，特别是发生根本性的变化，那么该技术就是变革的。

如果一项技术利用生物体（植物、动物或人类）和自然界的有机生长过程来达到其目的，它就是有机的（organische）。有机的技术也指把植物和动物世界的产物作为材料，或者把动物和人类作为动力。我们认为风和水为我们提供的力量属于有机的。如果生产（和运输）的过程发生在有机生命的领域，那也是一种有机技术。有机的概念有两个对立面：机械的（制造的、人工的、精神的）（das Mechanische）和非生命的（死亡的、失活的）（das Anorganische）。因此，非有机技术（nicht-organische Technik）是以机械或非生命操作为基础。如果生产（和运输）不是由动物或人进行的，而是通过仅由人操纵的机械过程或化学反应进行的，即生产过程是自动化的，那么这个过程就是机械的。如果产品来源于非生命的自然界，即如果使用了非生命材料（矿物、煤炭、石头、燃气和化学品）和非生命动力（蒸汽动力、电力），那么这个过程就是非生命的。

关于技术的本质和意义，此处不想进一步探讨，我们的目的只是将经济生活知识系统化。我们只需指出，此处所阐明的技术差异已经涵盖了所有类型，我们用一些成对的概念描述它们，而正是这些对立概念所表示的差异，决定性地影响了经济生活的塑造方式。当我们讨论具体的经济系统时，将更透彻地了解这一点。

最后，为了清楚起见，我将把塑造经济生活的不同方式放在一张表格里。

A. 精神（经济信念）：

①满足需要的原则—— 获利原则；

②传统主义 —— 理性主义；

③社群主义 —— 个人主义。

B. 形式（管制和组织）：

①受约束——自由；

②私有经济——公共经济；

③民主制——贵族制；

④封闭式——渗透式；

⑤满足需要的经济——流通经济；

⑥个体性企业——社会性企业。

C. 技术（操作程序）：

①经验性——科学性；

②稳态——变革；

③有机——非有机（机械－非生命）。

（三）各种经济系统

在下文中，我鸟瞰式地分析了在各种经济系统中，经济行为如何以不同的方式有意义地统一在一起，但是我并不打算为经济生活提出缜密的分类法。我的任务更多是凸显了一些基本特征，我们正是据此来理解特定经济系统的统一体的。我主要刻画了几种历史上重要的经济系统，此外，还会论及在我们的观念中被视为可能性的"社会主义"经济系统。这里所提供的只是一幅草图，读者可以在我的长篇作品，特别是《现代资本主义》中，找到对此的详细论述。

我将把这一节分为三个小节，第一小节是对非资本主义经济系统的简要概述，第二小节是对资本主义经济系统的更详细描述，第三小节指出了经济系统与历史之间的联系。

（1）各种非资本主义经济系统

所有的非资本主义经济系统都有两个共同的组成部分：在经济信念方面是满足需要原则，在管制方面则是约束性的。在其他方面，它们都表现出——单个的或成组的——不同点，从而形成了丰富多彩的形态。

我们可以区分出前资本主义和后期资本主义的经济系统；前资本主义的经济系统要么是自足经济，要么是流通经济；自足经济要么建立在民主制基础上，要么建立在贵族制基础上。在民主制自足经济中，我们想更仔细地考察两种类型：原始的宗族集团经济和村庄经济。同样还有两种贵族制自足经济，然后是前资本主义的流通经济——手工业。

①早期的自足经济。我们只能根据原始民族的精神残余，在思想上不完全地重构原始氏族集团的经济。我们可以认为，游牧民族的特殊生活方式和以掠夺经济为主的特点，它带有强烈的共产主义特征。一般来说，最重要的"生产资料"都是公有财产，其消费也基本上是"共产主义"的。劳动分工不过就是男人和女人的分工。所有的成员都享有平等的权利。在经济信念上——除了满足需求的原则外——被传统主义和社群主义主宰。那时的技术是经验性 – 稳态 – 有机的。

对村庄经济的结构，我们有更明确的认识。村庄经济是定居的农耕者的经济，他们把原来共同拥有的定居土地分配给各个农民家庭。建立这种经济的基本理念是维持生计的理念：单个农民经济体的规模应该大到可以"养活自己的成员"，也就是说，一个农民家庭可以充分利用自己的劳动能力，并以此为生。每个家庭都得到并独享一块能满足这些要求的土地。

在全部田地中，有一部分往往不会分配给某个家庭，而是属于整个社区的共同财产：公有地。然后，这部分村庄土地被作为共同经济活动的基础，主要是作为放牧的牧场。但是，即使是已经转为私有的田块的耕种，也是根据村中长者制定的共同计划进行的——尽管是由农民自己实施的——而收获物则归农民个人所有，消费则在家庭内进行。因此，村庄经济是私有经济和公有经济的混合体。

乡村社区作为一个整体在经济上是独立的，也就是说，它在其区域内满足了所有的需求。这决定了所获得的产品范围，这些产品包括大众化的食品、纺织材料、木材、黏土等等。一个农民经济也提供手工业产品。建造房屋以及生产服装、工具、武器和珠宝，还有准备食物，这些都是农业自足经济的分支。甚至农民所需要的铁器，也是他们自己用铁矿石生产的。在需要大型设施的地方，社区会负责建造这些设施。那时基本上还不存在职业专业化。有时会出现少数专业的劳动者，如铁匠。然而，他们也被纳入了自足经济的组织中，因为他们履行社区公职人员的职能，并获得实物报酬。

这种经济体系的经济信念是：满足需要原则、传统主义和社群主义；与第一种类型一样，这时技术是经验性、稳态和有机的。

当一个经济主体拥有足够的权力和财富，使大量的生产者依附于他，并让他们为主人家庭工作时，就会出现贵族制的自足经济。于是，异乡人也进入了自足经济的联合体，因此在这种情况下，我们也可以说这是一个扩展的自足经济。扩展的自足经济的前提是劳动者和主人之间的某种强制性关系。在扩展的自足经济中，劳动分工在很大程度上是可能的。如果我们把扩展的自足经济视为一个经济单位，那无论它有多大，它都是一个私有经济组织。从企业组织的角度看，它的整体或者单个的部分属于一种社会性企业。

历史上两种贵族制的经济类型是古希腊和古罗马的家庭经济（Oikenwirtschaft）以及欧洲中世纪的庄园经济，说明一下这两种经济类型的一些细节是必需的。

我们要感谢洛贝尔图斯（Rodbertus）对认识古典时期特有的经济宪法的贡献，他把这些大型的自足经济称为"家庭经济"，因为"家"意味着统一的经济宪法。家（οἶκος）不仅是居住的地方，而且指一起进行经济活动的一群人，其含义与古罗马的"familia"大致相同，即亲属、家庭奴隶和仆役的全体。

古典时期的家庭经济在罗马帝国发展成熟。它依靠的是丰富的土地财产和对众多奴隶的占有。

大量的奴隶被大规模地组织起来，生产原材料、制造手工业品、提供服务。一切都是在一个封闭的单位里，在主人的自足消费经济体中被消费的。富有的暴发户佩特罗纽斯（Petron）对他的客人说："一切皆为家所出。"（Omnia domi nascuntur）

……

正如我说过的，中世纪的庄园经济最能够代表一种贵族制自足经济的类型，它与古代的家庭经济不同，劳动者不是纯粹的奴隶，而是依附于地主，再者，生产并非完全集中在领主经济体中，而是部分地在具有徭役和捐税义务的农民经济体中进行。庄园经济的基础也是领主对大量土地的集中占有，以及在庄园内实现的大量人员的联合（无论是精神性的还是世俗性的），这些人要求组成一个大型的、统一的消费经济。

……

前资本主义时期两种不同类型的贵族制自足经济之间具有显著差异，而它们与民主制自足经济之间的差异更为巨大，不过，这两种经济类型所蕴含的经济信念与后者是相同的：满足需要、传统主义和社群主义（当然，这只限于各个自足经济本身，不涉及它们之间的关系）。两者采用的技术类型亦与后者一致：经验性、稳态和有机的。

②手工业。我们在前资本主义系统中所发现的经济信念和技术的相同特征，也在前资本主义的流通经济——手工业中表现出来。

满足需要依然是手工业的最高原则。手工业中，对实物产品的需要也决定了生产的规模和方向。诚然，手工业者用自己的产品换取其他产品或者金钱，但他在经济活动中不是为了追求利润，而是像农民一样，努力获取与其等级相符的收入，维持他的"生计"。

传统主义的原则在手工业中得到了最纯粹的体现：在手工业中，知识传播的经典模式——个人所获得的知识在个人之间承传——在师徒关系中展示出来。

社群原则也是手工业的一个组成部分：它体现在中世纪行会规章的繁多条款中，其中涉及为他人出头的义务，调整自己的行为以利于整体的荣誉和兴旺等等。

经验性技术与手工业的传统主义相适应，稳态的技术——它体现在生计的理念中——对平等的追求来说是适当的，而手工业对职业的划分是个人性的（稍后将谈到），它以有机的技术作为必要的前提条件。

手工业的经济系统与其形式的各个组成部分（管制和组织）的关系如下：

a）其经济秩序从精神方面观之是约束性的，也就是说，各个经济主体的行为在很大程度上受制于客观规范。这与努力维持"生计"密切相关。

b）手工业部门从根本上说是一种私有经济：消费是渗透性的，但其生产本质上是在单个经济体中进行的。然而，与村庄经济一样，手工业经济把生产的其他领域留给了共同体。村庄经济中，乡村的公地可以自由放牧；在手工业经济中，大家可以共享行会（或市镇）建设的大型设施。

c）与农民经济一样，手工业经济在本质上也是民主制的。他们是希望能够维持共存状态的独立小经济主体，在手工业经济系统比较纯粹的地方——如在欧洲中世纪——这些经济主体事实上已经是共存的了。经济客体，即一生都要依附于别人的人，在手工业经济中并不存在。

……

d）在职业专业化的问题上，手工业占据了一个特殊的位置。一方面，它的特点是单个经济主体个人履行了大量的职能，这些职能在其他经济系统（如资本主义系统）中是分离的，所以我们可以说，其职能的划分是非常不发达的。

……

另一方面，手工业特别是大手工制造工场的职业专业化达到了很高的程度，即作为劳动专业化，也就是长期从事同一特殊活动的形式。在手工业组织实施职业专业化的方式方面，有一个非常明显的特点。那就是，尽管专业工作结合成一个复杂的统一体，但始终保持个人色彩：它呈现为活生生的个性流露。

……

e）手工业企业的组织也与这种职业分工理念相符。与手工业系统内在相适应的企业形式是各种类型的个体性企业——单人企业、家庭企业和帮工企业，它们都是所谓的小企业。然而，手工业组织以大企业的形式出现也是可以想象的，而且偶尔会在现实中出现。

f）尽管如此，手工业系统是一种流通经济。正如我们所知，这意味着各个经济体不生产它们所消费的东西，而生产它们不消费的东西，并且它们相互交换其产品。因此按照常规，发达的手工业经济是一种货币经济。

不同经济体之间互相联系的方式有多种。我们可以据此区分出以下手工业类型：

a）工价工匠和货价或购价工匠。这两种手工业形式的区别在于，在前一种情况下，消费者提供原材料，在后一种情况下，生产商提供原材料。

b）流动工匠和定居工匠，取决于手工业是流动的还是在同一个地点持久地经营的。如果流动工匠同时是工价工匠，也被称为临工工匠（Störer）。

c）为村庄或市镇的当地需求而生产的工匠和为大市场而生产的工匠。这个最后的区分与流行的观点相矛盾，根据惯用的概念，手工业是为当地市场生产的，即所谓的为客户生产。我在上面已经说明，并且在我的《现代资本主义》中已经以多种方式证明了，如果不是为了客户生产，手工业很可能以纯粹形式存在，而另一方面，为客户生产并不一定需要一种手工业经济制度。

d）社会主义经济系统。我所说的社会主义经济，是指反资本主义或后资本主义的经济系统，这些经济系统与迄今所讨论的经济系统有很大的不同，因为它们在现实中还未被证明是可能的。因此，我们还不能完全肯定地说，在这些纯粹设想出来的系统中，经济行为的特征是否或在多大程度上是互相协调的，或者这些理想化的综合是不是不可能实现的，即它们只是乌托邦。一个经济上的乌托邦是一个经济系统，它有不可调和的组成部分。我们很容易就能够证明，迄今为止所构想的社会主义经济在本质上是乌托邦式的。

设想中的社会主义系统有以下的共同要素：

①社会主义经济信念的指导思想是：

a）满足需要的原则。就像所有前资本主义经济系统一样，不是为了获得金钱，而是为了获得消费品而生产。

b）理性主义。社会主义和前资本主义经济系统的主要区别在于对理性主义的信仰，前者认为整个经济生活都应该服从于理性主义。另一方面，其经济信念的第三个要素却取自前资本主义系统。

c）社群主义。这是经济社会主义所要解决的难题，即把在前资本主义经济系统中，由自然的社群意识产生的团结意识，以一种人为的方式重新创造出来。

那现代社会主义经济计划的目的是什么？

②社会主义经济使用一种在所有方面都与前资本主义技术相反的技术，这种技术更确切地说是（正如我们将要看到的）对资本主义技术的提升。社会主义经济所依据的技术必须是：a）科学的，b）进步的，c）变革的。必须假设这种技术能够与社会主义秩序和组织相容。

③之所以如此，是因为它们的形态被设想为只适合于稳态的技术。原因是，所有计划经济系统都对其经济秩序有几个相同观点：它在最广泛意义上是约束性的，所谓最广泛的意义上，即它包含对整个经济的计划性管制（第1点）。换句话说，社会主义经济应具有与现代技术相适应的广泛的职业专业化（第2点），以及与这种技术相适应的大型企业组织（第3点），但它仍然应该是一种有计划的满足需求的经济（第4点）和公共经济（第5点）。也

就是说，选择一种按计划分配的刚性系统是为了实现生产和需要之间的协调。然而，这只能存在于——如果有其他原因的话——稳态的技术中。

如果说所有的社会主义经济系统在上述各点上意见一致，那么它们在其他方面就存在分歧，但这些仅涉及次要的特征。我们可以区分出几种计划经济系统的变种。

①集中的和分权的，取决于发号施令的组织主要是中央机构还是自治机构（行会等）。

②货币社会主义经济和实物社会主义经济，取决于是否使用货币进行"结算"。

③有偿的社会主义和共产主义，取决于个人获得的总产品的份额是根据他的贡献还是他的需要来确定。在前一种情况下，社会主义系统包含"价值"的制定。

我们将在下文中了解到，现实中的经济系统有一个特点，它恰恰也适用于社会主义经济系统：一种经济系统在历史中不会以一种近于纯粹的理想类型的方式出现。今天人们正在努力实现并已部分实现的社会主义理念，是社会主义经济系统的各个组成要素。今天所谓的"社会主义化"（Sozialisierung），不过是贯彻执行这些要素，将其纳入一个完全不同的经济系统。我还会在适当的地方谈到这些"社会主义化的努力"。

（2）资本主义

我们所说的资本主义是指一种特殊的经济系统。它具有以下特点。

①在精神上，其经济信念为下列因素所决定：

a）占支配地位的经济原则是获利原则。

获利原则的特殊性是，在它的统治下，经济活动的直接目的不是满足一个活生生的人或多个人的需要（而所有非资本主义经济系统皆是如此），而仅仅是为了货币数量的增加。这一目的是资本主义经济系统的理念所固有的；因此，实现利润（即通过经济活动增加初始资金金额）可以称为资本主义经济的客观目的。个别经济主体的主观目的不一定与这一目的（特别是在充分发展的资本主义经济中）相吻合。

第二个支配资本主义经济的经济原则是：

b）个人主义。它也被称为竞争原则。正如我们从先前的考察中得知，这意味着一种心理状态，据此，个别经济主体感觉自己是完全独立的。个人只信赖自己和自己的力量。他把自己的行动范围扩大到与他的意志和绝对权力相适应的程度，而不考虑其他参与经济生活的人的舒适和痛苦。他的行为是"无所顾忌的"。另一方面，他基本上也不指望别人顾及自己。他不期望得到任何帮助、任何支持和任何益处。（天赋）自由的原则，在这里意味着行动自由，是以牺牲平等原则为代价实现的，例如，它与民主制自足经济、手工业经济或现代社会主义系统形成直接的对立。竞争原则也跟关于成果和回报的全额报偿原则（Entgeltlichkeit）相符合，即互易原则。

在资本主义经济系统中发挥作用的第三个经济原则是：

c）经济理性主义，主要渗透到所有资本主义的组织中（而在这些组织之外，经济生活的大部分领域已经陷入了非理性，经济社会主义为自己设定的任务是彻底消除经济生活中的非理性）。

经济理性主义即一切行动的基本态度都是实现最大可能的合目的性，这在资本主义组织中以三种方式体现出来：

α）经济管理的计划性

β）狭义上的合目的性

γ）账目性（Rechnungsmässigkeit）或算术性（Rechenhaftigkeit）

计划性使资本主义经济系统中的经济活动按照有远见的计划进行。正如我们将看到的那样，资本主义经济是建立在这些计划之上的（与之相异，社会主义希望把这种计划性变成一种普遍的总体经济，把所有经济体全部纳入其中，这就是为什么它必然要从总体经济计划出发）。

狭义上的合目的性原则是指在每一种具体情况下都努力选择正确的手段。

归根到底，账目性原则试图将全额报偿原则与经济理性主义的原则结合起来，力求通过对所有个别经济现象进行精确的数字计算（以货币）和数字记录，并借助算术手段对之加以概括，最终形成一个合理有序的数字系统。在资本主义经济系统所特有的高度发达的簿记技术中，账目性原则得到了完美的体现。为了能够在账目基础上完全实现这种对经济过程的系统化，经济生活的每一个过程都必须以货币形式被理解。因此，一切经济现象失去了质的色彩，变成了可以用货币表示，而且实际上也是采用货币表示的纯粹数量。

②我将使用上文提出的框架勾勒出资本主义经济系统的基本轮廓，下面的描绘将会展示它的形态：

a）其经济秩序从根本上说是一种自由秩序。单个经济主体处于极大程度的无约束状态，这与占支配地位的个人主义经济原则相适应。法律和习俗仅仅在最外围限制着个人，在根本上只是为了防止犯罪行为。在这个广阔的范围内，个人可以做他想做的任何事情。这种"经济自由"呈现为主观自由权利的化身，从经济秩序的角度看，它是法律和道德秩序所维护的客观自由权利的体系。它构成了经济自由主义的内容，我们在分析各种不同经济政策体系时，将会再次探讨它。

b）资本主义经济从根本上说是一种私有经济，也就是说：主动权掌握在以获利原则为指导的自由经营的经济体（企业）手中，它们既获得全部的经济成果，也承担经营失败所带来的全部风险，整个经济过程是通过它们维持运作的。

c）资本主义经济的结构是贵族制的。与参与经济生活的总人数相比，经济主体的数量并不多。因此，绝大多数人都受少数经济主体的权力支配。鉴于经济秩序的自由性质，经济主体和经济客体之间的联系形式是自由的（工资）合约。资本主义经济系统中的贵族制分层的历史原因是，少数人具有管理一个生产过程的能力——它建立在个人的和客观的条件之上，而大多数人却缺乏这种能力，这一生产过程由于其技术与组织的要求，排除了天赋一般和并不富裕的常人成为经济主体的可能性（正如在手工业中也可能出现这种情况）。

d）资本主义经济是一种高度组织化的经济，即它建立在高度发达的职业专业化和职能划分的基础上。唯一的区别是，职业专业化所依据的原则偏离了决定手工业分工的原则，因为一个特定企业的活动范围不再是以活生生的个性为中心形成的，而是根据纯粹的客观考量，它不考虑个人的作用，因此，专业化的决定性因素不是创造性的人手，而是能够在具体操作过程中达到目的的因果链条。生产过程的有机划分必然受到活生生的个性的约束，如今它被机械地安排的分工取代，这样做仅仅是为了获得预期的成功。然而，专业化的程度最终将取决于私人经济主体在追求其最高目标（获取利润）方面的优势。在下面研究企业组织的章节，我们将进一步认识在资本主义经济系统框架内产生专业化的规则，以及专业化被其对立物——组合（Kombination）——抵消的规则。

e）资本主义经济建立在流通经济的基础上，即建立在市场联系的基础上。一切生产都是为市场而进行的，是明显的商品生产。这意味着：所有的产品都进入了流通领域。但同样，所有的生产资料都来自流通，即它们是在市场上购买的。最后，经济主体和经济客体之间的联系是通过在市场上签订合约来实现的，也就是说，劳动力是被当作商品对待的。需求和生产之间的关系是以一种迂回的方式产生的：通过价格的调节。这些决定了生产的规模和方向。因此，满足需要的系统——与所有需要满足型经济相比——不是一个僵化的系统，而是一个灵活的系统。由于资本主义经济的指导原则是实现利润，所以只有在"有利可图"时，即在生产能为私有经济带来利益时，才会进行生产。我们把私有经济在资本主义经济系统中的成果称为盈利。正如生产受到价格形成的调节一样，分配也是如此。最终的分配方式是在市场上发生的角力的结果，这发生在对分配深切关注的个人和团体之间，特别是发生在剩余价值获取者和工资获得者这两个大阶级之间。

f）在资本主义经济系统中，企业的形态并不是单一的。虽然大型企业占主导地位，但也有小型企业（家庭手工业！）的生存空间。关于这一点，我将在涉及经济生活的组织的一章中作进一步阐述。

③资本主义经济系统的技术是科学的、变革性的、非生命的。

（3）历史上的经济系统

①经济时代

在历史上，不同的经济时代（经济时期）对应着理论分类体系中的不同经济系统。

我把经济时代称为一个经济系统在历史上实现的时期，或者说：在这个时期，经济生活表现出与特定经济系统相符的特征。

每种经济系统都是在另一种系统的背景之中产生的，因为如果没有经济系统，人类经济是无法想象的。当一种经济系统开始发展时，另一种经济系统总是已经存在的。（从理解性的精神科学的角度看，关于"第一个"经济体系是否以及如何产生的问题，这与人是否以及如何成为人，或者人是否可能由动物"进化"而来的问题意义相同，这与我们无关。它属于形而上学的范畴。）

在一些时期内，某个单一的经济系统相对变得纯粹，并在整个经济生活中打下它的烙印。此时就是这种经济系统的全盛时期。这样的时代是纯粹模式的时代。

在一个经济系统得到充分发展之前，从它的出现开始，都会经历一个早期时代。这个早期时代是另一个正在消逝的，或者说在退却中的经济系统的晚期时代。早期时代或晚期时代都是混合模式的时期，是过渡时期。

我特别把这种时代划分的方式用于资本主义经济系统，并划分出早期资本主义、高度发达资本主义和晚期资本主义三个时代。如今这套术语已经广被采纳。

现在让我们仔细推想一个经济时代是如何形成的。一个经济系统的早期时代是它"诞生"的时期。也就是说，新的经济活动形式是以这样的方式出现的：经济生活试图逐渐趋近于新经济系统的理念。这是一步步发生的，它意味着，对勃然兴起的新经济系统而言，其各个固有特征在深度（内部）和广度（外部）上持续不断地发展成熟。

深度的拓展是以这样的方式进行的：一个经济体系的不同组成要素一个接一个地产生，逐渐形成一个个有生命的单位，并最终在整体上构成了新的经济运行方式。在某处出现了新经济形态的某个特征，就会伴随着出现第二个、第三个特征，如此等等。于是一项制度或一种经济信念的片段形成了，而这些片段表现出一种新的精神。如此一来，在经济生活的各个领域内，新经济系统的各个组成要素发展出越来越纯净的形式，它们越纯净，就越能相互结合，达至最终的完美和谐。在深度（内部）拓展的同时，还有一种广度（外部）的拓展，即新的经济原则和经济形式变得越来越无处不在：在越来越多的单个经济体中，在越来越多的经济生活分支中，还有在越来越广泛的区域中，都受到新系统的支配。

我在《现代资本主义》中曾试图详尽地解释，我们如何能够从这个视角，在历史事实的基础上划分现代的经济时代，特别是资本主义的时代（尤其是在此书的第二卷第二章）。由于历史时代通常会根据政治上的重要事件来划分，于是经济史家也为了便利而利用了这些事件（依我之见），尽管它们根本不适合于经济时代的划分，这使正确划分经济时代的难度进一步增加（这本身就是非常难的事）。特别常见的划分标准是1789年的法国大革命。我曾试图说明为什么不能用1789年来划分经济生活中的一个时代。相反，我们必须完全抛开政治上的分期来划定经济时代，特别是资本主义时代，而且我们必须按照上述的程序工作。

②经济系统的历史序列

大多数经济生活的系统分类者除了其他失误，还犯了一个错误，他们以不当的方式把系统建构问题与经济阶段划分问题混为一谈。尤其是，目前流行的（毕歇尔式）分类法因为混淆这两个复杂的问题而存在不少毛病，特别是由于毕歇尔试图把古典时代、欧洲中世纪和近代的经济生活的形态和变迁理解为统一的发展序列，并把它们套进他的模式之中，正如我们已经看到的，这种方法是非常不恰当的。

相反，我们必须注意到，经济系统的建构和经济阶段的划分是两件完全不同的事情。当然，借助于经济系统的理念，我们也可以把经济生活中的历史变迁纳入一个有意义的秩序，从而达到更好地理解其"历史"的必然性。然而，我们必须警惕借助经济分类学来构建诸如经济生活的历史发展规律之类的东西，例如，将某些经济系统或者某些经济生活个别特征的相继关系描绘为（合理的）"必然"。历史向我们展示了一种我们认为是"给定""自然"的相继关系：经济理性主义继传统主义而起，获利原则在满足需要原则之后出现；在封闭经济体之后出现了渗透式的、职业专业化的经济体，在自足经济之后出现了流通经济；如此等等。然而，历史也可能以相反的方式发展，甚至在许多情况下已经以这种方式发生了。

另一方面，在经济系统的相继关系中可以观察到某些规律性，这可以归因于一种心理规律性，因为一个特定的经济系统似乎有将另一种系统从自身之中驱逐出去的倾向。这种相互关系在民主和贵族经济制度的相继关系中最为明显：在迄今为止的经济历史中，这两种类型都是交替地出现，而且看来这里面确实存在某种"内在必然性"，因此人们也许可以确定某种"发展的趋势"。能证明贵族制经济宪法和民主制经济宪法有规律地交替出现的历史事实（至少对欧洲经济生活而言）如下：

a）经济民主制：欧洲原始的经济宪法；

b）经济贵族制：游牧民族的经济宪法；

c）经济民主制：村庄经济；

d）经济贵族制：庄园经济；

e）经济民主制：手工业经济；

f）经济贵族制：资本主义经济。

在当今这个贵族制时期之后，现在似乎又要出现一个民主制时期，工会的影响越来越大，同业协会的兴起，保护措施对自由流通的限制越来越大，国有化和城市化的推进，以及我们这个时代的其他现象都证明了这一点。

③经济系统的重叠

我在上面说过，我们可以根据某一种经济系统占主导地位的时期来划分经济时代，一种经济系统总是在另一种经济系统的框架内发展起来的。除此之外，我现在必须补充，在历史的进程中，在某一特定时期内运作的经济形态的数量会不断增加，因此会有两种以上的经济系统同时存在。也就是说，除了那些为争夺支配地位而斗争的系统之外，还有那些曾经占据支配地位的系统，它们永远不会完全消失。经济生活的组织因此变得越来越丰富。如同在赋格曲中，新的声部被加入而旧的声部没有停止。因此，欧洲中世纪时已经是村庄经济、庄园经济和手工业经济并存；后来资本主义出现了，但自足经济、村庄经济和手工业却都存活下来。而它们在今天继续存在着，现今我们知道的经济形态有：自足经济、村庄经济、手工业、资本主义和"社会主义"。但当然，在这场音乐会中，有一个声部始终处于主导地位，正是这个声部决定了经济时代。

三、经济生活的组织化

（一）企业建构的一般准则

（1）企业组织的原则

我们看到，经济生活的组织是在企业中进行的。我们把为了持续发展某项事业而进行的活动称为企业。

一切人类劳动的组织都是依据而且仅仅依据两个原则建立的：专业化和合作。除了这两条组织原则外，人类无法设想出其他原则，只有这两条原则是一切企业事务安排的基础，尽管会存在多种不同的运用和组合方式。

我所说的专业化是指那种将相同的、重复性的任务持续地分配给同一个工人的安排。它是一种使分解劳动过程的操作程序得以实现的方式。当然，专业化的程度可以有极大差异。起初由同一个工人长期从事锻造和浇注工作，这就是专业化原则的应用，而在现代成衣工业中，一个女工一辈子只在男装马甲上缝制牛角扣，那只是同一原则程度的不同方式应用而已。一个工人长期从事的工序，无论是对过去被视为一体的整个劳动流程的横向还是纵向划分，结果都是一样的：无论这种划分是发生在锁匠铺和铁匠铺之间，还是发生在制革厂和鞋匠铺之间。最后，对于专业化的概念来说，专业化是发生在企业之间还是发生在企业内部并不重要。在前一种情况下，出现了我们所说的专业企业，其中又出现了异常不同的程度分级，然而我们无法根据这种分级为具体的区分划出任何明确的界限。与过去包括铁器制造在内的中小铁制品生产相比，如今作为整体的铁器加工企业是一种专业企业。锻工铺从钳工铺中分离出来后，成为一个专业化的企业。工具锻造铺又是属于专业化的锻工铺中的一种专业企业，镰刀锻造铺是工具锻造铺中的专业化企业，如此等等。

公司组织的第二个原则是合作。我们把它理解为一些个人在一项完整工作中的共同作用。狭义上的合作可能是直接的、空间上的：这是狭义上的合作，或者说劳动合作（Arbeitskooperation），即共同劳动涉及身体上或精神上的联合（十名工人拉着一根绳子）。如果这种联合不存在，合作也可能是间接的任务合作（Werkkooperation），这时的合作只是大家都为同一任务而工作（千名奴隶在不同的地方为同一建筑烧砖）。如果所有合作者都做同样的事——这是简单的合作；如果部分人或不同的群体负责完成特殊的任务，这就是分工性的合作。

由此，我们为组织原则的应用总结出下面的模式：只要鲁滨逊独自满足他的总体需求，他固然可以运用分解工作和整合材料的操作程序，但他既不能实现专业化，也不可能参与合作。

只要他跟星期五一起劳动，他们就进行了合作：

①如果他们将用于制船的原木滚到海滩上，这是简单的劳动合作；

②如果鲁滨逊去打猎，星期五做家务，这是分工性的任务合作；

③当两人一起去打猎，星期五负责驱赶野兽，鲁滨逊射杀猎物，这就是分工性的劳动合作。

（2）企业形式

我们所见的丰富多彩的企业形式，是由多种因素造成的：

①由企业的工作性质决定。这首先是由企业所服务的目的决定的：生产的是粮食还是酒，砖头还是衬衫，铁还是纱线，靴子还是硫酸，是运输还是销售货物。自然，这对企业的组织具有决定性意义。其次，在划分工作程序时的专业化程度，对企业形式也有影响。最后，企业的特征取决于到底是从人身角度还是从物质角度将工作组织起来的，而我们在讨论职业专业化问题时已经涉及这种差异。第二个重要因素与不同的企业安排密切相关，而且也决定了企业的形式，它就是以下所述第二点。

②劳动者在工作中的地位。基本上可以有两种情况：一是贡献（Wirken）和作业（Werk）属于个人，是而且仅仅是他的高度个人性活动的可识别的结果，因此其本身是独特的和个人性的；或者贡献和作业是许多人的活动的共同结果，其个别部分不能被看作个体劳动的结果，它们只能作为总体贡献和总体作业而存在，因此不是个人性的而是集体的，不是个体性的而是社会性的。因此，所有企业都可以分为两大类：第一类是，生产要素的安排使产品呈现为单个劳动者的产品；第二类是，生产要素的安排使产品呈现为全部劳动者的产品。前者应称为个体性企业（individuelle

Betriebe），后者应称为社会性企业。

个体性企业可以由一个或多个人员组成。单人企业自然最纯粹地表现出个体性企业的特性，尽管在现实中，它绝不是最经常出现的个体性企业。在这种情况下，唯一劳动者的活动涵盖了生产过程的所有阶段，在这个过程中所耗费的全部劳动都是他自己的高度私人化的劳动。他可以把所承担的作业的全体和一切部分，都完全视为自身的作业。但是，我们必须把个人性企业的概念扩展到单人企业之外，把帮工企业也包含进去，正如我们对这种企业的称谓一样，在这种企业中，少数工人或是协助企业领导者进行他的作业，或是与他一起从事同样的工作。在第二种情况下我们说的是一种整体作业，其全体劳动者的范围不至于小到接近于个体的个性化劳动，而且不可能把领导者的劳动合理地划分出来，把劳动分为主要工作与次要工作。真正意义上的帮工企业的典型例子是铁匠铺，其中除了师傅之外，还有一个负责锤打的帮工和一个拉风箱的学徒。这三个人的劳动共同形成一个不可分割的整体，但它呈现给我们的基本上是铁匠师傅的工作：他是创造者，其他人是帮工。此外，当帮工们必须做与企业领导者相同的工作时，就根本不存在整体作业，而只有在一个企业中联合起来的人的一些个别作业。这样的企业的劳动定额由企业领导者和他的帮工根据各自的能力来分担。这种形式的帮工企业在手工业的主要行当中占了主导地位。裁缝、皮革、制鞋、木工、锁匠、水暖、装订行业，只要它保留着古老的手工艺特征，都可以按前述的方式组织起来。

在社会性企业中，整个劳动过程被分解为多个组成部分，每个组成部分都由一个工人负责，我们不能在单个具有创造性的个体身上，而只能在全部劳动者组成的有机体中找到其统一性。社会性企业的本质特征是各个部分的差异化，并且由这些部分共同形成一个新的实体。它既可以通过分解整个作业过程以及在不同工人之间分配具体任务来实现，也可以通过分享生产资料来实现。从整个作业的角度来看，社会性企业的重要性在于，只有在社会性企业中，才能对劳动过程进行客观理性的组织，才能对专业化和合作的原则进行一贯的运用，才能使用大规模的生产资料。然而，从单个劳动者的角度看，这种形式的企业的本质在于，在企业中生产的产品（物质产品或服务）不再被看作个人的成果，而是全部劳动者的成果。在一个工作日的晚上，立在制鞋厂包装间里的一千双靴子，不再是某些可以核实的个人的产品，而是500名工人的共同劳动成果；火车头不再是由一个或几个人生产的，而是由上万人在社会性的劳动过程中生产的。

我将在下一节讲到社会性企业的特殊性。在该处，我们可以充分地评估决定企业形式的第三种情况，即：

③各个生产要素之间的关系。各种企业具有非常不同的性质，这取决于土地在农业企业中占据的地位，取决于在中小企业中，人的生产要素还是物质的生产要素占了主导地位，这是由物质技术状况决定的。然后，我们可以区分出手工企业和自动化企业，在后者之中又能区分化学企业和机械企业。这一区分只有通过将这一特征与①和②项下提到的特征之一结合起来才能获得其意义，对这一点我们将在专门的企业理论中加以解释。

对农场进行分类的最常见方法是以规模来区分。毫无疑问，"大小"或"规模"是企业组织中一个异常重要的因素。然而，如果我不把规模作为企业形式的根本决定因素之一，我就要以下面的考量为指导：①很难确定哪一个企业要素的规模应该对分类起决定性作用。这有几种可能性。我们可以根据企业的空间范围（农业企业使用的耕地面积大小！），或根据生产或销售的产品数量，或根据使用的人力机械和动力机械的大小和数量，或最终——这是最常见的情况——根据雇用的人数来区分。选择这些因素之一作为标准，各种企业就会以不同方式被归类为"大型企业""中型企业""小型企业"。应该记住的是，规模始终只是一种渐进的区别，而不是一种特殊的区别：大中小型企业的界限应该在哪里？例如，当人们通常把它转换成统计数字，根据企业的就业人数对企业进行分类时，为什么把 5 个人和 20 个人作为分界线？而不是 12 个或 15 个？如果想就这个问题给出一个令人满意的答案，就必须说明各个规模的企业之间的特殊差别，从而放弃纯粹以规模为标准。此外，这个标准还存在下面的问题。③它只是对一个企业的特异性的非常模糊的表达。最重要的是，它丝毫没有触及企业组织的一个极其重要的特征：工作程序。这些原因使我在分类时，由于企业规模的重要性而没有把它弃之不用，但却只是把它作为一个细分原则。

就统计学的实用目的而言，可以用数量确定的特征将始终保持最重要的地位，但它对我上面指出的具有科学价值的区分特征几乎没有什么作用。统计学上确定企业类型的最常用方法是根据企业的就业人数来区分。不幸的是，如果按照这个原则来划分，各个国家的官方统计对此的分类不尽相同。人们总是尝试找到一个国际性的共识，但从未实现。1907 年的德国工商业统计区分了以下 13 种不同规模的企业。只有 1 人的企业为 a. 单人企业，b. 其他的企业规模包括：有 2、3、4 或 5 人；6 至 10 人；11 至 20 人；21 至 50 人；51 至 100 人；101 至 200 人；201 至 500 人；501 至 1000 人；以及 1000 人以上的企业。通常出于归类和比较的目的，5 人以下的企业被视为小型企业，6 至 50 人的企业被视为中型企业，51 人以上的企业被视为大型企业。

德国农业企业统计还根据农业使用面积划分出以下 18 个（原文疑有误，实为 17 个。——译者）规模等级：

面　　积	类　　型
0.1 阿克尔以下	微型农业
0.1 阿克尔至 2 阿克尔以下	
2 阿克尔至 5 阿克尔以下	
5 阿克尔至 20 阿克尔以下	小农企业
20 阿克尔至 50 阿克尔以下	
1 公顷至 2 公顷以下	

续表

面　　积	类　　型
2 公顷至 3 公顷以下	小型农业经济
3 公顷至 4 公顷以下	
4 公顷至 5 公顷以下	
5 公顷至 10 公顷以下	
10 公顷至 20 公顷以下	中型农业经济
20 公顷至 50 公顷以下	
50 公顷至 100 公顷以下	较大型农业经济
100 公顷至 200 公顷以下	
200 公顷至 500 公顷以下	大规模农业企业
500 公顷至 1000 公顷以下	
1000 公顷及以上	

官方统计资料本身对上表划分的评论是："不言而喻，对于德意志帝国这样一个大范围的调查区域，将企业划分为 18 个规模类别，并不完全符合各地的真实情况。根据土地的质量、地点的优越性和耕作的强度，德国各个地区耕地的面积具有相当不同的重要性。因此，仅仅根据农业用地的规模进行分类，不可能作出完全准确的区分。"

我们将在专门的企业理论中看到，农业中的哪些其他特征被经济学用来区分不同的企业类型。

（3）企业组织的规律性

企业的形式不仅在实际上彼此不同：它们的差异在很大程度上是必然的，出自"事物的本性"，也就是由合理的因素决定。

这些决定因素包括：①企业追求的目的。这一目的——通常但并非总是如此——导致必须运用某种技术和某种企业组织方式。例如，要生产的产品的性质可能不可避免地导致某种企业结构。从空气中生产氮气需要一套非常特殊的设备、一系列对生产资料和工人的特殊安排；两地之间的铁路或城市地下铁路的运营在一定范围内对运营组织有非常具体的要求。但是，一个产品或一组产品的生产或展示方式也可以催生某种企业构造，例如，快速交付（报纸！）或适应客户的需求（零售贸易！）。

在某些情况下，只有一种技术可能性可以实现某种产出（人工生产氮气！）：这样目的就决定了整个企业的组织。然而，在很多时候存在不同的可能性：人们可以在大型自动工厂或小型手工工场里生产衬衫或鞋子。这种选择取决于经济方面的考虑。而一旦做出了选择，在很多情况下，企业的组织结构又是预先确定的。因为我们观察到②所使用的技术对企业结构的制约作用。技术确定了生产资料的类型和规模。于是，这种类型和规模又使我们有必要建立一个组织结构与之相适应的企业，以便将其付诸实施。如果我想用机器生产鞋子，那么我需要一套机器，特别是复杂的缝底机。这些机器需要一定程度的专业化分工，并且为了充分利用它们，需要一定数量的工人。如此一来，它使一个最低限度的专业化和企业规模成为内在必要的条件。

既然企业组织依赖于应用的技术，那与之密切相关的是，③企业形式受组织原则（专业化和合作原则）的制约。这种制约表现在：专业化不仅使合作在原则上成为必要，而且专业化的程度决定了合作的范围，从而决定了企业的规模。如果我把一个企业要进行的工作程序分解成30个子程序，那我必须至少雇用30名工人。然而，通常情况下需要更多工人，因为执行各个分任务所需要的时间不等。如果我们假设有10个分任务每个需要3小时才能完成，另外10个分任务每个需要2小时，还有10个分任务每个需要1小时，那么这个企业至少需要60个工人。只要专业化程度和单个任务的持续时间保持不变，企业就只能以相同的比例增加人员。

我刚才分析过合理的企业组织涉及哪些要素，而企业的最佳规模这一重要概念是由它们共同决定的。这意味着存在一个企业规模，在这个规模上可以最有利地实现预想中的生产成效，特别是达到最高的（劳动）生产效率。但这只有在满足下面三个条件的情况下才会发生：

①运用了正确的操作程序。

②所有生产要素都得到了最优利用。

③所有的生产要素相互之间的比例是合理的，是"合比例的"。这些条件的满足会导致一定的企业规模，这就是最佳企业规模。

企业规模有一个绝对的和一个相对的最优值。后者是在考虑到所要生产的产品数量的情况下确定的：因此，"适当的"工艺往往不是技术上最完美的工艺。前者没有这种考虑，因此，要解决的问题仅仅是：在与当时技术水平相对应的最有利条件下，即运用当时最好的工艺来生产某一商品（一种单一的产出）。

（二）各经济阶段的企业

当然，上一节所阐述的企业组织原则适用于经济生活的所有领域。然而，从前面所说的情况可以看出，经济生活各个领域的企业条件具有特殊性，这在某些情况下导致了企业形式的巨大多样性，因此，把这些形式区分为若干组别是有益的，在这些组别中，会显露出某一种特异性。企业组织的多样性在经济过程的主要阶段表现得最为明显：初级生产、材料加工和商品销售。为此，下文将详细介绍这三个主要经济生活领域的运作形式的特点。在农业、矿业和狩猎（渔业）这三个初级生产部门中，我只谈农业，因为它的企业组织的种种特异性是与其他部门截然不同的。

（1）农业的企业类型

农业中的农场类型的特异性是由土地利用的多样性决定的。这种多样性涉及：选择从土地获取或优先获取哪些产品；耕地的划分；不同年份的种植次序，即所谓的轮种。

据此，我们可以区分出以下企业类型：

①专门生产饲料作物的农场：纯牧草或草场，没有耕地。

②主要生产饲料作物的土地：

α）粗放式牧场：可耕地的大部分被用作永久性牧场，但偶尔也有个别牧场和林地被分割出来或烧荒，用作耕地。

β）有规划的田间草地耕作，所谓的草田轮作制（Koppel- oder Schlag- oder Egartenwirtschaft）。它还将整个地区交替用于放牧和耕种，不过是以定期轮换的形式。田地被分为 7—12 块"轮作田"（Schläge），其中约有一半一直用于牧草种植。

③以生产谷物作物为主的农场，即所谓的谷物经济。在这里，一个区域被明确地划分为（永久的）牧场和耕地。我们把它区分为：

α）在原始的作物经济中，人们在可耕地上持续地种植粮食作物。根据区域划分的"田块"的数量，分为单一种植制、二段轮作制或三年轮作制。历史上最重要的原始田园耕作形式是三年轮作制。耕地被分为三块，其中一块种植冬季粮食，另一块种植夏季粮食，而第三块则实施休耕。

β）经过优化的作物经济，特别是优化的三年轮作制。通过这种"优化"，主要实现了牲畜饲养量的增加和随之而来的粪肥产量的增加，以及对土地肥力更适当的利用，包括休耕地的夏季使用，即在休耕地上种植饲料植物（苜蓿！）。人们通过这种方式，实现了轮种，其中轮种的年数可以是 3 的倍数，例如 9 年轮作制：休耕；冬季谷物；夏季谷物；苜蓿；冬季谷物；夏季谷物；根茎类作物；冬季谷物；夏季谷物。

④有规律地轮换生产谷物作物和饲料作物的农场，即所谓的作物轮作：取消永久性牧场，在整个地区交替种植谷物和饲料，即一方面种植谷物，另一方面种植饲料、豆类和根茎作物（土豆、甜菜）。

⑤交替生产不同作物的农场，即所谓的自由经营：没有特定的作物轮作，不受约束地任意使用耕地。

根据一定面积的耕地上生产资料和有效劳动投入的多寡，农业企业要么是集约型，要么是粗放型。上面所列举的农场类型的前两种属于粗放型，后三种属于集约型。不同农场类型的适用性主要由需求强度（在流通经济中可通过价格高低识别）决定，在此不做讨论。

埃尔雷博伊（Aereboe）[①]提供了一个稍有不同的农业企业类型体系，我想在这里介绍一下。埃尔雷博伊区分出以下农业企业类型：

①粗放的牧场经济；

②单一种植制，在牧区内分摊耕地面积；

③二段轮作制（包含分摊）；

④三年轮作制（包含分摊）；

⑤三年轮作制，不做分摊；

⑥优化的三年轮作制，部分休耕地在夏季使用；

⑦优化的三年轮作制，全部休耕地在夏季使用；

⑧大量生产饲料（苜蓿）的轮作制；

⑨大量种植根茎类作物和绿肥植物的轮作制；

⑩纯粹的根茎作物—谷物—绿肥种植；

⑪园艺植物栽培。

（2）手工业的企业类型

各种类型工业企业之间的特性差异，在大型工业企业中表现得至为明显，这就是为什么我只限于对它们进行比较详细的描绘。我们把它们区分为两种：大手工制造工场和工厂。我们将首先探讨这两种形式的企业，然后从历史上和系统上研究它们之间的关系。

大手工制造工场是一种大型社会性企业，其生产过程的主要部分是由手工完成的。因此，大手工制造工场的本质是：

①规模特征：大手工制造工场就像所有"大型企业"一样，其管理的职能已经专业化。

---

① 应指德国经济学家弗里德里希·埃尔雷博伊（Friedrich Aereboe，1865—1942），又译"艾瑞葆"，他著有《农业经营概论》（*Die Bewirtschaftung von Landgütern und Grundstücken：Ein Lehrbuch für Landwirte，Volkswirte，Verwaltungsbeamte und Studierende*）。——译者注

②社会性的特征：劳动过程被剥夺了其个人性的形式，产品呈现为全部工人的成果。

③在生产过程的决定性部分中，具有手工劳动操作的特征，也就是不只是在次要的操作中采用手工劳动。大手工制造工场又具有几种不同的形式，我们可以区分出以下类型：

α）简单合作制和劳动分工制的大手工制造工场。在前一种情况下，工人们被集中在一个共同的工场中，基本上从事所有相同的工作；例子是图书印刷、制鞋、织物印花（都是在引进节省人力的机器之前）。在后一种情况下，工作是在企业内被专业化。这种形式的大手工制造工场成为一种惯例，因为即使在上面提到的简单合作制工场中，也存在专业化的趋势。然而，在大多数手工制造企业中，其组织的整体都是以专业化为原则的。

β）单人企业和联合企业。产生这种差异的原因是，多个单人手工企业结合成一个手工制作企业。在这种情况下，单人企业所完成的工作，或者是专业化的，并共同构成了该手工制造企业总的工作内容，或者是一些相互独立或在其他方面具有专业独立性的劳动流程被整合起来，形成一个新的企业单位。第一种类型的例子是（亚当·斯密所描述的）别针工场和制鞋工场，第二种类型的例子是纺织、制枪、造船、车辆制造、家具制造、建筑等等。

γ）建造型的（aufbauende）和改制型（umformende）的手工制造企业。在后者中，一个"复合"的产品是通过组合各个部分生产的，它是"建造出来的"，这就是为什么德语在这些情况下也会说"建造 / 建筑"（Bau）：房屋建筑、船舶建造、车辆制造、家具制造、管风琴建造、机械工程。另一方面，在改制型工厂中，一种原材料被转化为另一种形式，也许加入了一些其他成分；在这些情况下，我们不能使用"建造 / 建筑"一词，例如涉及生产织物、靴子、帽子、纸张、雪茄等等的时候。

b）我把某一种大型工业企业的形式称为工厂，在这种企业中，生产过程中起决定性作用的主要程序（归根到底：整个生产过程）已经不依赖于工人的形成性参与，它已被交托给一个无生命的实体系统。

因此，工厂的特点是：规模大；社会性；自动化。

第一个和第二个特点是工厂和大手工制造工场共有的，第三个特点决定了它们之间的差异。自动化意味着生产过程的对象化，它脱离了活生生的人，转化为"一个无生命实体的系统"，这些实体仿佛通过传递人为产生的动力而获得了生命。自动化可以基于一个化学的或力学的过程。在后一种情况下——这是人们在谈到工厂时唯一会想到的情况——自动装置是一种机械装置，这就是为什么机械化工厂（但只有这一种！）也可以被称为机器生产（Machinofaktur）。在前一种情况下，即在化学工厂里，自动化是由发生化学反应的设备系统实现的，如高炉、酿酒锅炉、沸腾锅炉、窑炉、蒸馏罐等等。

我们经常发现机械化工厂和化学工厂之间的联系，例如钢铁厂。

c）大手工制造工场和工厂的功能特性及其相互关系。工厂的特殊功能是这样的：它是一种企业形式，它通过把机械装置和科学的化学工艺引入生产，克服单个工人在质量和数量上的限制，并在产品的质量和数量上达到尽善尽美。以形象的方式说来：工厂是作为集合性力量的全体工人的工具，凭借它，工人能够在力量、精度、安全和速度方面，发展出超越机体限制的能力。在工厂中占统治地位的，仅仅是全体工人；然而从消极方面说来，这也是工厂的一个特征，也就是在工厂中不再有任何个人 - 个性作用的发挥空间。因此，工厂代表了社会性生产原则最一贯的发扬，但是它并不能被视为一般企业安排的最高形式，这点经常为人所误解。更准确地说，这种最高形式可以分为两种模式，每种模式又有各自的特点。

大手工制造工场的本质是双重的：作为一种过渡形式与作为一种独立的、充分发展的大规模社会性企业形式。在第一种情况下，其特有的功能主要是为使用机械化工艺做准备。这要获得成功，首先需要全体工人——其内部的各部分是没有边界的——成为机器装置的操控者，而且工作任务已经被高度分解和简化，以至于机器装置可以取代工程师来完成它。手工制造工场通过将生产过程分解成简单的部分，并将各部分的任务分配给全体工人的单个组织（或个人），创造了这两个前提条件。在此，手工制造工场组织所发挥的作用就像是对劳动过程的"祛灵化"（Entseelung），它使劳动从单个劳动者活生生的个性中解放了出来。

但作为一种独立的、充分发展的社会性企业形式，工厂的功能却是完全不同的，甚至恰恰相反。它不应该压制单个工人具有创造性的个性，而应该支持它的合理发展。在这种情况下，它作为一种企业形式，将社会性企业的优势与个人的高度的创造性结合起来，这种创造性对于某些成果来说是不可替代的。那么，如果想要对企业形式进一步分类的话，它就是社会性企业和个人性企业的综合体，尽管这两者乍看起来并不相容。

第一种类型的著名例子是在手工劳动的基础上大规模制造机器；而第二种类型的代表是，如瓷器或奢侈家具的制造。其中第二种类型被人们称为艺术制品厂。这种类型只是向工厂的过渡，当我们研究它的时候，那些追随马克思的人是对的，他们把手工制造仅仅看作工厂的初级阶段，看作一种未曾成形的工厂。另一方面，对于第二种类型我已经说过，手工业生产中的大型社会性企业也跟工厂一样达到了它的最高形式，然而在此之后就没有进一步的完善发展。

（3）商业企业的类型

如果说农业企业因其与土地的关系而具有与众不同的特征，手工业企业凭借与技术的关系而获得其印记，那么在商品销售领域，企业的特殊形式则是通过与客户的关系产生的。据此，我们对商业的企业形式做了如下区分：

①批发企业和零售企业。这取决于货物是卖给商人还是卖给最终消费者。

②常驻企业和流动企业（挨户兜售的商贩），取决于是顾客上门找商人还是商人上门找顾客。在这两个极端之间，有各种中间形式：流动的街头商贩、市场商贩和集市商贩等等。这几种形式的特点是商贩和顾客在两者的距离中间的某一处打交道。

③同源型企业和同向型企业（Herkunft- und Hinkunft-Betriebe），取决于商贸企业所交易的商品是具有相同来源的［来自同一行业——专业交易，或者来自同一生产地——本地产品或地区交易（Lokal- oder Ortsgeschäft）］，还是为了满足某种特定需求的（日用商品交易）。百货公司是一种特殊的企业形式，它的特异性由三个特征组成：庞大的规模；指向人们的总体需求；它所销售的商品的多样性。

（三）资本主义经济的企业形态

（1）经济性企业和任务性企业

当然，企业组织的一般原则也适用于资本主义经济。但在这种情况下，企业的组织又有许多奇特的表征，值得我们概括性地说明其特点。

在资本主义经济中，有一个问题特别令人瞩目，那就是经济性企业和任务性企业之间的区别，尽管它在其他经济系统中也是存在的，但并不那么引人注意。

正如我们看到的，资本主义经济的内涵主要是由获利原则决定的，也就是说，由单个经济体追求利润的意向决定的。实现这一目的——获得利润——的复杂程序成为一个诱因，促使人们建立与之相适应的高度复杂的企业，它们除了创造利润之外，没有其他需要完成的任务。然而，除了这一类企业之外，还存在那些服务于物质产品生产、运输或者提供其他服务的企业。但是，牟利和造靴之间显然是非常不同的。于是，也就存在两组完全不同的企业，取决于它是出于哪个目的而生产的。我把服务于创造利润的企业称为经济性企业，而把旨在生产物质产品或提供服务的企业称为任务性企业。

……

资本主义经济中的经济性企业被称为资本主义企业，它在法律语言中被称为公司（Firma），下一小节将对其特异性加以描述。此处，我们必须先在资本主义经济系统的框架内，更确切地说明经济性企业和任务性企业之间的关系。

在许多情况下，这两种企业类型在外表上是重合的，可以被视为一个统一体，即一个企业。一家鞋厂或一家棉纺厂的办事处和生产车间只是同一个单位的两个部门。

但也有其他情况——随着资本主义经济的日益发展，这种情况越来越普遍——经济性企业和任务性企业在表现上也彼此不同，它们的差异变得非常明显，即一个经济性企业（公司）不仅包括一个，而是包括几个任务性企业。

我们在工业生产中会碰到这样的组织，例如在服装生产领域：一个采购、分销和发货企业面向许多加工性企业，即家庭工业企业；或者在电气工业中，一个大公司，如德国电子电气设备公司（A E G.）或西门子－舒克特公司（Siemens-Schuckert），包括众多的工厂、发电厂和电车；或者在煤炭和钢铁行业，一个"工厂"（Werk）（这个词的第三个含义！）包括矿井、高炉、炼钢厂、轧钢厂、铸造厂和其他无疑是独立的"任务性"企业。

我们在商品贸易中会碰到类似的组织，我们经常发现一个采购中心有许多销售分支机构。

我们在银行业也能看到这种情况，银行除了总部，还有许多分支机构，而且往往在不同的地方，甚至在不同的国家。

当然，在这些情况下，"总部"本身除了是一个经济性企业外，自然也有可能是一个具有特殊功能的独立的任务性企业。

最后还有一些其他例子——这些例子在资本主义经济的发展过程中也日渐增加——在这种情况下，几个任务性企业以资本主义方式组合成一个资本利用共同体（Verwertungsgemeinschaft），但不限于组成一个公司（Firma），即一个法律上被如此识别的、统一的经济性企业，而是几个独立的公司联合成一个核算共同体。然而，这也可能重新塑造企业。此时，我们所谈论的是利益共同体（Interessengemeinschaften）、康采恩、"控制"（Kontrollierung）等情况。

企业的组织问题不包括那些行动中心并不是一个公司，甚至也不是一组公司的情况，此时这些公司不像前述的情况一样，可以被视为一个单位，而是一个公司（或一组公司）作为交易者出现在舞台上，但在其背后却有另一种力量施加影响。它就是"资本"，或更确切地说——"投资者"。这就产生了企业家和投资者之间难解难分的合力，在其中，不可能说清谁真正拥有经济主动权。我把这种关系称为投资者和企业家的共生关系。这里出现的问题是"融资"问题，不过本文没有必要处理这个问题。请参阅我的《现代资本主义：高度发达的资本主义》第48章。

（2）资本主义企业

资本主义企业作为企业组织的特点是商号（Geschäft）的独立化，也就是说，把一个独立的经济有机体的地位提升到超越一个个活生生的人，把一个经济单位中同时和连续发生的所有业务过程总括为一个概念上的统一体，然而，这个统一体本身又作为具体经济行为的承载者出现，它拥有自己的生命，比个体的生命更为持久。在资本主义企业中——"生意"（这是"Geschäft"的另一种含义——译者）是一笔笔具体交易的全体——经济关系脱离了一切个人性的东西，它自身的生命被唤醒了。具体的经济行为不再与特定的人相关，而是与一个充满纯粹经济精神的抽象之物相关，它仿佛是一个自成一体的整体：财产关系被非人格化、客观化。商人在"公司"的名义下认识这个抽象的实体，这个名称本身就像这个实体一样，是现代、西欧、理性精神的产物。没有其他时代，没有其他文化圈发展出了类似于我们的资本主义企业——即公司——的东西。

商号的独立化正是资本主义企业的本质部分。如果我们认识到，借此能创造出一种经济性企业的形式，从而实现资本主义经济系统中固有的理念，那这一点就很明白了。

只有在资本主义企业这样一个与人分离的获利机制中，获利原则才能不受阻碍地运作。只有经济行为的客观化，才有可能让其不顾其他一切利益，完完全全地追逐利润，也只有商号的独立化能为无所顾忌的利润追求创造一条自由之路。

但是，正如获利原则只有在资本主义企业中才能得到充分发展一样，所有经济过程的完全理性化、计划性和合目的性的思想也只有在这种企业形式的框架内才能得到实现。只有在已经获得独立生命的"商号"中，经济过程一旦屈服于获利原则，就能保证它会不断延续下去。在有机-自然世界中，这种持续性是由以经济条件为基础的各种状况共同赋予的：维持生计旨在满足人的需求，人必须反复不断地满足自身对物品的自然需求，这种必要性使维持生计行为持续不断地发生，而在家庭、行会之类的自然联合中，各种形式被创造出来，在其中可以进行与维生相应的连续活动。脱离了直接满足需求而转向获利的经济形态，起初并不具有任何确定的、不间断的连续性；相反，以生意形式出现的个别获利行为是跳跃性的，直到它们在"商号"中被统一起来，然后其时间的永续性才得到了保证。然而，一旦通过独立的商号创建了经济性企业，并持续地以实现利润为目标，那么它就被证明是更优越的组织，因为它更具有稳定性，也更适合应用理性原则。交易的持续时间不再与任何个人的偶然性联系在一起，同时它的组织方式可以完全根据最高的经济合目的性进行。为了实现这些目标，随着时间的推移，一个精心设计的、有科学依据的交易规则体系逐渐形成，它可以像钟表机构一样用于任何企业，它的设计已经完全不受单个经济主体的意愿和能力的影响。

资本主义企业的统一体本身是三位一体的：一个法律的、一个技术的和一个商业的单位。

法律单位是由公司的统一性和独立性构成的。它的基础是，此时所有的法律行为都与一个单一的法律主体——公司——有关。

技术的或核算的单位［"理性"（ratio，raison，ragione）］是通过系统的记账法——主要是复式记账法——建立起来的。它的基础是，所有的交易过程都以会计的方式被处理，并且被作为收入纳入到一个单一的系统中。

商业或信贷单位（ditta）①是通过将交易单位（Geschäftseinheit）投射到外部世界形成的。自商号从内部发展成为一个法律单位和一个核算单位之后，它在外部仿佛被授予圣职，也就是它获得了第三方的认可，因为他们认为即使不具有特定的人格，商号作为法律和核算单位也是有信用的。

我们已经看到，资本主义企业的目的是赚取利润。实现这一目的的独特手段是签订契约，这种契约规定了具有货币价值的服务和服务的报酬。在资本主义企业的框架内，每一个技术问题都必须通过缔结契约来解决，而资本主义企业家的所有知觉和追求都是为了有利地实现这一目的。无论是用劳动服务换取实物产品，还是用实物产品换取实物产品：重要的是，到最后交换价值（货币）的盈余能够留在资本主义企业家的账本上，他的全部活动都是为了实现这一目标。如此一来，一切经济过程都失去了它们的质性色彩，变成了可以用货币表示的纯粹数量，资本主义企业家的任务就是老练地操纵这些数量。资本主义企业的基本内容不是生产钢铁、运输人员或货物、销售商品、组织戏剧表演、信贷中介等等，它的内容是计算。

（3）资本主义企业形态的表现形式

在下文中，我将概述当今资本主义企业组织的各种最重要的特征，当然，我并没有阐述它们的历史条件和历史意义，而只是为历史上出现过的重要企业组织形式给出一幅纯粹理想类型式的概念性图解。

---

① "ditta"是意大利语中对商业体的通俗称呼。——译者注

①企业内劳动领域的划分

a）专业化。如我们所知，企业之间的专业化是一种普遍的经济现象。然而，它在资本主义经济中发展得最为极端。我们可以对以下专业化类型进行区分。

α）功能划分是指经济的（资本主义的）功能的专业化，即资本主义的资本利用过程（kapitalistischer Verwertungsprozess）中各个部分的独立化。这就产生了几类特殊的企业：

购买资本；购买劳动力；采购生产资料；负责商品的销售；负责商品的运输；负责商品（或服务）的生产。

β）任务（专项）划分是指在特定的复杂活动中，实施其中一项功能的专业化。

任务专业化是根据不同原则进行的：

一般原则是，专业化过程在某一时间发生之后，或者是新出现的复杂活动的专业化（胶片药剂的生产），或者是以前的复杂活动的专业化（机械制造）。

在商品贸易中，专业化是按照已经分化的交易方向进行的：专门产品交易；日用品交易；地区交易。

在工业生产中，我们区分出一些并行的横向专业化（生产不同类型的纸张）和相继进行的生产程序的纵向专业化。后者又是以这种方式进行的，即单个子工厂为主要产品提供部件（制鞋），或者把主要生产过程分解为几个阶段性过程（纺织业）。

γ）类型化（Typisierung）是指任务执行时专业化程度的提高，这种专业化按照一定的标准制造少数统一的商品种类（如缝纫机有三种尺寸）[与之不同，标准化（Normalisierung）是一个工业品的个别部件的统一化]。

b）组合（Kombination）。组合是专业化的反面。在更广泛的（此处不予考虑的）意义上，组合是指任何一种复杂的企业组织；那么，一个"组合"企业是指任何同时执行若干经济的（资本主义的）职能的企业，它会完成若干种生产活动。另一方面，在狭义上，组合是指把以前几个经营内容不同的独立的（或其他方面独立的）企业结合为一个企业：同样的理性－资本主义精神的作用，促使专业化脱离了自身。这种专业化是组合过程的前提，它又为组合过程所补充和进一步发展。

组合是"成为一个企业"的联合，它的结果是一个企业共同体。如果仅仅是建立一个财产和所有权的共同体，那就不是组合了［施廷内斯集团！（Stinnes）］。

此外，组合也是具有不同经营内容的独立企业的统一。因此，组合不是将几个类似的企业联合成一个企业（两个矿场、两个仓库、两个航运公司）。

我们区分出以下类型的组合方式：

α）依据新建立的企业共同体的本性分为以下三种情况。

第一种情况是各个企业作为任务性企业仍然是独立的：组合成的企业则完全是一个经济性企业，一个经营的共同体，一个资本主义企业。当两个独立经营的企业相互销售产品，并保留自身的账目时，就属于这种情况。或者说，把人寿、火灾、盗窃、意外等保险部门合并成一个大的保险公司。

第二种情况是各个企业作为任务性企业依然是独立的，但被合并成一个新的总任务工厂，并与各个任务性企业并存。例如，进行联合采购；或者共同承担某些组织工作和管理工作；或各个企业"相互交织"地工作——轧钢厂轧制钢铁厂所需的热钢，一个企业的废料被另一个企业利用。

第三种情况是各个企业失去了它们的独立性，合并成一个新的企业，在这个企业中它们只是企业的部门。

β）依据组合后的（旧）企业的经营内容区分为：职能的联合；隶属形式的生产联合：一个不重要的、"附属的"企业与一个重要的、"主要的"企业的联合，比如一个制桶工场与一个酿酒厂、一个印刷厂与一个巧克力厂；加盟形式的生产联合是指两个或更多同等重要的企业被联合起来，比如高炉厂和钢铁厂、纺纱厂和织布厂。

最后一类加盟形式的组合是：横向组合为生产的分支机构互相联合——两个零售分支机构，如两个具有不同辊道的轧机；上升式纵向组合为较低的生产阶段与较高的生产阶段合并，如矿山和高炉；下降式纵向组合与上升式情况相反，如高炉和矿山。

γ）根据组合追求的目的：可以是共同生产（铁轨！），或者共同满足需求（装备业务！）。

c）集中化（Konzentration）。"集中化"是指企业组织的一种过程，它大概意味着企业规模的"扩大"。然而，"扩大"一词是含糊不清的，因此"集中化"一词往往也没有明确定义。我将在下文中试图澄清这种情况。

"企业规模扩大"的概念具有非常不同的含义，这取决于我们是从单个企业的角度看这个过程，还是从总产量（产出）在各种规模企业之间的分布角度看待这个过程。

从单个企业的角度来看，"扩大"有三方面的意义：平均规模的扩大，例如资本支出或辅助人员的数量增长；最优企业规模的扩大，建造一个"最现代"意义上的理想的高炉厂，其规模要比过去的大；现存的最大的企业成长为最优规模，或者超越最优规模。

与之相对，如果从总产量在各种规模的企业之间分布的角度来考察规模扩大的过程，就会出现以下可能性。

第一种可能性是当产量保持不变："大"企业变多（它们本身的规模也可能变得更大），那么小企业就必然变得更少，也就是说，它们的销售区域必然萎缩。

第二种可能性是当产量增加：大企业数量增加而小企业并不减少，也就是其销售区域不会缩小（也许甚至扩大了）。大企业不断扩大的销售区域都被新产品占据，其中一部分产量由小企业分享（即尽管大企业在增加，但小企业也变得更多）。

第三种可能性是随着产量的增加：大企业的扩张以牺牲小企业为代价，小企业的销售区域因此缩小（尽管产量增加）——与企业的数量相适应；比企业的数量变化更快；比企业的数量变化更慢。

对小企业模式不利的转变可以有三种不同的形式：或者是小企业消失，大企业产生；或者小企业自身转变为大企业；或者几个以前独立的小企业合并成一个大企业。

在明确了"扩大"的概念之后，我们现在可以确定"集中化"的概念。这个词也可以在三种意义上被使用（并且正在以这种方式被使用）。

第一种意义并非指真正意义上的集中化（这个词不应该用在这里），就像单个企业的扩大一样，它只是大型企业出现的同义词。如果我们拒绝这种对集中化一词的用法，就意味着从单个企业的角度来看，无法建立有意义的"集中化"概念。只有从总产量分布的角度来看，才有这种可能。我们在第二种意义上这个角度来谈谈这个概念。

第二种意义是在更广泛的意义上的集中化。它是在不限制小企业的生存空间的情况下，较大型企业在总产出中份额的扩大。

第三种意义是狭义上的集中化，是指以牺牲小企业为代价的大企业份额的增加。

由于"资本集中化"常常被理解为既指刚刚讨论过的企业集中化，又指资产的集中化，即大量资产在少数人手中的积累，这使集中化的概念更为混乱。资产集中化的概念可以根据与企业集中化的概念相同的模式建立。然而，我们必须始终牢记，企业的集中化和资产的集中化是两个完全不同的过程，它们可能同时发生，也可能不同时发生。如果降低资产的集中度，在狭义上的企业集中化也是可能的，正如下面这个案例：3家各拥有100万资产的私人企业被合并成一家股份公司。在一段时间后，这3个百万富翁变成了穷人，此时股本由1000名股东拥有。相反，在狭义上，如果降低企业的集中度，资产的集中化也是可能的，例如一个富人买下了三个骑士的庄园，每个庄园都建成了一个企业，并把它们改为由小佃农来经营。

②企业的内部安排

a）机械化。资本主义企业是根据目的理性标准建立起来的企业的最高形式；在其完善的形式中，它是一个精妙地把环环相扣的劳动成果组织在一起的系统，其执行者是职能可被替换的人员：它的理想模式是各组成部分的可互换性。以下是实现这一理想的具体手段：

α）个别劳动成果的分离，也就是一个复杂的劳动过程被分解为多个分任务，这些任务是以纯粹客观的方式划分的。

β）这些子程序的规范化，使它们对所有企业都是适用的（行政职能！），或者至少适用于同类企业。

γ）专业化，即把这些客观地划分的子程序永久性地转移给专门的职能部门。

δ）自动化，即把部分任务转移给一个装备（机器），如果这不可能实现，则至少通过将工人纳入一个小组，使劳动变成强制性的。

ε）模式化，即用一套精心设计的规章、指令和控制系统来取代人的监督、指导和控制，并使之自动运作。在高度发达的企业中，循环往复、持续不断的"文件之流，强制性地将劳动创造和价值流转巨细无遗地以数字记录下来"。

ζ）泰勒化，我们以美国人泰勒命名这种程序，它使单项的工作任务合理化和科学化。泰勒制的含义是这样的：每项具体任务的执行都脱离了工人的掌控，并受制于客观规范。在工人和劳动对象或劳动手段之间，存在一个精心设计的规章和措施体系，工人的个人行为必须服从于这个体系。

随着泰勒制的引入，一个链条上的最后一环被插入了。在过去，企业组织中的个人的、精神的东西排他地统治着企业，如今它被一步步推倒，被赶出了它最后的栖身之地。企业现在已经被完全"客观化"，成为一个纯粹的精神构造物，被完全"机械化"。

b）集约化（Intensivisierung）。正如我们所看到的，以这种方式被客观化的企业，既然耗费了极大的人力物力，它也会被要求实现最大的产出。但是人力物力的耗费（在一个特定规模的企业中）也反映出其集约程度。于是，尽可能地提高企业的集约程度，成为资本主义经济的发展趋势。但耗费的增加是通过以下方式实现的：把更多的工作塞进给定的时间内，或者对一天 24 小时、一周 7 天还有一年 365（366）天的潜在（历法）时间，都要尽可能充分利用；或者是在企业（如果它不是连续运作的）的有效工作时间内开足马力生产。重要的是：在一段如此这般给定的时间内完成更多工作。这主要通过加快自动生产设备的速度，通过鼓励工人更勤奋地工作，以及通过在一定时期内组织更多的生产活动（更频繁的船舶和火车运输，更迅速的货物销售，安排季节性工作）来实现。

此外，集约化还可以根据企业的类型，通过下面的方式实现：改进生产设施，特别是大型设备，即使用更大、更先进的机器和设备；或者通过雇用更高素质的工人。

c）经济化（Ökonomisierung）是一种手段，就是通过尽可能节约地使用生产要素来提高企业效率。节约主要是通过以下措施实现的。

第一种节约是避免不必要的开支，例如，在矿井中加固坑道、回填、通风设施；在工厂中的保护措施；在封闭空间中按照工人数量增加相适应的一般性扩充措施。

第二种节约是采购更廉价的生产资料并更充分地利用它，如通过更有效率的焚烧设备，减少或利用废物，防止变质，提高产出率（实收率）等，但也通过用更廉价的原料替代昂贵的原料（替代）。

第三种节约是雇用更廉价的劳动力并更充分地加以利用。为实现这一目标可采用以下手段：雇用女性劳动者（还有儿童）；通过测试等方式完善人员选拔，这一点我在其他文章中已经提到过；完善能够激励工人提高绩效的工资方案。最后一点通过以下方式体现出来：计件工资制度；溢价工资制度：对特定情况下最优业绩的额外支付；工作量制度，即为某种最低水平的绩效支付额外费用。

③企业联合的形式

资本主义经济中的部分企业组织已经超出了单个企业的范围，也就是几个企业合并为一个经营的共同体。若干独立的企业联合在一起有不同方式，但在命名方面并没有统一的标准。我区分出以下几种形式。

第一种形式是如果几个独立企业的管理以某种方式被统一起来，即存在一个统一的企业家意志和统一的计划，而各个企业在所有其他方面保持着独立，那就是康采恩（Konzern）。

第二种形式合并（Fusion）是指将以前独立的企业合并成一个新企业。这些企业大多是股份制公司，最容易通过转让股份进行合并，但并不一定仅限于通过这种方式。合并的形式要么是一个企业被并入另一个企业，要么是合并后成立一个新企业。

与上述两种联合形式具有完全不同意义的是下面这种形式。

卡特尔是由同一行业的独立企业组成的目的社团公法人（Zweckverband），其目的是持续地调节具有排他竞争倾向的行业的销售关系。它与企业合并和康采恩两种形式的不同之处在于其目的：它仅仅对销售领域进行调节。

托拉斯（Trust）这个词有许多不同的含义：有时候指康采恩本身，有时候又指合并。比较可取的办法是把它用于一开始就以这个词命名的美国企业联合体，在这种情况下，一组早先独立的企业合并成一个统一的企业集团，它们组成一个卡特尔，因此或多或少带有垄断的印记。

四、经济生活的管制

（一）经济政策体系的类型

上文中，我们想要把一种秩序称为"管制"，它在经济生活中通过"经济秩序"（法律的、规约的和习俗的秩序）体现出来。我们可以确定的是，在每一种经济秩序中，都有某种精神占据主导地位，它表现为对某些原则的坚持，以及某种法律信念。只要这种经济秩序的精神是由立法权力赋予的，我们就可以说这是一种经济政策体系，在该体系中，我们希望在思维上发现经济上的法律秩序的各式各样具体规定的统一性。现在，我们将从两个方面来理解这种统一性：它的实现方式是，要么在原则上认同一致的目的，要么在原则上为所要达到的目的选择一致的手段——这里的目的是经济政策为自身设定的。据此，我们可以区分出以下的经济政策体系类型，自然，它们只是一般的国家政策和社会政策的组成部分，而这些政策本身是嵌入在一个一般的社会系统中的［关于这一点，参看我的《无产阶级的社会主义》(*Proletarischen Sozialismus*) 的第一章，1924 年］。

①根据其目的的设定可以分为：普遍主义的和个人主义的经济政策体系，或者我们也可以称之为唯心主义的或现实主义的体系，以及唯物主义的或唯名主义的体系。

普遍主义的经济政策以"整体"的福利为目的。但这只有在我们把它理解为一个具体的理念时才有意义：国家、民族、市镇。它基于一种唯心主义世界观，即把超经验的理念视为历史现实。例如，亚当·穆勒的体系可以被看作一种纯粹的普遍主义经济政策体系类型。

个人主义经济政策的目的是个人的福祉：一个、许多和所有个人。它以唯物主义 – 唯名主义世界观为基础。

自由主义和无产阶级社会主义就是典型的个人主义经济政策："社会主义社会的产生是为了向每个人提供尽可能多的生活舒适。"［倍倍尔 (Bebel)］

②根据手段的选择可以分为：规范主义、约束性、非自由的经济政策体系以及自由的经济政策体系。

规范主义的经济政策将个人的经济行为置于具有约束力的法律规则体系之下。

这种经济政策的典型例子是费希特的封闭式贸易国家："这里

提出的理论的主要结果是：在一个符合权利法则的国家里，国家的三个主要阶层是相互索取报酬的，而每个阶层只限于获得一定数量的有用物品；每个公民被保证按比例分配国家的所有产出和工业制品，以换取他的劳动，即使公职人员没有提供任何可见的等价物，也是如此；为此，所有物品相互之间的价值以及它们与货币的价格都是固定且保持不变的；最后，为了使这一切成为可能，必须使一切与外国的直接物品贸易成为不可能。"

原则上，自由经济政策让个人专断决定如何塑造经济活动。它最多以刑罚条款的方式对个人行为设定了某些限制。

关于这一经济政策的类型，例如极端的曼彻斯特主义。

目的的设定和手段的选择并不总是处于一种必然的一致性关系。诚然，纯粹普遍主义的经济政策体系总是会导致对经济生活的规范化管制。然而，为了达到其目的，个人主义的经济政策可以同时采用约束性的和自由的经济秩序。这证明：自由主义和（无产阶级）社会主义制度在手段的选择上是对立的，但在目标上是一致的。

③我把那些在原则上包含了不同目的或不同手段的经济政策体系称为混合的经济政策体系。"在原则上"意味着，这并非指在历史现实中的某种经济政策体系发挥了不纯粹的作用，而是指这些体系从一开始就设定了的双重的目标（或手段）。

据此，费希特的封闭贸易国家显然是把普遍主义和个人主义的目的结合起来了。"在这种状态下，所有人都是整体的仆人，并从整体的产品中获得公平的份额。没有人能够特别富有，但也没有人会陷入贫困。所有人生存状况的延续都得到保障，从而保证了整体的安宁和平等的永续性。"从唯心主义的角度来看，人们既可以追求普遍主义的目的，也可以追求个人主义的目的。然而，从唯物主义的角度来看，只有个人主义的目的。

在手段的选择上，规范主义和自然主义的观点混合在一起，包含在柏拉图的古典乌托邦中：柏拉图声称规范主义的设计只针对上层的高贵阶层，他认为，应该听凭实际承担经济生活的"粗鄙的民众"的依偶然的冲动行事。

在下文中，我们将试图分析那些已经成为历史或正在成为历史的最重要的经济政策体系。我们会重新发现它们的各种类型，尽管是以不纯粹的形式。在过去的经济政策体系中，我将选择那些对西欧的经济生活具有决定性意义的类型：市镇经济、重商主义和自由主义。

（二）过去的经济政策体系

（1）中世纪市镇的经济政策

从共同体意识中，像自然的河流一样流淌出一系列措施，我们习惯上称之为市镇政策。它的目的本质上是普遍主义的，它对手段的选择使它所建立的经济秩序从根本上说是约束性的。

制定经济政策措施的人，最初是市镇发展早期的城主，然后是贵族家庭，最后是市民行会：他们始终被同样的精神所引导；他们总是被一个小群体的天真自利主义左右，把自身的群体当成一个整体，并决定把它当成一个整体来面对整个外部世界，对他们来说，外部世界意味着外人。人们不觉得对外人有什么义务，只是把他们视为客体，努力使之为自己的利益服务：外人的使者也受到怀疑，因为推己及人，人们并不指望他带来什么好处。

构成中世纪市镇经济政策的是一套由各种规范和指导性准则组成的精巧体系，其目的是：为作为整体的共同体谋得"生计"。这就需要：明智的输入政策，确保城市总是有必要数量的商品，特别是保证食品供应充足；巧妙的输出政策，确保市民产品的销售；工商业政策，维护以手工业为基础的生产结构。

我们可以在强制取道（Strassenrecht）、强制里程（Meilenrecht）、强制堆放（Stapelrecht）的法律名目下，总结出服务于第一个目的的规章。也就是说，市镇有权要求在市镇周边一定范围内运输的每一车货物都必须穿过市镇，并且规定运入市镇的货物至少停留几天，以供给居民，满足他们的需求。这就是所谓的市场特权。凭借这一特权，市镇居民确保了自己从周围地区的农民那里购买物品的垄断权。这样做的方法是禁止在食品到达市场之前就被购买，有时甚至禁止以转售为目的的购买，而且在任何情况下都禁止食品的供应贸易（Lieferungshandel）。相对于商人，消费者的利益也得到了保障，后者被授予所谓的"优先购买权"，即有权买下商人带进城的任何一批货物（甚至违背商人的意愿）。或者说，只有在消费者获得足够供给之后，才允许其他商贩进行购买等等。在公共市场上销售一切商品的义务是为了保证销售商品的良好状态，这也通过其他具有市场监察性质的法规来实现：禁止出售变质的货物，禁止要求过高的价格，以及对秤具和砝码的监督等。但市镇也为自身建设了各种设施，以确保对市镇的良好粮食供应，例如由市镇出资建造仓库，并在那里储存粮食。

第二个目的：确保该市镇的手工业者能够销售他们的产品，首先是通过所谓的领地商业特权法（Bannrecht），即在市镇周边尽可能广泛的范围内禁止进行一切制造业生产活动，迫使这个"被放逐"地区的居民从该市镇获得制造业产品的供应。但他们也试图通过一些预防措施，确保良好的生产（禁止使用代用品，禁止在天黑后工作，对出口货物进行官方检查），以确保城市工匠的商品（在不能借助垄断的时候）的适销性。最后，手工业者在市镇的销售区域内被各种规章保障，使外部输入的产品销售更加困难。

所谓的行会秩序服务于第三个目的：确保制造业生产（gewerblichen Produktion）和手工业都维持着符合手工业经济的结构。行会是各个行业手工业者的全体协会。正如有人正确地指出的那样，他们拥有从事某个行业的权利，就像市镇的封地一样，市镇本身也是从上帝那里获得封地的。因此，各行有些时候负责发布旨在保护和促进该手工业的法规。确保行会秩序的规章的主要关注点是：工匠始终被保证有一定的业务范围（即一定的客户群），一个人不会以牺牲另一个人的利益来扩大经营和发财，所有人在整个销售领域都获得尽可能平等的份额。以下是为实现这一目标的手段：

①一系列规章使所有工匠购买原材料时都获得相同的条件。要不就是规定任何工匠师傅除了在集市日、在指定地点，不能在其他地方购买；要不就是规定原材料的价格由官方决定，每个人都必须遵守；要不就是一个人购买的数量受到限制；要不就是一般地禁止任何"预购"；要不就是每个工匠都有权参与另一个工匠的采购（所谓"优先购买权"）。

②对企业的扩张或生产数量进行限制的规定。包括规定一个师傅可以雇用的工匠和学徒的最大数量。如果这种限制因行业的性质而不切实际或不可行，则采用其他手段来防止个人的生产规模过度膨胀，并防止大企业的出现。

③旨在实现尽可能同步和平等的报价的规定。包括有关销售方式、地点和时间的各种规定，以及禁止从行会伙伴那里抢走顾客和买家，或从他那里抢走一件工作；还包括禁止接下行会伙伴已经开始的工作，以及其他事项。

（2）重商主义

从16至18世纪所有欧洲国家的经济政策——重商主义——是一种具有明显的普遍主义目标的经济政策体系，因为它也试图通过法律规范对经济生活进行广泛的约束，并以此实现其目标——整体的利益。

重商主义最初不过是将市镇经济政策扩展到更大领域。它同样在很大程度上致力于满足居民的经济交易需求，只不过把范围扩大到一国的居民；而且它也是以一种理念为出发点，即单个经济主体的生产权利或交易权利来自共同体；它又提出，政府为了共同利益，有权监督公民的经济活动。此时，诸侯出于自身的特殊利益，采用了这种刚性的市镇经济政策体系。然而，为了巩固自己的权力，诸侯最需要的是金钱。因此，为诸侯的国库筹集资金，成为当时经济政策的一项重要任务。

重商主义的经济政策是在三个要素基础上建立起来的：市镇经济政策的原则、增强诸侯财政实力的努力和对资本主义经济系统的支持。与市镇较为温和的政策相比，重商主义具有明显的行动主义色彩，其特点是经济"进步"的主动权在很大程度上被转移到政府机构之中。

①供应政策。如果说市镇当局最热衷于为他们的市镇提供充足的商品，那么（我们可以说）将货币形式的、具有交换价值的财富存入诸侯的国库，为此目的而事先使货币流入其管辖下的国家，并使之直接或间接进入国库，成为旧制度下所有大政治家的核心追求。然而通过积累货币，人们得知必须同时支持国内资本主义的发展，如此，才能一方面达到增强诸侯财政实力的目的，另一方面，使共同体和人民的"生计"得到最大的保障。因此，为市镇供应商品的政策变成了为国家积聚黄金的政策。人们希望（并在一定程度上成为事实）通过三种途径获取黄金（原来是白银）——炼金术、开采或者占领矿山以及贸易盈余政策，后者带来的资产余额通过进口贵金属来平衡。最后两种途径导致了非常特殊的销售政策和特殊的国内工业与贸易政策，然而，除了直接的货币供应外，这些政策还其他必须完成任务，这就是为什么我们必须分别研究它们。销售政策的目标是把尽可能多的工业产品卖到国外（为了实现上述贸易盈余目的，或为了改善维持国家子民的"生计"）。

为实现这一目的，采用了如下手段：

a）对进出口的管制：对原材料征收高额的出口关税（以便国内的工业能够获得丰富而廉价的原材料），对成品征收高额的进口关税（以便外国工业不会威胁到国内工业），对原材料给予进口优惠（出于上面所列的第一个原因），以及对工业制成品的出口优惠（以促进它在国外的销售）。

b）通过对国内航运的垄断和对造船业的奖励来满足航运需求：克伦威尔著名的《航海法案》（1651年）是这种保护主义航运

政策的高峰和经典表达。

c）殖民地的扩张和剥削。如果像我认为的那样，专制国家的政策在其外部形式上是中世纪市镇政策的延续和完善，那么就很容易理解这些国家所控制的殖民地领土与"属地"的相似性，后者属于中世纪市镇至少在经济权利所及的范围。国家取代了市镇的地位，在殖民地占领了一块领土，它可以用市镇剥削农村的方式来剥削殖民地：强迫殖民地排他地向母国供给产品，并接受母国的产品作为交换。

②重商主义的内部工业、贸易和交通政策首先要完成的任务是，使国家的生产力能够高度发展。为完成这一任务，采取了以下几组措施：

a）统一国内众多不同的地方工商法规。这种统一意味着工商管理法的国家化。要做到这一点，要么是由国家取代市镇或行会作为监督和控制机构；要么是使行会成为全国性的协会；或者，通过从一开始就为新出现的行业创立全国性的行业协会。

b）就废除严重阻碍各州内部自由流通的内部关税而言，改善交通系统的措施在一定程度上具有解放性质，但另一方面，这些措施又是由实在的促进性法规组成的。交通的特殊性及其条件意味着，国家如果想要发展交通系统，往往会觉得必须主动出击，主动建设各种交通设施。因此，现代的王权特别重视陆路和水道的改善，并负责国内交通的初步组织工作：国家邮政服务的雏形可以追溯到重商主义经济政策时期。

重商主义的国内经济政策所包含的第三组措施，其目的是：

c）在各个领域支持资本主义的发展。

我指的是运用国家的权力手段，促使私有经济活动从无到有地发生，或在已经存在私有经济的地方使其有利可图或更有利可图。如果想做更精确的区分，那可以说国家权力的干预，或者为了促进现存的资本主义的利益，或者为了使处于萌芽状态的潜藏的资本主义利益勃发生机，或者是为了播下资本主义利益的种子。

在某些情况下，由于手工业行会有排他性倾向，因此国家必须运用权力手段抑制这种力量，使资本主义经济能够发展起来。

然而，这种对资本主义的支持被认为可以通过以下措施实现（而且在大多数情况下也确实实现了）：

α）特权化或垄断化。这在根本上包括排除他人进行某些经济活动。

重商主义时期以垄断形式出现的特权化与我们这个时代以专利形式出现的特权化不同，因为前者是在政府的权威下实行的，其明显的意图是通过授予特权来促进公共的（或王侯的）利益，而发明专利是基于个人（私人）权利，对它的保障是不可拒绝的。

从历史渊源来看，垄断保护的权利可能要追溯到封建主义的旧观念：国王是一切权力和一切可衍生权利的所有者，他把他认为合适的权利授予他的仆人，而这些仆人则将国王授予的全部或部分权利转移给其他人。这就足够了：现代的诸侯也把类似的权利归于自己，即授权（和禁止）一切经济活动的权利，或者允许某些人却禁止其他人进行某种经济活动的权利。

原则上，授予个人或公司的垄断权可以扩展到任何盈利活动：我们经常见到生产垄断，也会见到贸易和交通的垄断。垄断权可以被永久授予，有可能在第一个获得者的一生中，或在一定的年限内有效。

自然，生产垄断基本上是工业垄断。它是以这样的方式实现的（也就是说，在已经存在的行业要被转移到资本主义组织的情况下：通常是由于出现了一种新的生产程序，这就为垄断提供了机会），那就是，一个单一的公司被赋予对整个行业的控制权；或者通过这样一种方式，即从一开始就创造一个全国性的垄断；或者以另外一种方式，即一个市镇或一个属地被赋予生产某种货物的特权。

作为一种贸易垄断，这种特权或者包括专门从事某种商品或某种类型商品贸易的权利，或者垄断授予与某个地区或某个国家建立贸易关系的权利。17 和 18 世纪所有大型海外贸易公司都是以这种地理特权为基础的。

特权化的意义显而易见：它们要保证新兴工业或刚刚产生的贸易或交通（它们大多是一体的）确实能够取得成功，或者有很大的成功可能性，而鉴于当时销售范围狭窄，竞争原则永远不能保证这一点。

β）监管，即个人的经济行为服从于政府机构的监督和指示，这直到重商主义时代才发展成一种制度。这种监管观念的统治体现在一些制度之中，人们也许会称之为专制国家的"多机构管治"（Vielregiererei）。它的基本思想不是别的，而正是行会秩序的思想，在重商主义经济政策的统治下，它不仅在手工业的所有关键领域中发挥作用，而且在决定性的领域中影响到资本主义工业。最重要的是，政府保留了对产品的官方检查，通过这种检查，人们可以相信产品的质量是有保证的。

重商主义原则的最伟大的代言人柯尔贝尔（Colbert）在介绍1667 年法国工商秩序时，以经典的形式表达了指导当时经济政策的理念："为了增加国内外的流通量，并防止公众受骗，我们希望尽可能地纠正多年来丝毛呢、斜纹呢、其他羊毛及亚麻织物在长度、宽度、强度和质量方面的混乱，无论在什么地方生产，都将它们的品类、名称和质量统一起来。"

γ）最后，奖励是为了激发资本主义经济主体的热情，也可能是为了弥补企业家的损失。为此从国库中支取的现金补贴数额常常相当巨大。所有的发明都会得到特权和保护，国王的国库就仿佛设立在市场和公路上一样，等待着奖励那些提供任何新发明的人。但除了这些现金补贴外，还有大量的优惠措施——精神上的和物质上的——国家希望通过这些优惠来刺激企业家活动。

萨瓦里（Savary）在他的《字典》（Dictionnaire）中列出了这些优惠措施中最重要的条目（见"制造业"词条），这些清单向我们证明了政府当局帮助新兴的资本主义发展起来的努力。由此，被保护、被信任的企业家获得了世袭贵族身份（最重要的）、入籍许可（外国人）、养老年金，以及为自己、亲属和工人酿造啤酒的许可，还有工场的建筑土地、"承诺"权、免于工商监察等等。

重商主义经济政策的实施也许并非在所有国家都是一样的，但它的理念是几个世纪以来所有伟大政治家——从克伦威尔和柯尔贝尔到弗里德里希（Friedrich M.）——治理国家的指导原则。这是最后一个从国家意识中发展出来的，有目的地调节经济过程的伟大系统。与之相比，跟随其后的经济政策体系是庸俗的小商贩政策。

（3）自由主义

与迄今为止描述的两种经济政策体系相比，自由主义具有明显的个人主义目标，它所倡导的经济秩序在原则上给个人意志提供了最大的自由发挥空间。

经济自由主义本身只是一种国家和社会一般观念的一个组成部分，这种观念自17世纪以来在西欧国家的唯物主义 – 唯名主义形而上学的基础上发展起来，它在根本上受到了17世纪伟大自然科学发现的启发。这是一种社会的牛顿主义，它将和谐理论应用于社会的各个领域，并以对社会关系的自然秩序的信念为根基。人们相信，如果社会的组成部分——单个个人——享有完全的行动自由，就能实现这种秩序。

事实证明，经济自由主义是一种符合资本主义利益的意识形态，它要求摆脱重商主义所强加的束缚，因此获得了巨大的实践效力。它在19世纪成为一种经济政策体系，它几乎完全主宰了各国的国内政策，并至少在一段时间内主宰了国家之间的关系。

以下是这一体系的基本法则：

所有团结共同体的联系都被取消了，个人之间仅仅是一种社会契约关系：他们只是通过利益联系在一起，而不再是通过感情和同情心。个人利益是最高的原则，一切社会关系都被置于这个原则之下。

社会福利只是个人福利的总和。"对自由主义来说，国家没有独立的意义；它只是共同体中维护法律秩序的权力组织。"这一概念规定了公共权利和私人权利之间的严格区别，这在过去是不为人知的：人的公民活动，特别是他的经济活动，原则上被交托给私法领域。因此，经济生活的法律秩序被消解为一个主体权利的体系，而这些权利并不对应任何义务。经济法尽可能地为单个经济主体的意志行为设定了界限：经济法已经成为一个个人自由权利的体系。具体来说，它包含以下内容：

①获利的自由：在狭义上也被称为"经营自由"。原则上，每个人都可以自由决定他想要如何、在哪里、在什么时候进行他所希望的经济活动。其反面是工商业垄断制度、行会制度，强制堆放、强制取道、强制里程、优先购买权等等中世纪立法，当然也包括任何"社会主义"经济秩序。

②契约协议的自由，也称为契约自由。它意味着任何一个经济主体在与另一经济主体达成自由协议时，可以自行决定提供商品或服务的条件。因此，这种自由包括对自由买卖、自由出租、自由租用和自由借贷的保障，以及最重要的自由工资契约。其反面是：由官方确定采购价格和工资的法令，禁止收取利息，对雇主雇用帮工人数的限制等等。

③在任何时候随意改变活动地点的自由，即所谓的自由迁徙权。

④财产的自由，无论是消费的商品还是生产资料，无论是动产还是不动产。与之最尖锐、最鲜明的对照是社会主义经济秩序。但是，具有产权"约束性"的前资本主义法律秩序，对产权"官方性"（Amtsqualität）的承认，也建立在一个根本上不同的基础上。于是，财产自由具体包含以下的自由：

a）财产的使用自由，它使一件东西的所有者有权力按照自己的意愿使用它，财产权并不对应任何义务负担。因此在实践中，这首先意味着一件东西的所有者可以随心所欲地使用它，或者作为消费商品，或者作为生产资料：一个土地所有者可以把他的土地用作公园、赛马场或狩猎场，而不是作为耕地，市镇耕地的所有者不能被迫把他的土地用于耕种等等。

b）言论自由。

c）负债自由。

⑤继承的自由。所有者的处置权延伸到他的死亡之后，于是，个人利益的连续性得到了保证，权利的高度个人化性质得到了充分的表达，然后通过以下方式被最终神圣化：

永久保护"正当获得"的私人权利。由此，个人经济利益的领域得以延续：个人利益得到了永远的保证；个人意志对整体意志的优先权得到了最终的承认。

在 19 世纪，为实现这些理念而采取的立法和行政措施，就其性质而言，本质上是"摆脱"从过去经济政策体系中继承下来的束缚。

在农业方面，这是一个消解旧的农业宪法的问题。具体来说，这意味着：

a）个体经济从大庄园主经济中分离出来：消除依附关系、力役、畜力作业以及捐税义务。

b）个人从乡村组织中解放：消除地籍强制，废除公共土地，合并地块。

c）取消所有权的特权（"骑士庄园"等）。

在小工商业生产领域，其目标是消除市镇经济和重商主义的强制性规定。

a）废除行会法规。

b）取消特权化。

c）撤销官方监管。

在贸易和具体领域，消除阻碍货物流通的限制。因此：

a）取消强制堆放、强制里程、强制取道、市场权、领地商业特权法等等。

　　b）消除国内的关税壁垒。

　　c）消除各个国家之间的关税壁垒。

　　然而，这个最终目标甚至从未实现过。在 19 世纪 60 年代，国家之间的商品流通似乎也在向"自由贸易"方向发展。然而，这一运动很快就终止了，到 19 世纪 70 年代末，所有国家（除英国外）都退回到了保护性关税体系中。

　　自由主义立法的实现，其原则在各地都是一样的，但在各国却以非常不同的方式进行。我们可以区分为三种不同的实施方式：英国式的、法国式的和普鲁士 – 德意志式的。

　　①英国式自由主义在形式上是由此决定的：通过旧制度的逐渐废止，解放的事业仿佛是自动完成的。在英国，农奴制和依附关系还没有被专门的法律废除。在物质层面，英国类型的特点首先是解放运动开始得最早：农奴制和依附关系从 16 世纪起就已经过时了，农奴制和依附关系从 17 世纪起就已经被废弃。其次，正如我们已经指出的那样，英国的经济政策与所有其他国家的经济政策不同，因为自由贸易原则在国际货物贸易中得到了认可（自19 世纪 40 年代以来）。这并不排除这样一个事实：正如我们将看到的那样，英国也奉行一种明显的重商主义对外政策。

　　②法国式自由主义在形式上是有区别的——与戏剧民族（Theatervolk）的特点相一致——它具有明显的戏剧性色彩。虽然杜尔阁（Turgot）已经开始通过改革实现解放事业，但最终是通过法国大革命的戏剧性政变来完成的：废除封建特权的八月法令！宣告人的权利！ 教条主义的自然法空想！ 就内容而言，法国自由主义立法的特点是深刻而广泛的激进主义：《拿破仑法典》是最能表达自由主义法律理念的法典。改革开始的时点已经在上述背景下被确定了。

　　③在形式上，普鲁士 – 德意志自由主义采用官僚 – 法治的途径实现改革立法："法国革命自下而上所做的事，我们必须自上而下地做。"［哈登贝格（Hardenberg）］。从物质层面看，普鲁士 – 德

意志改革事业的特殊性在于，它的完成时间相对较晚——不在 19 世纪之前。斯泰恩和哈登贝格在 1807—1811 年开始的土地改革陷入停滞，直到 1850 年才得到有力的解决。同样，1810 年首次实施的经营自由也又一次被废除，直到 19 世纪 60 年代才得以实施（1865 年实现采矿自由，1867 年的德意志一般工商业法）。德国也是第一个坚决离开自由主义经济政策道路的国家，并成为建设我们所说的"当代经济政策体系"的典范。下面，我们必须试图理解这一体系。

（三）当代的经济政策

我在这里说的不是一个当代的经济政策体系，因为这样的体系似乎是不存在的。就目前来看，现今的经济政策措施并不是出自一个最高的指导思想，因此，它们没有统一的特征。而且，我们还不能确定，现今经济政策中各种模式的混合是对一种"混合"体系的有意识的认可，抑或仅仅是国家领导者内心犹豫不决的表现。

无论如何，各种模式的混合是显而易见的：我们今天的经济政策既是普遍主义的，也是个人主义的，它拥护自由竞争原则，但并不减少对经济生活的广泛监管。它被称为新重商主义，这不是没有原因的。最重要的是，如今国家之间在经济政策方面的关系，与重商主义经济政策统治下的国家有许多相似之处。但在国内经济政策方面也有类似的特征。对现今经济政策最重要的原则的概览能证实这一点。

正如我已经指出的那样，在 19 世纪的一个短时期内，欧洲国家的总体经济政策似乎失去了方向盘：自由贸易的思想开始显现。在 19 世纪 60 年代和 70 年代，很多国家都转向了程度不同的自由贸易体系。但在 19 世纪 70 年代末，各国又开始重新注重本国的利益：国家利益再次成为领导者行动的指南，独立国家经济区的观念再次发挥影响力。政策方向转变的后果很快就以各种方式表现出来。

首先，从19世纪80年代开始，所有国家（英国除外）都明显地恢复了保护性贸易政策，一个国家遵循这些政策几乎就可以迫使其他国家效仿。

然后，在19世纪80年代，一个新的殖民政策时代开始了：它始于英国对南非的征服；随后德国占领了一些非洲领土，法国夺取突尼斯以及远征汤加，还有意大利在阿萨布和马萨瓦的扩张、阿比西尼亚战争等等。

最后，在无法建立殖民地的地方，大国为自己创造"势力范围"的努力变得越来越明显，也就是让那些半开化的民族依附于自身，如此就必须在经济领域给予其某些好处（资本投资、政府任命等等）。这是众多欧洲和非欧洲族群"埃及化"和"巴尔干化"的开始。

我们可以把这些扩张主义活动的全体归于帝国主义的名义下，顺便一提，在关税政策方面唯一的"自由贸易"国家——英国——在这一发展过程中发挥了不小的作用。

我们再次看到，主要的经济主体的私人利益与国家的经济政策指向同一方向。尽管把现代帝国主义这样一个受许多条件制约的现象——如宗教政策、人口政策和国家政治——完全看作一种旨在为资本主义利益服务的政策，而且仅仅服务于这些利益，是很愚蠢的，但另一方面，可以肯定的是，这些经济利益是与其他因素一起共同决定国家的对外政策的。进入最后发展阶段的资本主义，就像在其发端时期一样，又再需要国家权力手段的支持，以便在全球范围内获得成功。如今的口号又成为：国家权力干涉越多，就越加资本主义。而各国的自我保护本能迫使它们采取我刚才概述的新重商主义政策。

在很大程度上，当代的国内经济政策体现了我所描述的现代经济政策的一般特征——一种混合模式。我们所看到的是一个将原本主要根据自由主义的基本原则，以自然主义方式塑造的经济生活，转变为一种规范性经济生活的过程：这个过程已经持续了几个世代，只是在近年才加速发展。我们可以说，这是一种将行政经济系统纳入自由流通经济系统的做法，最近人们称之为"社会主义化"。这是个新的说法，但这个现象却是旧的，看看近代以来欧洲经济政策的发展进程就知道了。

"社会主义化"一词有以下内容：正如社会主义化委员（Sozialisierangs kommission）所恰如其分地表达的那样，一般而言，这个词的一般意义是，为了民族共同体的利益，使国民经济朝着有计划、受控制的方向发展。

我们可以区分出几种类型：

①完全的社会主义化，即一个民族的经济生活被完全标准化和理性化；一种在深度和广度上完完全全的有计划的经济秩序。

②贯穿式社会主义化，即某一个经济部门（经济领域）的完全社会主义化，一种局部的完全社会主义化。

③部分社会主义化，即经济生活在广度和深度上的不完全社会主义化。

当我们在谈论社会主义化时，涉及的仅仅是这种部分的社会主义化，如今它比人们通常所认为的更为普遍。而且很少有人会意识到，我们已有很长一段时间朝着社会主义化的方向发展了。任何对经济过程的公共管制规则都是一种社会主义化的措施，因为它无论多么微不足道，都标志着在转变的道路上迈出了一步，也就是把一个按照自然主义原则实施的、与自由主义的理念相符的经济转化为一个规范性的经济。

因此，我们不能像人们通常所做的那样，仅仅在生产领域探求社会主义化的过程，而是必须同时着眼于消费和分配领域。

依此，我们又可以区分出几种类型：

①消费的社会主义化：一切对销售商品的公共监管，对食品和享乐品的控制，禁酒令，禁烟令，等等。国家并不会放任我消费想要的东西或者以我想要的方式消费，而是对这种高度个人化的消费行为进行干预。

②分配的社会主义化，即按照"计划"处置已经生产出来的物品：住房分配、商品配给、价格税、以社会政策为目的的税收、矿山国有化、强制性国家保险等等。

③生产的社会主义化有双重含义：要么只涉及调节或影响在根本上仍是公司化经营的私有经济，无论是形式上的——通过不同企业类型来控制经济和监管工厂，还是物质上的——工人保护法、原材料配给以及规定生产的产品和地点等等；要么就是消灭公司化经营的经济（狭义的社会主义化），也就是以一种带有某种公共经济色彩的秩序来取代或补充私人经济组织。但是，即使是这种狭义的社会主义化，也有非常多样化的表现形式。包括把企业归于国有或城市所有，又或者把它的所有权和管理权转移给特殊的社团，如行会，还有建立公共控制下的强制性辛迪加（Zwangssyndikate），或创造所谓的混合型公共企业——在其中似乎产生了公共利益和私人利益的共生关系。这些混合型公共企业是未来最有希望的经济组织类型：在它们之中，当今经济政策那种奇特的混合形式得到了清晰的表达。

1919年3月23日颁布的《煤炭产业法》对德国煤炭工业的管理（同年8月实施）可能具有纲领性意义。根据这一法律，煤炭辛迪加成为一个强制性辛迪加。一个地区的所有煤炭生产者被合并为地方协会，而协会又组成一个总协会。煤炭工业被置于帝国的全面监督之下，并由帝国煤炭委员会监管，该委员会由采矿业的雇主和工人、消费者代表和科学家专家组成。供应的价格和条件由帝国煤炭委员会决定。帝国经济部长拥有一种否决权。

译自：Werner Sombart（1927）. _Die Ordnung des Wirtschaftslebens_, 2.Aufl. München/Leipzig: Duncker&Humblot。略有删节，主要删去了少数举例说明作者观点的段落。

第三部分　历史主义经济学的未完成终章——施皮托夫的"模写理论"与"经济模式"

作为历史性理论的一般
国民经济学——"经济模式"

阿图尔·施皮托夫

　　一般国民经济学是一门理论科学，它必须在某些给定的条件下具有普遍有效性。它并不试图把握一个特定国家在特定时间的特殊状况。因为这是经济史和特殊国民经济学的任务，因此属于历史科学的领域。一般国民经济学在原则上排除那些时空带来的细节差异和偶发的现象，试图发现和解释一切国家和民族所共有的国民经济现象。如果一般国民经济学要成为一门具有普遍有效性的理论科学，就会产生一个疑问：一种对理解人类经济活动的一切状况都通用的学说，是否确实存在或者可能存在？提出这个问题，意味着它同时被否定。因为，在数千年的历史进程里，经济生活千差万别，我们也可以预见，未来它还会经历巨大的变迁。企图把这一切套进同一个模子里，是非科学的。一般国民经济学的普适性判断，它们必须具备下列共同性：1.作为认识对象的经济活动并不是万世不易的，它是随着时间推移不断改变的事件过程；2.然而，同时具有经验的普遍性和理论的有效性的判断依然是可能的，而且，它们对于所有满足前提条件的认识对象都是有效的。

　　为了达到无条件的有效性，我们必须把最具普遍性的、在概念上所必需的经济现象作为研究对象。这些现象在每一种具有各自特异性的经济生活中反复出现，并能够作为持久的存在被概念化，只有凭借它们，我们才有可能在此意义上建立一种理论，即它所包含的论断具有普遍的、超越时代的有效性。我把这类现象统称为"非时间性经济"（即"不受时代限制的经济"——译者注）。[1] 因为在每一种经济模式中，非时间性现象都至少作为基本要素而存在，因此它们是一些基本现象，即经济现象本身。缺了它们，经济生活就不复存在，它们蕴含在每一种经济体之中。这种非时间性经济是一个非现实的构造物。只有先把所有被历史条件决定的、时代特有的或者与时代潮流相关的东西，从历史上的真实经济生活中剥离，它才会产生。或者，通过比较历史上的（具有各自特异性的）经济形态，确定哪些因素在所有的形态中都会出现，以及确定这些形态有什么共同之处。

现在我们尝试确定非时间性经济的特异性。非时间性经济不是经济的联系，例如不是特殊经济体之间的交通经济。它被一种统一的意志引领，不受不同社会宪法的巨大差异所限制。经济的基本现象存在于每一个经济体和每一种经济模式中，但同时它们在不同情况下可能扮演着不一样的角色。因此非时间性经济的组成部分包括：需要、需求、商品、价值、需求满足（消费、制造、制造的要素）、收益、成本、收益核算。非时间性经济不去探讨道德目标、经济行为的心理动因、宗教的作用、道德习俗与法律、劳动分工与技术、社会的上层建筑以及经济宪法。因为这些都是历史性的，它们不但是随着时间流逝而不断流变的现象，而且赋予了上述非时间性现象独特的内容。于是它们成为区分不同经济模式的依据。此外，另外一组要素在非时间性经济中也不作处理，即自然状况，如土地、气候、地理位置、矿产、动植物资源以及

---

① 参照桑巴特《现代资本主义》第一版的前言里关于"一般经济学"的论述，以及熊彼特《古斯塔夫·冯·施穆勒与当今的问题》（"G. v. Schmoller und die Probleme von heute"）一文。

人民。它们也属于特有的基本因素，但却不是追求普遍有效性的视野所能理解的。但与那些能够体现某种独特经济模式的基本因素不同，我们只能在经济史和特殊国民经济学中研究它们，而后者正是把历史上一次性的经济形态当作研究对象的（例如与德国相对照，美国的国民经济及其发展的特点）。

一种理论只有自限于综览（Zusammenschau），即概括那些能够称为非时间性的、在一切经济体中都存在的现象，才是一种无条件的国民经济理论，能具有普遍有效性，能超越时代和空间。非时间性经济的概念是必不可少的启发性辅助工具和解释所有经济现象的基础。缺少它，对经济生活的因果解释就寸步难行。它自然能够处理较为复杂的状况，而在另一方面，它在纯粹意义上也适用于为单一的意志所指导的简单经济体，对这种经济体而言，它是一种经验理论。但在此之外，它是理解每一种经济生活的关键，也是每一种国民经济理论的核心，不同类型的经济生活正是它的研究对象。

大部分经济现象由历史变迁所决定，因此无法用普遍有效的通则来概括。理论只有凭借一些典型程式捕捉人类经济生活在变迁中经历的种种差异，并获得一种可传授的知识时，才能接近真实。这就产生了一个任务，即我们需要列举出如此之多的共同经济生活的典型程式，而它们又要在整体上能够反映社会中千姿百态的经济形态。我把这些共同经济生活的典型程式称为"经济模式"。对于每一种"模式"，都要有一种一般的国民经济学。对于某一特定模式而言，它所专属的一般国民经济学不但具有普遍有效性，而且是一种真实的理论。但是该理论只适用于这种特定的经济模式，除此以外，它不适用于一切经济生活，不适用于一切时代。如是，具有广泛有效性的一般国民经济学只能由一系列具有有限有效性的分理论组成。我们所需的分理论数量，取决于我们所能划分的经济模式数量。一门适用于19世纪的国民经济学，必须从那个时代的经济现象出发。一般国民经济学绝不是一成不变的，它总要把共同经济生活的状况纳入考量。假如当今经济生活的重要基础永久改变，我们就可能需要根据这种新模式的实际情况，构建一种新的理论。一般国民经济学是一门历史性科学，故而它的有效性总是依赖于某种特定的经济模式。在这种模式起作用的时间与范围内，它具有普遍有效性，在这种意义上它是理论科学。由于它既是历史科学，又有理论科学的特征，因此它是一种历史性理论。历史性理论指它为历史条件所塑造，其有效性受时代的限制。历史性理论是时代特有的、与时代相关的理论。

"经济学的纯理论"建立在一个独特基础之上。其本质是使特定的现象和复杂对象纯粹化，把它们从其他伴随现象的扰动作用中分离出来，再进行描绘。为达到这一目的，就要运用抽象和隔离方法，对现实中互相缠绕的现象作深度加工。纯理论的认识对象是"一种有意识的非现实思维构造物"。它的结论是一种抽象理论。根本上说，一切经济现象都可以用这种程序进行处理，包括比较早期的经济模式。但我们必须清醒地意识到："真实的经济－社会生活的进程远比理论说明更纠缠不清。"抽象理论绝不能被视为现实的写照，它仅仅是一种启发性的构造物。这种纯理论是无可指责的操作，它对理论研究而言不可或缺，其结论对历史性理论也具有重要意义。尽管我们的学科的研究方向经历过翻天覆地的变化，但至今，纯理论作为启发性辅助工具依然不可或缺，因为它所提供的认识手段，对于专题研究的具体任务而言是无法替代的。纯理论和现实主义理论之间并不是互相排斥的关系，相反，前者是后者的辅助手段。还需要说明的是，经济模式提供了一种现实主义的理论或者"模写理论"（anschauliche Theorie），不过，正如在分析"自由资本主义市场经济"时，纯理论可以被用作模写理论的分析工具一样，它对于其他经济模式也起类似的作用。当然，运用纯理论包含一种巨大的危险，即忘记它作为启发性辅助工具的性质，而把它当作现实的反映。只有最深层次的理想机制确实在现实中存在，而且能够不断地发挥作用，这类出于误解的推论才会成为现实。不过，这一误解在之后导致了对它自身的反动，产生了建立一种关于自由市场经济的现实主义理论的诉求。然而，运用纯理论所包含的危险，却不是反对它的理由，而是对我们如何恰当使用它的警示。熊彼特认为，只要我们"小心谨慎地使用并以现实中的现象加以限定"，就能给予纯理论"内容与价值"，从而消除上述风险。① 但是，这种对真实的极度的关注不会违反纯理论的本质吗？

获得历史性理论的第一个步骤是，把经济生活中由时代引起的差异分离出来，形成一些能被一致地理解的局部状况。为了从之前获得的各种状态推导出普遍有效的理论，就必须通过这种方式捕获经济生活的不同形态。我们的工具就是经济模式。它是一系列特征的整体，这些特征能够把经济生活中一种具有特异性的形态勾勒出来。这些模式是思维的构造物，它从哪个观察视角产生，是无关紧要的。研究者的视角有可能是不同的。

一、如果想要抓住现实，就必须努力把握历史的差异

为此，我们需要借助一系列"模式"，它的数量取决于，是否能充分地通过其根本差异来穷尽历史现象的多样性。这里也涉及理论工作，因为这些历史模式并不是在确切时段的纯粹历史现实，它们并非历史描述，而是重构具有特异性的真实历史现象的思维构造物。不过，我们不能把它与经验对立起来，相反，它正是以对经济状态的准确认识为前提的。如果它确实要检视现实中特定的经济形态，那它认定为具有特异性的特征，就必须确实为所说明的局部状况所本质固有。如果我们想要确定中世纪经济的模式，就必须知道，例如当时何种原动力驱使店主进行经济交易。

---

① 　熊彼特《理论国民经济要略》（Schumpeter, *Hauptinhalt der Theoretischen Nationalökonomie*）第 533 页。

如果我们想要借助一种模式捕捉历史的真实，那当一种模式的特异性被错误地阐述时，也不能以此为托词：因为这只是理论，而非历史本身。在这个目标规定之下，这一思维构造物不是自由和独断的，它必须能如其所是地透视特定的历史事实状况。如果我们想要在理论上把握真实发生过的经济生活，就要建立模式，它们必须能描绘过去的现实的种种本质区别。而且，我们所需要的模式的数量要能涵盖所有的重要区别。何为"重要的"，何为"本质的"，不可能被强行规定，因为所需模式的数量和每种模式的确定，总是很大程度上取决于研究者的判断。但是，我们追求的目标是明确的：我们应该在经济生活的不同形态中，捕捉到过去与现在的现实中的种种特异性。

只有具有规律性的现象才能以这种方式来把握。如果现象在一再出现时是如此面目多样，以至于可以说它们在本质上是不同的，那么它们就不适合一种统一的观点和普遍有效的解释，即没有理论能解释它。那么，每一次的出现都是一个具有独特的因果联系的独特事件，需要有一个特殊的解释。例如，假如经济的景气和衰退主要不是反复出现的规律性问题，假如它们每次都是在不同的因果背景下产生的，那么它们就无法以任何理论把握和解释。但这样一来，它们也许就不可能是资本主义市场经济的经济模式所特有的，不属于资本主义的性质，而是像地震和战争一样，是困扰经济生活的意外事件。如果这些现象不是完全的，而只是一定程度上无规律的，那就可以建立起特定的程式，那具有有限的有效性的理论就是可能的。例如，整个经济生活的发展是一个非常不规律的现象，以至于排除了以前后一贯的思想和普遍有效的理论来把握它的可能性。然而，这种不规律性并没有强到不能概括出整个经济过程中的不同程式，即经济模式，也没有强到不能发展出对各个经济模式各自有效的理论，即历史理论。

经济模式是一种思维的产物，我们可以称之为一种理想类型。桑巴特也把他的"经济系统"称为理想类型，并且谈到，他对之进行了理想类型化的说明［《现代资本主义》（*Der moderne Kapitalismus*）第二版第一册，引论，23 页］。这一概念来源于马克斯·韦伯，我们首先要留意，他是如何定义理想类型的。"获得理想类型，是通过单方面强化一个或几个观察视角，并综合大量混杂、离散的个别现象——它们在不同场合或多或少地存在，有时候甚至付之阙如——使之与那些被突出的视角相适应，进而形成一幅内在统一的思维图像。就其概念纯粹性而言，这幅思维绝非在现实中的经验存在，它是一个乌托邦，我们在历史研究中需要完成的任务是，确定每一种现实具体情况在多大程度上接近或偏离了这个理想图像。例如，某个市镇的状况的经济特征，在多大程度上符合'市镇经济'的概念。如果我们谨慎地使用它，这类概念就能承担研究和阐明问题这一特别的使命。""但是无论如何，没有比出于自然主义的先入之见而混淆理论和历史更危险的做法了，其表现形式可能是，相信必须借助理论的概念图像，把握历史现实的'真实'内容及其'本质'，或者，把它们当作普洛克路斯忒斯之床，把历史强行塞入其中，又或者干脆把'观念'拟人化，把它们当作现象之流背后的'终极'现实，当作在历史中发挥影响的真实'力量'。"[①]

我们在此探讨的第一类经济模式跟这种理想类型甚少有共同之处，尤其是因为它不包含"有时候甚至付之阙如"的现象，而且它恰恰要"抓住历史现实的本质"。这也是桑巴特对"经济系统"的看法。经济模式不是那种充斥着一次性现象的经济史，也不像纯理论一样，有意识地把非现实的构造物作为认识对象。它试图把握同类的现象，并使自身成为真实的写照。因此，我们不必为了"特别的使命"而"谨慎地使用"它。相反，在下面将要讨论的框架内，我们完全可以自由且无顾虑地让它为我所用。这种方式是否可行，是一个事实问题。下面我想用一个我自己的研

---

① 参照韦伯《社会科学认识与社会政策认识的"客观性"》一文，此处译文参考了阎克文的译本，并做了一些修改。——译者注

究领域的例子，来说明"韦伯式理想类型"与"真实的写照"之间的区别。为此，我会将熊彼特和我自己对经济波动的处理方式加以对照。熊彼特从一个经济的均衡状态出发，然后追踪企业家和货币创造对经济波动到底起了何种作用。这种方式有两个特点。他探讨了一种刻意的非现实状态，因为无论是在现实中发生的第一次经济起飞，还是紧接着在 19 和 20 世纪经济生活中出现的数次经济繁荣，都并非由均衡状态产生。他研究了两种现象的作用：大量突然出现的企业家和货币创造。这点正好与韦伯的表述"一种并不存在的个别现象"（均衡状态）相符。我们要清醒地认识到，此处的认识对象并非真实的写照，因此我们必须"谨慎地使用"它，为"特殊的目的"服务。它的目标是，以一种状态来解释经济繁荣的产生，而这种状态却不包含过去发生过的经济繁荣的任何组成部分，并且去认识，企业家和货币创造是如何在均衡状态中共同发挥作用的。这种认识正是这类研究能为我们提供的"特殊功能"。它令我们可以根据在理想类型中被隔离的现象的意义和作用来透视真实。我们知道，一个从均衡状态中产生的经济繁荣可能是怎么样的。如果我们把理想类型和真实状况相对照，就可以确定现实中的经济繁荣与从均衡状态中产生的并不一样，由此我们获得了关于非均衡状态的提示，同时也能了解现实中企业家和货币创造所发挥的真正作用。我的方式与此不同，我也需要一些基本的事实，但是我会努力通过理解现实中的所有重要现象，把它们筛选出来。这种方式也有两个特点：首先，我会考察在现实中真正存在（而非假定存在）的现象，而且会囊括一切我认为对透视真实至关重要的现象（不会因为我只想研究特定重要现象的作用，而省略一些重要现象）。这种真实的写照并非摄影作品，而是画作。它不是象镜头和底片捕捉映像一样，完全客观地把形象再现在照片上 [1]。不如说，现象被有选择

① 这个观点与古斯塔夫·卡塞尔（Gustav Cassel）相反，参照他的《理论社会经济学》第一版第 454 页之后（*Theoretische Sozialökonomie*. 1. Aufl）。

地置于对整体的一个非常特别的观察视角之下。就像两位画家描绘同样的对象，总会创作出不一样的作品。到底哪些现象构成了真实的本质，这将会由研究者根据一个合理的角度决定，这个角度是他为了解释整体，根据现象的相互作用，根据个别现象的可利用性创造的。我们会观察一组数量尽可能有限的现象，然后从中选出那些导致其他现象产生的原因性现象。因此，想要确定事实，就必须合乎目的地借助一种理论，而且理论与对本质的确定必须互相制约和互相修正。然而，我们的工作与画家却有很大区别。一个画家可以由于现实中的现象和色调干扰了他的视像的统一性，而把这些因素删除。但是，一个想要提供一幅真实的写照的学者，却不可如此为之。他只能省略那些在统一体中无关痛痒的细节，但是却不允许删除那些看起来明显干扰了统一性的因素。这种对统一性的干扰作为某种本质性的东西规定了真实。在这种情况下，对整体的解释当然更加困难、更不协调，但是研究者不能通过删减来绕过这个任务。如果他这样做的话，他就类似于创造了马克斯·韦伯意义上的"理想类型"，一个"思维构造物"。与前述相反，这时，省略不重要的干扰不但是允许的，也是必需的。在资本主义市场经济理论中，假设业主被认为受自利心所引导。我们当然知道，邻人之爱和其他的动机也会起作用，但是我们认为它们对整体的影响如此之小，以至于可以视为无关紧要的因素。这就是我们之前所说的，以"经济模式"构造出来的分析框架，理论家可以在这个框架内大展拳脚。由于经济模式不是摄影作品，而是图画，因此它是一个思维构造物，不可避免地受到研究者的个性影响，就像画家对其画作的影响一样。不过，经济模式不但包含那些协调一致的，而且包含了干扰现象。也就是说它不仅仅涵盖某一些，而是涵盖所有决定现象总体的现象，因此，它不是马克斯·韦伯意义上的理想类型，而是真实的写照。

二、构造经济模式可以有另外的目的

我们可以构造一些"有趣"的模式，根据自己的主观意愿把特定的因素组合在一起，或者建立一些启发性的模式，用于解释历史上真实存在的模式。与前述的第一类模式不同，这时我们处理的是一种真正的、几何学意义上的人工概念构造。我们可以抛开与现实的联系，从逻辑上构造它。这就涉及一种自由的、纯粹的思维构造物，而不是为了模拟一些同类型的真实现象所建立的思维构造物。

三、经济模式也可以用于设想未来的理想图景

在这种意义上，我们可以确定，集体主义的理想图景还没有建立一个具有相应历史性理论的模式。迄今，研究这个方向的思想家主要致力于解释和批判自由资本主义市场经济的模式。米塞斯对集体经济的批判性研究，可能是我们可以提到的最重要的开创之作。[①]

任务的第一部分，即对不同时代的不同经济生活进行划分，以获得一些统一的局部状态状况，这在一段时间以来已经在推进当中。

在德意志国民经济学的发展历程中，许多经济学家致力于以一个首尾相继的经济阶段序列，来描述经济生活的发展。这种方式也是一种理论研究，因为我们没法在确切的年代发现与这些所谓"阶段"在纯粹形式上相符的历史真实。因此它不是历史的描绘，而是思维构造物。创造这些阶段序列的目的在于，以典型范例的方式检视历史的发展。阶段序列主要服务于把握发展过程。

---

① 路德维希·冯·米塞斯《集体经济——社会主义研究》(Ludwig von Mises, *Die Gemeinwirtschaft*, *Untersuchungen über den Sozialismus*)，1922 年。

但经济模式却有不一样的目标。在此，发展的视角被有意地忽略，或者只被置于非常无足轻重的地位。我们的注意力并不集中在历史阶段的序列本身，它们之间的联系，或者如何由一个阶段产生另外一个阶段。我们首先追求的是，捕获经济生活的种种差异。构造经济模式与构造经济阶段有各自的目的，但是，经济阶段的划分在实质上使我们能够进一步构造各种经济模式。实现这两个不同目的的手段基本上是一致的：历史中经济生活的横截面。一种经济模式应该能形象地体现一种自成一类的经济生活形态，而所有被构造出来的经济模式必须能够辨别历史现象的种种基本差异，并借此充分地把握历史的多样性。经济阶段必须承担同样的任务，因此，除了服务于其他目的以外，它的划分也服务于这个目的。模式和阶段都是历史的截面。它们都以范例表现了一种经济的形态。我们需要的模式和阶段的数量，要能让我们凭借它们的总体充分把握现实。[①]

……

古斯塔夫·冯·舍恩伯格（Gustav von Schönberg）也支持李斯特和希尔德布兰德的经济阶段序列划分，并对之加以修正。他建立了六个"依据国民经济生产状况区分的经济阶段：①狩猎民族；②渔业民族；③牧民与游牧民；④定居的纯粹农耕民族；⑤手工业与商业民族；⑥工业文明"[②]。舍恩伯格把李斯特称为原始状态的物资获取阶段，划分为狩猎民族和渔业民族两类。这是一个无足轻重的改变。但是他却修正最后两个阶段，他把商业归入倒数第二个阶段，而不是最后一个阶段，这是个非常重要的改进。不过，舍恩伯格也接受了希尔德布兰德依据"交易状况"的阶段划分，他融合了两种阶段序列，他的阐释是："基本上，原始民族

---

①　此处译文有删节。

②　"国民经济"词条，引自《政治经济学手册》第 1 册 I（"Die Volkswirtschaft", im *Handbuch der politischen Ökonomie*. Bd. 1.I），1882 年第一版，1896 年第二版。引语根据第二版。

（狩猎、渔业、畜牧与农耕民族）所属的经济阶段就是自然经济，
手工业和商业民族属于货币经济，到工业文明时期就演变为信贷
经济。"在细节上，他也修正了希尔德布兰德的理论，他指出，在
自然经济中存在自然的物品交换，但只属于一种零星的交易。他
认为，李斯特所划分的经济阶段并不是民族发展的必经状态，而
是一个持续进步的发展过程的一些"典型的"基本形式。他强调，
凡是达到交易经济最高阶段的民族，都必然经历过前两个阶段。
舍恩伯格超越了李斯特的藩篱，跟随着希尔德布兰德的脚步，通
过广泛的描述刻画了几种基本形式的特征。他的论述没有局限于
商品生产的视角，而是考虑了数量众多的其他特征，但是，这些
特征没有被周密地用于比较。就像大部分阶段划分者一样，舍恩
伯格的描绘也缺乏对比较特征的系统、有计划的安排。

　　古斯塔夫·冯·施穆勒为自己设下一个任务，他试图澄清重
商主义经济政策在历史发展中的地位。为了实现这个目的，前人
所划分的阶段序列就显得不再合用了，因此，为了比较和划分历
史阶段，他提出了一套新的划分标准。他运用了"经济生活与社
会－政治生活中主要的、主导性的实体之间的相互联系，……各
个时代各个主要的经济－社会制度对当时最重要的一个或一些政
治团体的依赖"（《重商制度及其历史意义》第2页）。"在国民经
济发展的各个时期，某一部族或民族的政治实体会获得对经济领
域引领和支配的地位。有一个时期是氏族和部族，一个时期是村
庄和边区，一个时期是领地，一个时期是邦国或者邦国联盟。它
们通过其政治实体支配经济生活、组织结构和各种制度，这一
切……也决定了社会经济活动的重心。""与部族、边区、村庄、
市镇、属地、邦国和邦国联盟相联系，特定的社会性经济团体渐
次发展出更广泛、更庞大的形式。""一种国民经济状态出现的重
要标志是，人民是否分散在无数联系松散的村庄经济和城市经济
之中，或者，领地或者邦国的经济团体是否已经建立起来，并把
这些旧有的经济实体（村庄、城市）纳入其中，并加以支配。"施

穆勒建立了四个经济阶段：①村庄经济；②市镇经济；③属地经济；④国民经济。这四个阶段不是仅仅被概念性地定义，而是被详尽地描绘。显而易见，施穆勒首先想要抓住"国民经济的组织形式"，以及"解释不同时代的经济政策"，但同时，他没有试图掌握经济生活总体构造的诸可能性。他多次表明，想要完成更大的任务——达到对历史的"完全的解释"以及"一种关于各民族的不同国民经济发展过程的完善理论"——还需要"其他理论视角的配合"。在评估施穆勒用以比较的特征时，我们不能忘记，他所提供的知识只是对真实的局部认知。施穆勒将不同政治实体作为区分的特征，正是因为它们，经济生活才获得了自己的制度规范。但是，如果不了解这些不同政治实体之间的差异，那我们对这一特征还是无知的。显而易见，实体的规模正是区分的特征。在此之后，保罗·桑德尔（Paul Sander）在研究中极大地依仗这一视角。根据施穆勒的观点，进行经济往来的人群圈子的范围由政治强制力决定，经济生活在很大程度上被它打上烙印。然而，把进行经济往来的社会圈子的规模作为唯一的特征是不充分的。不过，经济社会的制度能够有效地通过这一特征被确定，因此，与其他特征相比，这一特征是不可或缺的。[①]

　　……

　　维尔纳·桑巴特反对经济阶段的划分，尤其是反对毕歇尔的阶段划分标准。为此，他首先介入了围绕毕歇尔的、当时刚刚开始的讨论，并对毕歇尔划分的阶段本身及其划分的标准展开批判。第二，他此后又持续地对此问题进行了更深入的研究，极大地推进了问题的解决。第三，在他自己的研究中，他把"经济阶段"和"经济系统"作为科学探究的工具，赋予了它们特定的任务。他的这些工作持续了差不多三十年的时间。本文的述说并不依据研究的时间顺序，而是根据它们本身的观察视角。

---

　　① 此处译文有删节。

正如我们马上要介绍的那样，桑巴特以"系统"（das System）［还有"时期"（die Epoche）］来替代"阶段"的概念。我们首先要弄清，这样做的目的何在。在他的专题研究的开篇处，即在《现代资本主义》第一版的前言中，写下一个就目标清晰性而言不可能被超越的句子："我们最优先的任务看来是：为在历史上划分出来的每一个特定的经济时期，建立不同的理论。"然而，此处并不是说，建立一些历史性理论必须借助经济系统来实现，而是指借助"在某一特定时代塑造经济生活的、占统治地位的一系列基本动机"，把"社会理论"分解为"多种历史性的社会理论"。应该构成"一种历史色彩的理论的基础"的不是经济系统，而是"一种历史心理学，它作为社会和民族心理学的分支，在未来有必要大力发展"。令人奇怪的是，这个规划性的表述完全没有再次出现，尤其是，它在建立"经济系统"时未成为其目标。它像流星一样，划过又消失。

经济系统被赋予了根本性的任务，有时候是范围比较狭窄的，有时候却又是最一般性的。在 1920 年跟古斯塔夫·冯·贝洛（Gustav von Below）的一次辩论中，桑巴特说："我坚持认为，只有通过经济系统这一概念，特殊国民经济学才可能同时成为一门经济史和一门科学。"而他"把不断丰富、发展的经济系统的概念作为全部特殊国民经济学的支柱"。在这里，经济系统被用作各种历史科学的工具，不仅仅用于经济史，而且是用于特殊国民经济学，后者把特定时间、特定国度的经济生活的独有特征纳入研究范围之内。如我们所见，马克斯·韦伯也把经济中的理想类型视为研究经济史的工具。但显而易见，韦伯没有强调理论的第一重要性，甚至可以说，他基本上没把它纳入研究范围之内。事实上，桑巴特也让他的"理想类型"服务于历史性研究的任务，因为他在他的巨著里描绘了历史中的"时期"和"时代"。各种经济系统被相当一般性地用于分析经济生活的秩序，因此，《现代资本主义》的两个版本的引论都论述了经济系统这一主题。为了完成这一任

务，从一开始桑巴特就分析了企业[1]，正是在现代企业之中，经济
主体实施了对劳动的持续性的组织；同时，他也分析了较不受重
视的经济秩序，在这种秩序之下，进行经济活动的个人的行为被
较大的社团（如中世纪的行会——译者注）规范。相对于这两种
在现实意义上被重新规定的秩序，经济系统在理想的意义上被重
新规定。在此，经济生活中的各种事件过程被科学地转化为思想，
也就是我们所说的"系统化"。在《三种国民经济学》（*Die drei
Nationalökonomien*）的最终版本中，除了基础观念（Grundidee）
和那些工作观念（Arbeitsideen）之外，经济系统的概念作为构建
性观念（Gestaltidee），属于最高层次的观念之一，它把国民经济构
建为一个精神的统一体、一个系统和一种科学。正如"内在的语
言形式之于语言学，教义之于宗教学，风格的理念之于艺术科学"
一样，其作用是"确定某个被研究的文化领域的历史特征"，因
此，经济科学也需要"这样一个构建性观念。通过它，经济学才
能把自己的材料整理和构建成系统"。"这一观念的使命是，通过
其根本特征来确定一个特定时代的经济生活，把它与其他经济时
期的经济形态相区分，并借此把人类经济划分成若干重大的历史
时期。"[2]

　　……

　　下面我们说明一下桑巴特与经济阶段划分者的关系。他没有
划分一些历史进程的发展阶段，而是规定了三组总共十二个特征
（桑巴特《经济生活的秩序》），它们之间的各种组合产生了非常不
同的经济系统。凭借这些经济系统，我们就可以对历史中的经济
时期进行划分。上述特征并不是先于经验规定的。为了真正找到
能够反映"特定经济状况的本质"的"显著区别"，桑巴特必须事
先对作为整体的"世界上各式各样的经济形态"有所判别。经济
阶段划分者从历史中抽取不同的状况，然后描述它们的特征。桑

---

[1]　见本书收入的桑巴特《经济生活的秩序》。——译者注
[2]　此处译文有删节。

巴特则通过十二种特征的各种组合来确定不同的状态。除了社会主义这种未来的状态之外，他试图通过这些"系统"来理解历史上人类经济生活的不同状况，就此而言，与经济阶段划分者别无二致。除了上面所阐明的目标差异以外，"阶段"与桑巴特的"系统"的区别在于对截面研究的处理。经济阶段划分者追踪某一个特征的发展，而桑巴特则运用了一个被充分解剖的、通过十二种特征确定的系统。然而，如果我们在阶段划分者所强调的那种特征以外，把他们对各阶段的进一步描绘也考虑进去，这种差距就会明显缩小。因为他们不但注意到一些桑巴特式的基本要素，而且往往对此进行了细致的描绘，还突出了其重要性。桑巴特指责这些描绘仅是罗列了不同的个别特征，而没有考虑它们的内在联系，虽然他自己也借助了这种描绘。桑巴特合理地批判道，以这种方式使用个别的特征是无效的。他认为我们需要"一种观念，它使我们有能力在相互联系中理解经济生活的各种个别特征"。这个观念就是经济系统。同类的经济系统具有极其相似的特征，因为它本身就是由一系列特征构成的系统。不过种种相似性仅仅是外在的，因为这里涉及更深层次的问题。这种特征系统反映了经济生活的诸本质属性（Wesenheiten）的全体，不只包含一种本质属性，而是包含了它所有的本质属性。而且，它作为一个整体，充分阐明了现实的特质。

现在我们要问：为了构建"经济模式"，为了寻找共同经济生活的典型模式，我们可以从"经济阶段"和"经济系统"中获得什么东西呢？

为了把握西欧历史上高水平文明民族各式各样的经济生活形态，所有国民经济学家都需要进一步辨识几种事实状况。只要历史学家认真考虑这些已有的研究成果，那下面的划分就是无可争辩的。为了避免过早作经济学的规定，我们暂时按照其统治组织，独断地区分出下面几种状态。在历史上，经济生活的形态包括：①部族社会或者封建领主制；②市镇；③属地；④民族国家。如果忽略他们下一步的目标的差异，经济阶段划分者和桑巴特的系统构建其实都得出这一结论。我们可以由此判断，这几种事实状况是可信的，我们可以对其进一步辨识，以把握西欧历史上经济生活的种种不同的形态，并以不同的模式加以概括。我们需要研究和抉择的是，如何通过概念为其命名，以及如何通过一些特征来刻画这些状态。仅仅在这一点上，不同的研究者存在着分歧。

在命名的时候，发展阶段的划分者会——言明或者非经言明地——重视在同一现象领域提取出若干区分性的名称。命名的抉择最重要的是必须符合目的，而这时排在首位的又是不得不抛弃的一些习以为常的名称。新的名称只有用于命名新的现象，或者用于清除德语表述中的陈旧舶来词语时，才是合理的。因此，保留那些指称具有经济联系的社会圈子的名称，看来是合宜的。但是这种考量并不能轻易否定，国民经济学作为一门关于社会的科学，有理由强调各种社会关系。"市镇经济"和"国民经济"的命名是顺理成章的。对于"属地经济"而言，是否作这样的划分主要取决于，是不是应该把这种明显的过渡性状态作为对象，构建一个独立的经济模式。第一类原始模式的名称带来了一些困难。我们该如何评价毕歇尔所采用的"家庭经济"概念呢？施穆勒就提出异议，他认为这一提法与市镇经济和国民经济的概念并不统一，因为它并不指称一个实施统治的政治机构，因此家庭经济一词并不合适。这三个概念基本上是来源于同一领域的，因为它们都指向互相进行经济活动的社会圈子：经济性的社会圈子。自然，此处不应当太过狭义地理解"家庭"这个词。家庭经济（Oikenwirtschaft, oikos）就是来源于古希腊语"家庭"（οἶκος）一词的。当在同一个模式之中出现了重大的偏离，就必须通过一个修饰语或特定的概念对这些偏离进行说明。例如对自给自足的家庭经济而言，它可能是在血缘、奴隶制、人身依附关系或者自由宪法等不同制度的基础上建立的。对于这种特殊的经济形态，已经有一些现成的概念：父权家庭经济、家族经济、庄园经济、乡村经济。与之相似的是国民经济，现在已处于资本主义阶段，自由市场经济占据了主导地位，我们正需要努力寻找能够表达新的经济关系的方式。迄今，我们还缺乏某些特殊的概念，因为能够解释新经济形态的新思想，其发展和完全成熟还需要时间。不过，某些经济形态的新构思已经以术语表达出来了，例如"计划经济"。

除了命名之外，我们还需要对模式进行分辨。有两个途径可以达到这一目的，它们之间并非互相排斥，而是可以互相补充的。第一条途径是描述。这种方式试图不受限制、不加选择地展示各种特征，详尽地阐明事实的状况：无论是构成因果关系的或标志性的，决定性的或相对次要的特征，描述越详尽就越好。经济阶段划分者特别偏爱这种方法，即使是桑巴特，在他关于资本主义的巨著里，或者关于经济生活的秩序的小册子里，都运用了这一方法。它的效果不一定令人满意。这类描述是无计划而专断的，无法赋予不同阶段一般的可比性。但是这一缺陷是可以弥补的，只要我们先以一些特征为骨架，然后以描述使之血肉丰满。我们必须走的第二条途径就是特征的规定。一开始，人们简单地选择一种比较特征，以此确定不同经济形态。特征的规定是最基本的，但是经济阶段划分者以单一特征区分不同阶段的方式已被证明是欠妥的。在程序上，假如能够以一个原因性的特征来进行划分，自然是最理想的。但是，如果我们不是站在唯物主义的立场，那就不能期待发现这样一种单一的原因性特征，因此，就必须对多个特征加以考量。要描绘一幅理想的图画，就需要限定于尽可能少的特征，最好的办法是，把那些构成原因的特征筛选出来。我们必须在诸多特征之中突出这类决定了其他特征的特征。桑巴特就采用了这种方法，因为他认为，精神、形式和技术就是这种原因性现象，其他所有特征都蕴含其中，而且它们明确地规定了经济生活。经济阶段划分者并不认定单一的特征就是发展的根本原因。希尔德布兰德和施穆勒就是这种情况。相反，他们仅仅是选出了最具标志性的特征，这种特征的变化在不同的发展阶段最显而易见。只要我们发现了特别具有标志性和清晰性的特征，在确定经济模式的时候，就不应该轻视它。我们的目标正是凭借一些统一的特征发现现象的秩序。这些特征必须承担的任务是，明确清晰地确定经济生活的一种特定形态。通过这些特征，我们可以得到对一种模式的简明的概念性规定。同时，这些特征能够作为一个框架，为经过周密计划的描述服务。就像在经济生活的一些特定的领域，反复经过有计划地剖析，刻画其各自的特点，最终完成一幅描绘整体的经过修饰的图画，这就意味着对此前备受批评的那种描述方式的改进。对各种经济模式的完整展示，最好能够通过上述方式进行。在这个基础上，我们可以做进一步的工作，对这些特征所没有涵盖的、作为其后果出现的那些现象也加以描述，同时解释其因果机制，并发现现象的相互联系和依存关系。这正是一般国民经济学的任务。

当我们着手规定经济模式的特征时，毋庸多言，桑巴特的成果是迄今最为卓越的，我们仅需在此基础上进行扩充。[①] 但是应该怎么着手呢？

①桑巴特认定，经济系统的特征规定以一个基本的观念为基础，即"经济的概念由几个基本组成部分构成"：经济信念、秩序和技术。不过，除了借助"系统"之外，从"另外两个方面阐明经济生活的秩序"，并不是无意义的。这样一来，"系统"就被拆毁了。但冲破这种限制，也许是必要的。因此，当我们不再讲经济系统，而是讲经济模式，不再区分具体的系统，而是区分模式，这样做并不是随意的，或者仅仅是一种廉价的创新企图的结果。

②在某些问题上，桑巴特低估了一些有价值的遗产的意义，

---

①　参照桑巴特《经济生活的秩序》。——译者注

因而忽视了它。

③他也许可以更加灵活地通过特征理解他已获得的知识。

在此，由于篇幅所限，我们只好省略对种种细节的必要而详细的论证。下面只能简短地把结果展示出来。

（一）经济精神

（1）伦理的目的观念

追求上帝之国；追求经济成就，因为它被看作"神选"的征兆；公众的利益被看作准绳；追求每一个人的最高世俗幸福。

（2）从心理的动力到经济行为

对惩罚的恐惧，宗教 – 伦理的动机（博爱、责任感、实施伦理行为的欲望），不完全的伦理动机（自尊心、证明自我的渴望、劳动的乐趣），自私的动机（追求自身的经济利益），个性追求和权力欲。

（3）精神观念

出于习惯的观念或者新观念，由此产生各种各样的技术。

（二）自然的与技术的基础

（1）人口密度
（2）自然的人口变动

停滞的、缓慢的、温和的、快速的增长。

（3）没有或者具有劳动分工的商品生产
（4）精神劳动和手工劳动是否分离
（5）有机联系的或者无机 – 机械的技术实施

（三）社会宪法

（1）经济活动涉及的社会圈子的规模
（2）社会联系

血缘关系、强制、契约。

（3）社会的劳动分工与社会的组织

（四）经济宪法

（1）产权法

在对消费品的自由产权之下，对于生产资料，或是自由产权，或是国家所有，或是社会所有；对于消费品（与生产资料）的社会产权。

（2）商品生产的制度

满足需求的经济：在统一指挥之下生产所需物品。受控的市场生产：被由企业家、劳动者、消费者组成的各种社会组织调节的（计划经济），或者被政治组织调控的私营经济商品生产。自由市场经济：私营经济根据市场状况自由地生产商品和决定价格。

（3）分配的法则

一般的报酬、被调节的特殊的报酬、自由的特殊报酬、博爱。

（4）劳动制度

合作制的、强迫的或者契约雇佣的。

根据几种方式与第与（1）至（3）点的联系，这个社会的经济宪法体现为：有计划的领导，或者是被调节的自由劳动关系，或者是自由的劳动关系。

（五）经济的运转状况

维持稳定的经济、进步的经济、繁荣与停滞相互交替的经济。

我并不期望，在已经给定的视角下，这些筛选出来的特征是最终有效的。随着对不同模式的研究的深入，我们有可能需要根据情况做出一些调整。更主要的是，从实际情况看来，确定具体的模式本身还需要更深入的研究。例如，在市镇经济模式中，经济精神和各种经济行为的动力的性质是什么？经济宪法在政府法规中有多大影响力？在各个领域中，管制或自由经济在多大程度上被视为岛屿？毋庸置疑，理论经济学家有许多历史说明所不会考虑到的诉求，但同时，理论家也错失了许多对他来说至关重要的东西，而这些东西恰恰能够在当前的历史描述和历史判别中发现。对理论家而言，运用这些描述的困难始终是，他要知道的不是随便什么东西，而是某种特定的东西。但是正如前所述，特征的规定绝不可能先于经验，它必须通过对现实极深研几而得，进行历史性研究的时候也是如此。于是，它被赋予了一项高级的任务。它被要求回答真正的经济理论问题，而这需要训练有素的经济学家来解答。所以，在定义经济类型的时候，要保证工作卓有成效，就要求研究者同时熟练掌握国民经济理论和历史方法。

尽管在建立模式方面还有其他很多工作要做，但这项工作已经在进行当中。与之相比非常滞后的是归属于不同模式的历史理论的发展。在我看来，在此领域内，主要的理论成就是熊彼特、桑巴特和维塞尔（Friedrich von. Wieser）取得的。把这三个名字并列在一起，乍看起来会令人惊讶，因为他们被认为属于两个阵营。只有在本文所处理的问题的范围内，他们才能被划为一类，因为他们都为经济模式的理论研究做出了贡献，尽管是以非常不同的方式。维尔纳·桑巴特审视了早期的自给自足经济、手工业经济和现代资本主义，约瑟夫·熊彼特把静态和动态的经济并置。静态经济是一种没有发展、没有企业家利润、没有资本利息的流通经济模式；动态经济则具备这几种要素。除了上面所说的通过建构模式来捕捉现实之外，还应该指出，熊彼特强调，他的静态经济模式不是对一个有趣案例的理论构建，而是一种现实，正如中世纪农庄经济的真实情况。[①] 弗里德里希·冯·维塞尔为简单经济、国民经济、国际经济和世界经济建立了各自的理论。他的简单经济所包含的要素大致上与前述的非时间性经济相同，而他的国民经济理论则是一种关于在自由市场经济条件下的国民经济模式的理论。[②]

[①] 熊彼特《经济发展理论》（*Theorie der wirtschaftlichen Entwicklung*），1926 年。

[②] 维塞尔《社会的经济理论，社会经济学大纲》（*Theorie der gesellschaftlichen Wirtschaft, Grundriss der Sozialokonomie*），1924 年。

　　这三位思想家的成果的巨大差异令我们不得不思索一个问题：
我们通过经济模式所获得的，到底是怎么样一种理论？如前所
述，经济模式是现实的写照，那以它为基础建立的理论——按照
扎林（Edgar Salin）的用语——是一种“模写理论”（anschauliche
Thoerie）。[①]但这种在经济模式的基础上建立，并在模式的适用领
域内有效的历史性理论，它作为一种启发式的辅助工具，具备了
理想类型的优点，并能由此产生纯理论。就像我们既用纯理论，
也用模写理论来分析资本主义自由市场模式一样，描绘过去或未
来经济模式的模写理论也不能轻视纯理论工具。惯常的方法是，
借助理想类型来逼近一种模式中的各种现象，并以此透视现实。
在资本主义自由市场经济的经济模式中，价格理论从一个封闭市
场的理想类型出发，这个市场是自由竞争的，并由一些追求各自
最大交易利润的参与者组成。尽管在现实中比较罕见，但这确是
一种现实状况，它之所以被用作一种理论思路的出发点，是因为
一个封闭市场的观念使我们可能发现价格规律。随后，我们发现
“普通价格”法则所凭借的抽象概念，被现实中的“混乱情况”取
代，于是我们得以了解解体的市场的定价、利润追求受阻、被限
制的或被废除的竞争等等状况。对于其他类型的模式，纯理论和
模写理论之间也会呈现同样的关系。在各种情况下，理想类型都
可以起辅助作用，而不是为模写理论制造困难。纯理论对模写理
论的研究者来说是一种帮助，因为他熟知通过理想的抽象构造物
获得现实写照的途径，因为他善于运用纯理论来透视现实。根据
前文所述，不需要进一步探讨就知道，即使通过这些个别现象的
理想类型对其现实形态的逼近，纯理论也没有变成模写理论。因
为模写理论以一种完全不同的视角为前提，它审视的不是隔离的，
而是通过模式联系在一起的现象。我们必须把现实作为一个整体
来理解，任何对现象之间联系和因果解释的思考，都必须在现实

---

　　① 　扎林《发达资本主义》（“Hochkapitalismus”，1927）一文，及《国民经济
学史》（ *Geschichte der Volkswirtschaftslehre*，1929）一书。

的各种相互关系的网络中进行。

理想类型式的和纯理论对模写理论的意义还有另外一个方面。目前最全面地被处理的理想类型是处于静态的交易社会。但这并不是揭示资本主义国民经济面目的最关键之处，因为资本主义是一种动态的经济。我们才刚刚开始试图研究动态理想类型，但有一种广为传播的观点，认为纯理论的真正领域是静态的。这也许意味着，纯理论特别适用于早先的静态的经济模式。

这一点在简单经济中得到证实，因为它正是非时间性经济理论的对象。把追逐个人利益作为经济行动的动机，这是一切经济理论的前提。在较早的经济时期中，经济动机到底是何种模样，这是最不清晰的，也是最难确认的模式特征。在此存在哪些重要的差异，它们又是如何出现的，这还有待研究（steht dahin）。一些纠缠在一起的动机有可能呈现为"本质"的因素，但是在以前，根据它们来推论却是不可能的。早期理论的解决办法是，把这类事实从经济理论的领域中切割出去，这当然是不能令人满意的。这种方法只不过是试图通过一些简单的动机建立理想类型。我们的目的是，对不同类型的动机进行探讨。这个方法已经体现在熊彼特的研究当中，因为他展示了处于静态经济中的店主与在动态经济之中的企业家有完全不同的"动机"！（《经济发展理论》）熊彼特在这一问题上偏离了现有的结论，因此被认为是他的弱点，但恰恰是这点代表了一个具有重要意义的创新和一条崭新的道路。

处于对立面的两类理论是纯理论与模写理论，无条件的理论与历史性理论。纯理论属于一种理想类型，其适用性由理想类型的性质决定；模写理论是现实的写照，它的适用范围也由其性质决定。无条件的理论具有不受时间限制的有效性，历史性理论只具有受时间限制的有效性。历史性理论由纯理论和模写理论构成。但它的真正目标是后者，纯理论对它来说只是启发性工具。无条件理论的有效性仅仅局限于非时间性经济的范围。

一直以来，对非时间性经济与对资本主义自由市场经济的研

究，都从理论工作中受益匪浅，因此，就澄清现象的相互联系和
寻找因果解释而言，这两个领域迄今为止遥遥领先。而对其他经
济模式的研究没有任何成果可以与之相提并论。熊彼特和维塞尔
的研究过分重视纯理论，而且偏爱突出市场过程；而在桑巴特的
研究中，则赋予了历史发展的过程和历史的独特性过分的重要性，
却过分轻视理论，另一方面它的系统性也不够。对于其他经济类
型而言，过去的历史学派的工作没有足够重视理论探究，这造成
了不良后果。过去的研究者明确地拒绝无条件的理论，但是他们
没有把论证历史性的理论设定为研究任务。经济阶段的划分者已
经贡献了我们可资利用的成果。由相关领域的个别研究构成的大
量文献也是如此。我们必须意识到这些成果的重要意义。在奇异
的、均匀的时间间隔里，开始是每隔 20 年，然后是每隔 10 年，
这一批先驱者的思想一次又一次被他们的时代采纳，但令今天的
人难以理解的是，这些思想不是为学派的理论研究计划服务的，
因此对理论没有任何影响。历史学派产生于对抽象理论的反抗，
它的起点是一种理论的需求，但是它在研究工作中却没有找到出
路，能为过去各种经济模式建立相应的历史性理论。它的成果主
要涉及过去和现在的宏观"社会制度"，农业、手工业、贸易和雇
佣关系的法规，劳动者在社会中的地位，以及国家与企业之间、
国与国之间、行政与经济之间的关系等等问题。它也着力探讨经
济与社会的嵌入关系，还有一些重要的社会基本问题，如阶级形
成、劳动分工等等。今天，这些过去所取得的成果被大大低估，
甚至常常被忽视了。在《国民经济学大纲》里，施穆勒试图以一
种容易理解的综览的方式梳理这一思潮，但它没有被概括为简明
的、令人印象深刻的、可以作为工具使用的程式，就像惯常的做
法一样，财产被看作某种不言而喻的东西，只有短缺时才受到关
注。但是，对国民经济科学的基本态度与在其他地方不可估量的
人力投入之间的差距仍然非常突出。像施穆勒的综览这一类历史
学派的工作，对任何时代来说都是了不起的成就。施穆勒进行了

经济现象历史发展的纵向研究，其中，历史性的解释和发展的理念被赋予同等的重要性。这一视角不但合理而且是必要的。不过它并不能让我们径直走向"理论"这一目标，历史学派在寻找这个目标的时候迷失了方向。要达到这个目的，就需要横截面研究的视角和思考。桑巴特正是由此入手的，他承担了系统化、理论化地对经济模式进行综览性研究的工作。但如今人们对历史性研究的参与已经降低到最低限度，为过去的经济模式建立适当的历史性理论，这一工作被无限期地拖延。今天依然具有活力的历史学派理论遗产，是追寻一种适用于当今现实的理论，即建立一种能够解释现代经济生活的模式的历史性理论。

施穆勒的视角是历史的纵向发展（Längsschnitten），桑巴特则专注于历史的横截面研究（Querschnitten），即研究发展过程的一个个环节。桑巴特凭借对理论和历史的深入透彻研究，赋予不同经济时期理论的透视，并创造了一种经济发展理论；他同时运用了"系统化－发生学"和"历史－发生学"的考察方式。除了施穆勒和桑巴特所承担的工作，目前还有第三项任务。如前所述，我们必须创造一种一般国民经济学的历史性理论，它应当既是理论，又能反映历史时效性。

译自：Arthur Spiethoff（1932）. Die Allgemeine Volkswirtschaftslehre als geschichtliche Theorie：Die Wirtschaftsstil. *Schmollers Jahrbuch*，56，891-924。译文有删节。

古斯塔夫·冯·施穆勒与
国民经济学的模写理论

阿图尔·施皮托夫

在研究程序方面，存在几对相对立的概念，它们分别是非时间性的和历史的考察，自然 – 机械的和伦理 – 政策的观点，纯粹的理想类型理论和模写理论。我们想要分析，最后一对概念的差异是如何在古斯塔夫·冯·施穆勒身上表现出来的。在维尔纳·桑巴特的纪念文集中，我已经试图解释施穆勒的历史研究的特点。在本书的下一篇文章里，威廉·弗洛伊格尔斯（Wilhelm Vleugels）则阐明了施穆勒的伦理 – 政策观点。

在《一般国民经济学大纲》（下文简称《大纲》）第二卷的序言中，施穆勒称自己是一位经济史家，但有人指责他只致力于描述，而不是对经济生活的规律性进行普遍性的概括，这却是错误的。如果说德国历史学派创始人的出发点，是希望创建一门与古典经济学相对的经济学，那完全是正确的。不过包括施穆勒的所有这些代表人物，最终都致力于理论研究。如果需要任何明确的证据，那就没有比上面提到的《大纲》更有力的了，施穆勒搁置了甚至放弃了他伟大的历史研究计划，写出这样一本探讨国民经济学整体规划的理论教科书。让大多数人感到惊讶的是，关于勃兰登堡 – 普鲁士的宪法史、行政史或者经济史的内容并没有出现在书里，这是关于一般国民经济学的著作。

在不同时期和不同场合，施穆勒对他认为适合当时国民经济学的研究程序类型表达了见解。对这些言论的阐述和讨论不是毫无意义的，但它并没有把我们引向实际的工作，因为他的陈述非常笼统，没有提炼成对真正研究程序的论述。尤其是，所谓的方法论论战是过去的一场已经被克服的无益冲突，我们不需要再加以讨论。它没有要求我们支持，纠缠于它也不会带来任何好处。在此，我们希望让读者有机会在施穆勒的典范性作品中，亲自体会他的方法。

一

经济理论的核心一直是价值和价格理论，因此在讨论一种新型理论时，不可避免地需要对这个领域的研究进行比较。

价值和价格学说的出发点极具特点。[①] 在讨论经济价值之前，必须先探讨"一般价值"。经济价值被置于其最一般的、超经济的背景下考察。这与历史主义的方法相符，因为它追求的是一些整体印象。我们需要研究不同感情的联系、主观－客观的关系、个人－社会的关系。最重要的是，施穆勒把经济价值置于"一切社会、审美、技术、政治和其他类型的价值判断"的环境中分析，而这些价值判断归属于一种道德上的价值秩序。

施穆勒对价值和价格现象的阐述和研究，主要是在自由市场经济模式的框架内进行的。在关于价值和价格的主要部分之前，是关于这些问题的章节：①交通、市场和贸易；②经济竞争；③度量衡、硬币和货币制度。在从这些主题到新主题的过渡部分中，价值被称为"（贸易和商业）最内在的驱动力，经济活动的最直接的原因"。该主题的介绍和探究被分成14个小节：

---

① 施穆勒《一般国民经济学大纲》第二册，1904年，第100页之后。

①经济价值、它的本质和类型，以及关于它的学说史。

②基于供求关系的市场价值。

③根据前述段落得出的结论；公平价格和高利贷。

④过去和当代的税制（Taxwesen）和税收（Tax）。

⑤交通机构中价值和价格的形成，以及关税表。

⑥对需求的分析：其一般特征和主要的历史变化；食品的需求。

⑦对需求的分析：其最近的总体情况，由收入统计和家庭预算来说明。

⑧对需求的分析：其具体的波动。

⑨对供给的分析：它的组成部分；决定供给的生产力的规模；根据旧标准划分的三种供给。

⑩对生产成本的分析。

⑪生产成本对价值的影响。

⑫金钱的价值。贵金属和货币的供给和需求。

⑬货币的价值和价格的一般变动；它的后果。

⑭纸币价格和纸币价值。

这些小节可以结合成组，而各小节之间都通过一个特定的纽带相连。第一和第二小节是一种纯理论，对此的探讨把我们引向市场价格是否总是与整体利益相一致的问题；在第三节，这导致了对公平价格和高利贷的讨论。在第四节，旧的税费（Taxpreise）被描绘为政府实现公平价格的一个例子。第五节研究了交通机构的价目表，施穆勒认为这个领域的价格，无论在新旧时代都受到政府的影响。纯粹的市场价格理论使人们认识到了供求关系以及生产成本的重要性，因此第六至十一节对此做了非常广泛的、部分是历史性的事实阐述。在最后三节中，施穆勒对价格理论进行了广博的阐释，他强调货币价格是价值的最可理解的和最准确的表达。这就是"价值和价格"主题的各个小节的结构和联系。第一、二节介绍了一种价值和价格的纯粹理论。它主要以奥地利的边际效用理论为基础，但对它的阐述相当不平衡。边际效用只被略为论及，施穆勒虽然强调使用价值的重要性，但由于它难以被理论化而被置于一旁。施穆勒也没有对主观价值和客观价值进行区分，因为他认为这种区别并不明确，在应用中也不是一致的，它在本质上相当于使用价值和交换价值之间的区别。"对使用价值的研究涉及对感情及其变化的心理学和文化史研究；对产出价值的研究则基于技术学和生理学的探究；对交换价值的研究是政治经济学的最基本的任务。"施穆勒主要依据庞巴维克处理了市场角色，并对供给和需求进行了剖析，其重心显然是放在价格理论之上。前面已经强调，价值和价格理论是在自由市场经济模式的框架内被研究的，因此，施穆勒是在这个背景下强调价格理论的。不过，施穆勒走得更远。"我们认为没有必要像教科书中有时所做的那样，区分出一种特殊的价值理论和一种特殊的价格理论。"这句话似乎很现代，但并没有对两种学说的依赖性或独立性进行探讨。这并不重要，因为这一抉择的意义对于施穆勒来说恰恰在另一个方面，即此处并没有采用历史的视角。特殊的价值理论被摒弃了，尽管它恰恰是国民经济学的历史性理论所要求的，用以把握非交换经济模式的状况。非交换经济不仅没有被处理，而且，交换价值作为非时间性的现象凸显出来，因为只有它是明确的，因为它在实践中是最重要的，也因为使用价值只能通过它获得特定的表达。如果要把经典的无条件理论与历史性理论进行对比，就必须把无条件的、永恒的价值现象与受历史和模式制约的现象区分开来，对历史性现象而言，至少要把市场经济的现象与非交换经济的现象区分开来。尽管他所处理的是市场经济模式，但也常常为具体现象提供了发展历史的说明。尤其是他反复指出，重量和度量衡——特别是货币——对于发展出非常明确的价值意识，以及对于算术和记账来说是多么必要。施穆勒对纯理论的介绍不仅是理论批评，而且与学说史的阐述交织在一起，这赋予了有关章节历史的色彩。纯理论的出发点并不完全来自经验，但却与经验有着最密切的联系。那些不能被经验证明的纯理论的路线被直接否定了，并明确说明了它们不能被证明的理由（使用价值，一般的价值理论），被推到前台的是那些可以确定的现象：商品的价格。"只有它们才适合作为科学研究的起点。""迄今为止，市场价值不仅是被科学重点研究的对象，又是在实践中最重要的东西，而且同时也是固定的和明确的东西，它仿佛为各种类型的经济价值提供了表达的语言。科学研究应当尽可能从可靠的和明确的东西出发。"在这种意义上，也解释了为什么施穆勒选择效用价值论作为其理论的起点。在列举这些出发点之后，施穆勒几乎立即讨论了它们被经验确认的程度。施穆勒最关注和花费最多篇幅讨论的是，纯理论的假设和简化如何能够向现实靠拢的问题。他以几乎难以胜数的、各式各样的偏离，试图证明现实的多面性和现实条件的多样性。在这样做的时候，纯理论的伟大路线和清晰性毫无疑问变得模糊不清了，这也凸显出施穆勒为穷尽现实所做的努力。我们可以在以下的句子中看到施穆勒的期望："我们将可以说，对这种种影响的正确认识，正是所谓的古典经济学所缺乏的，而对它们的理解，使我们与过去相比，今天不仅在价值理论和所有社会问题上，而且在许多其他经济问题上，都有了不同的结论。"

无论我们要对市场价格的原因——供给和需求以及以之为基础的种种驱动力——进行多么精确的研究，更重要的是一个道德－政策问题，即如何通过自由的交换价值形成来满足整体利益。在施穆勒的价格理论中，伦理观念处于最中心的位置，而历史的视角则远没有这么重要，但在两者之间是他对现实主义认知的强烈关切。此处的探讨朝着不同的方向展开：

①从整体利益的角度看，自由市场秩序的效果如何？

②道德判断与市场现象有何种关系？对公平价格和暴利的判断就是明证。

③道德判断是如何影响市场现象的？

④社会的秩序和政府的秩序对市场机制的干预。

施穆勒倾向于承认，自由的交换价值形成在很大程度上是一种有益力量，但他非常有力地强调，健康的经济组织、高度的诚信和避免权力滥用是实现这一目标的前提条件，原因是"生产和商业周期的偶然事件、权力关系、错误设计的社会机构、诈骗和榨取、专横的阶级统治和权力滥用，尽管这些因素会在某些方面创造出市场价值，但从国家及其健康发展的角度来看，它们是灾难性的"。他把"公正和不公的范畴"应用于这些不同的情况之中。每一个东家都"具有一种观念，认为某一价格是或不是公道和便宜的，因为它遵循了惯例，是与成本相符的，是充分的，是与环境和其他价格相适应的"。施穆勒又讨论了公平的和不公平的价格的基本问题。在相当程度上，价值是由自然因素决定的，"但在许多时候我们清楚地看到，价格及其变化是由个人意志，由社会机构单独地或共同决定的。在这种情况下，我们就会谈及公平或不公平的价格。"虽然很难区分这两组原因，但"任何休戚相关的群体都不会对不公平的价格进行自我安慰，说这不过是自由的、专断的个人权力的结果。他们总是会在道德上、法律上区别被允许的和不被允许的权力运用"。而"只要对什么是公正具有共识，人们就会试图通过习俗和法律使之成为现实"。在形成谴责性舆论的地方，共识始终发挥着一定的作用。"实践性的现实呈现为一条尝试的阶梯，它通过诸多手段实现理想中的低廉价值，例如，通过道德判断，通过某些群体对荣誉的否定，还有通过行政、刑事和民事法规对诈骗和欺瞒的约束，对合法的重量和标准硬币的规范，对诡计和乘人之危行为的禁止等等；在报价和支付方式上，则遵循折扣和工资计算方面的体面习俗，最终还有合作社和官方的报价。这是对经济权力不公正运用的预防，也是对弱者的合理保护。"

在广博的阐述中，施穆勒通过对经验现实的研究，展示了"纠正性的公正"是如何在早期的税制中盛行的，以及我们今天如何在一定程度上回归这种制度。从历史的观点看，将价格管制作为约束性经济模式的一个组成部分来分析，是很自然的。但出于对截面研究的反感，施穆勒没有采取这种方式。对纵向研究的偏爱使他选择了阐述历史发展的方式。施穆勒推测，自然状态的价值观念具有稳定性，税费（Taxen）正是由此发展而来的，他还展示了税费如何在千百年间，出于不同的原因和动机被付诸实践。这里的重点是，他对不同发展阶段和当前的价格管制的必要性、可能性、条件、边界和效果进行了伦理－政策性的讨论。

运输机构的关税被视为一种"新型的税收制度"。"历史叙述"又再提供了一项跨越几个世纪的纵向考察，但这个叙述的重点是关税发展的原因和形成的原则。在经验研究的帮助下，施穆勒澄清了关税订立的原因，这些原因理应具有普遍的有效性。整个叙述与价值判断和伦理－政策诉求交织在一起。这是一种饱含经验的推论过程（erfahrunggesättigte Gedankenführung），其目的是寻找一种普遍有效的解释，这应被视为建立模写理论的一种方法。限于一种方法意味着推论过程的松动，但这并没有否定自我选择的"叙述"的名称。具有决定性意义的是，它从根本上为模写性的研究程序铺平了道路。

在纯粹的价格理论中，施穆勒提供了对供给和需求的"一般"分析，同时还提到了一个仍有待补充的"更特殊"的分析，然后分四小节对其进行了广泛的历史性的、以经验充实的阐释。我们需要寻找这种"特殊分析"的特定目标，寻找它为了超越"一般分析"的结论，所应该澄清的问题。就价格理论而言，我们发现，关于供给和需求的原理有一个"数学证据"，但其实际应用的前提是"我们可以把供给和需求作为可计算、可测量的数量来把握。因此，所有实践性的价格研究首先会问，我可以在何处以及如何确定这些数量。只要我们能够确定它们，往往就能在根本上澄清决定价值水平与价值变化的原因"。然而，施穆勒拒绝把数量的确定视为具有唯一决定性意义的因素。"曼彻斯特学派的旧观念——在供应和需求为固定数量的情况下，就会形成相应的市场价格，它就像简单的算术题可以计算出来——这必须……视为已经完全被抛弃的观点。"他强调，对供应和需求的分析"允许最复杂的社会关系和心理联系取代简单的数量"，"在这个意义上，必然可以通过对供应和需求的更精细的分析，对之进一步加以阐明"。施穆勒更为尖锐地指出："奥地利人把他们的全部注意力都集中在这样一个问题上，即对某种商品的欲望强度是如何随着库存变化而变化的，这与商品满足的各种可能的需要相对应……因此，所谓的边际效用决定了对某一种商品的需求强度。然而，这并不能解释，需求作为一个整体，是如何根据不同的需要来分级的。"施穆勒希望对奥地利学派所缺少的东西，以及对"特殊分析"所寻找的东西有一个更深入的定义；但无论如何，这个出发点后来没有再被提起，他也没有明确说明在"分析需求的一般特点和主要历史变化"的基础上，奥地利学派缺少的"对整个需求的解释，以及它根据各种需要的分级"。在开始部分，一个未来的计划进一步阐明了他所追求的目的。为了解决"对需求进行科学分析和因果解释的巨大问题……我们必须对不同时代、所有民族和阶级的经济性消费的性质有一个统一的概览，我们必须知道它的一切生理的和心理的原因，我们必须把握人类感情发展、习俗、文化和奢侈品的整个发展历史。我们必须能够阐明，需要和需求是如何发展的，为什么某些需要有时保持稳定，而其他需要却在变化和增长。对此的准备性工作在很多方面还很欠缺。我也不敢妄想，在这里能概括迄今所有的成果"。不能回避的问题是，实施这一庞大计划是否会给价值和价格理论带来与花费的精力大致相当的回报。施穆勒从他提供的经验材料中得出了什么结论呢？他自己并没有给出答案。这三个小节的主题是：①需求的一般特征和它的重要历史变化；对食品的需求。②近代的需求的总体情况和家庭预算。③具体的需求变动。施穆勒详尽地阐述了数量庞大的经验材料，但并没有对之加以简化概括，他的论述基于对各种文献的有计划的细致考据，基于深广的研究，却无疑不能为读者展示出一幅饱含经验、动人心魄的图景。例如，我亲身见证了对勒普勒（Frédéric le Play）及其学派卷帙浩繁的著作的深入研究工作；也许施穆勒是唯一一个真正读过甚至摘录过《社会博览》年鉴（Musée sociale）各卷的人。从研究程序看来，它是对独特事件的历史发展的描绘，它就是历史。但施穆勒没有建立起它与价格理论的联系，也没有提出它的应用方法。对供给和需求的描绘本身就是目的；就理论而言，它具有解释各个子过程的意义。但对这个方面的评价，应该留给读者。在讨论"需求的具体变动"时，他探讨了需求的延展性及其与价格的联系，其结论基本遵循了传统的价格理论。在此，施穆勒再次展示了他以生动的方式提炼理论的能力。在探讨满足不同需要的收入分配时，掺杂着对庞巴维克的评论，这些评论鲜明地表达了施穆勒进行经验研究的目的："对于我们在经济欲望和需求方面的经验知识状况而言，这里的概述也许仍然相当不完整，但它确实向我们展示了它们的一般原因、局限性及发展趋势。它比庞巴维克下面的说法更好地解释了需求：'人对衣物的需求量总是大于对梵文语法，以及面包和肉这些日常所需的物品，其需求量大于笔刀，因为笔刀可以使用数年。'"很明显，施穆勒并不仅仅满足于举出几个例子说明问题，他想要囊括我们的全部经验。然而，庞巴维克可能会反驳，比起详尽完整的阐释，他以鲜明的对照更好地达到了目的。

探讨供给的部分在系统性上与需求分析部分关系最密切，但它的处理方式截然不同。它的标题是："供给的组成部分；决定供给的生产力的规模；按旧有方式把供给划分为三种类型。"对供给的划分已经提供了一个系统性的支点，而供给对各种生产性力量的依赖构成了整个小节的中心思想，它也是过渡性的讨论，把我们引向下面两个专门探讨生产成本的小节。在这部分的开始处，施穆勒又展开了历史发展的阐述。在以劳动分工为基础的国民经济中，供给以及它对生产性力量与经济宪法的依赖，被施穆勒用来与"孤立的自足经济"中的相同过程进行比较。历史发展的线索被进一步编织在一起，但并不是像分析需求的章节那样，通过描绘历史的特殊事件，而是通过指示出普遍有效的现象。结尾处是对经济周期的暗示。关于生产性力量的探讨旨在突出经济对优越的地理位置、场所、经济领袖、技术人员、熟练工人等稀有性因素的依赖，并说明这些条件是如何逐渐变坏的，同时如何在一定程度上数量增多。由此应该可以推论，过去把供给分为稀有物品和成本上升的物品，以及其他可以随意增加供给的物品，这是"不太正确的"。虽然施穆勒没有提出一个新的分类方式，但旧有的区分界限却变得含糊了，尽管不能说前面的讨论是为了证明这一点而进行的，并动摇了过去的划分方式。就研究程序而言，施穆勒的全部分析是被经验充实的推论过程，然而它在实施当中却仿佛被卡住了。这显示了所有模写理论所固有的，往往是无法克服的困难——真正使事实研究与推论过程相适应。

接下来的"生产成本分析"重拾第一节中关于经济价值和市场价值的价格理论线索。正如对分析供给和需求的章节一样，我们尝试挖掘它的主导性观念。施穆勒在多处明确指出，他认为自己必须与效用价值论者针锋相对，为成本法则辩护，因为后者没有充分认识到这一法则的意义。这是一个错误，因为效用价值理论家比任何其他学派都更多地把成本法则引入到统一的价值和价格理论中，赋予它一个不可动摇的地位。他并没有同样明确地肯定另一个出发点，但在我看来，这似乎是一个闪光点。施穆勒对关于成本、价值和价格之间联系的理论状况并不满意。我的认知需求通过边际产品和折断的价值线这些工具得到满足，但谁想要进一步钻研它，就必须依靠纯理论的道路。对于模写理论和经验研究，这可能是一个不合适的任务。也许边际产品和折断的价值线可以解释鲁滨逊式经济 [①]，但却不能解释市场经济。在此处，对经验的研究不会取得任何进展。对于成本和价值之间的内在联

---

① 意为像小说人物鲁滨逊那样，在荒岛进行的孤立自足的经济活动。——译者注

系，经验研究不可能比理想类型理论提供更多知识。施穆勒反对纯理论代表人物的工作，他说："过于敏锐的价值理论家试图做的事——想要把握一切价值感觉和价值判断的开端——就像想要解释世界、国家或人的创始一样，是不可能的。"在这个地方，他对纯粹理论和模写理论的任务与功能的看法似乎不太恰当。这些隐藏于背景之中的关注并没有成为论述的主导性观念。施穆勒首先从学说史和学说批判的角度，介绍了将成本建立在一个统一的工作基础之上，并以劳动作为价值的基础的努力。随后是"生产成本分析"，其重点是成本效应的案例分析。在此处，施穆勒主要依据寻常的经验和理论的结论进行探讨。它并不基于经验研究。他运用了同类的素材，而且没有使用庞大的经验材料作为论据，这使这一小节具有极大的平衡性和清晰性。这个例子表明，当不需要囊括大量材料的时候，阐述问题的工作就变得简单多了。施穆勒所研究的四个案例，尽管是独立的，但都来自真实世界，因此他在这里所运用的是模写理论；他没有把经验素材用于某种被掌控的推论过程中，而是运用在偶尔出现的范例性解释中，但他依据的是寻常的经验，而不是依赖若干假设推导出的逻辑结论，来指导研究的思路。

在价值和价格理论的广泛领域中，最后一个研究对象是货币的价值。货币的价值实际上不是狭义价值理论的一个组成部分，而是其应用的一个特例。然而，货币价值理论可以成为价格理论的一个组成部分，因为所有货币价格不仅由商品的价值决定，而且由货币的价值决定。施穆勒的研究从后一个问题出发，但很快就大踏步地进入前一个问题。关于贵金属和货币的供求关系的章节，对价格变动的历史概述，以及关于纸币价格和纸币价值的结尾，这些部分延续了关于硬币和货币的主要章节的思想，而不是价值和价格理论的思路。在这里，货币理论与价值和价格理论之间被一条长长的曲线联系起来。这是《大纲》中许多系统性的精微之处之一，对它的评估是一项特殊的任务，只能在其特殊的背景下进行。如果仅是粗略观之，有人可能会认为施穆勒对价格理论的论述，包括贵金属统计、价格历史和纸币理论，都是失败的，但这种有些草率的评价其实误判了施穆勒在统一化方面取得的伟大成果。当然，素材的结合可以更加紧密，但我们注意到施穆勒的一个特点，比起对事实加以演绎，他更擅于讨论事实本身（在这个主要部分里，例如边际效用和相互关联的各种生产成本）。就研究程序而言，关于货币价值的章节的研究基础是一系列非常一般性的、巨细无遗的材料，包括了历史、统计、饱含经验的理论思路、政策性的判断和诉求。

施穆勒第一次认真地使经验研究服务于理论。他的做法是：

①通过与现实比较，审视了纯理论的出发点（验证）；

②使纯理论的假设和简化更接近现实，并试图通过现实的参与来解释它们（降低抽象性）。

这个程序不是施穆勒发明的，在他之前已经被人使用过。但他运用它的范围使之在他手中成为新的东西。把他与罗雪尔相比就会异常明显，后者的经验研究对价格理论的经验贡献就似涓涓细流，施穆勒的研究却如滚滚洪流。施穆勒没有提供细节和例证，而是试图把握现实的整体和其中错综复杂的关系。然而，他不仅仅提供了一些范例，而且论证了普遍有效的东西。此外，文中还有大量的纯历史性叙述。在普遍有效的经验知识以外，施穆勒描绘了某些局部现象的历史发展过程。对于理论来说，这些叙述的作用大致上可以认为是，为了阐明理论的出发点和推论过程。施穆勒为这类叙述花费了大量的篇幅和精力，因为他把它视为一项特殊的任务。显然，施穆勒认为如果要穷尽现实经验，就必须以历史进程为最后的例证。而他在研究国民经济制度时取得的巨大成功，可能促使他在处理理论问题时，认为这种方式也是理所当然的。

下面我们尝试澄清，这一研究程序与历史学派以现实主义理论取代理想类型理论的目标有何关系。倘若保留理论中旧有的出

发点，然后对理论详加研究，就会妨碍理论获得普遍的有效性，
它的简单化推论就与现实不符。因为此时，理论的出发点没有被
更新。这也表明，如果推论过程仅仅是从预设的前提所进行的逻
辑推论，那么就会丢失异常丰富的经验材料。但是，施穆勒为获
得这种认识而展示的经验材料并没有为建立一种新的推论过程服
务，他的经验研究没能够浓缩成一种理论。引入数量庞大的经验
材料是为了探讨旧的理论。这种将理论置于经验材料中进行研究
的程序，无疑是一种新的研究程序。但这是一种评价旧理论的新
程序，它不是新的理论。要建立新理论显然必须从纯粹理想类型
理论的基础，从它的出发点和推论过程入手。理论的出发点本身
必须来自现实，而推论过程本身必须与经验材料相适应。仅仅用
经验来解释理想类型的出发点和推论过程是不够的，出发点和推
论过程本身必须由被研究的经验材料决定。施穆勒式研究程序的
创获既在程序创新方面，也在材料掌握方面。施穆勒提出了明确
的依据，来界定理想类型理论的边界。施穆勒也建起了一道护堤，
防止纯理论在现实生活中被滥用。对发展一种现实主义的理论而
言具有意义重大的是，施穆勒可以说已经把这种研究程序发挥到
了极致。他必须把这条路必须走到最后。尽管这样做的结果是，
施穆勒剥夺了理想类型理论的直接性和明晰性，但对于使理论和
经验研究真正携手并进的第一次伟大尝试来说，这种损失是无法
避免的。但总的来说，我们显然仍处于旧理论的束缚之下，以至
于无法通过这种方式获得我们所追寻的新理论。还有必要明确一
点，理想类型理论不能只停留在非时间性现象和国民经济模式内
的现象之上，还必须处理其他模式，例如，除了流通经济的价格
理论，我们也要研究非交换经济的价值理论。对理论的解释和对
历史进程的描绘极大地丰富了我们所研究的经验素材，这一点无
须再讨论。也许在《大纲》的任何其他部分，都不像关于价值和
价格理论的部分那样，把《大纲》第二卷序言中作为时代主题所阐
明的东西付诸实践："只要我认为我们的脚下已经有了一个坚实基

础，我都希望通过精确的历史、统计、经济研究，让国民经济学从错误的抽象中解放出来，但同时，始终充当一名国家科学和经济学的理论家，从经验现象中概括普遍性理论。但在我觉得缺乏这种条件的领域，我宁可在《大纲》中仅限于描述事实，并暗示若干发展趋势，而不是建立起与现实脱节的、很快又像纸牌屋一样倒塌的有趣理论。"

从整体上看，我们不能误解施穆勒所指出的这种过渡状态的不尽如人意之处，认为我们现在既抛弃了纯粹理想类型理论的优点，又没有发挥模写理论的长处。或者用施穆勒自己的话说："理论的简单性"被忽略了，"真实的复杂性"还没得到澄清。《大纲》这一部分的阐述占了密密麻麻 75 页大开本的篇幅，但它并没有讲授任何关于价值和价格过程的思想；这是为研究者和行家写的，而不是为了有待启蒙的大学生。重要的是，在施穆勒的价格理论中，我们忽视了依据经验材料创造独有的推论过程的方法，它以丰富的经验为依据，能够与理想类型的推论过程并驾齐驱；施穆勒缺少的是经过经验研究验证的完整的思想图像，它作为现实的写照，应该能够与纯粹理论的理想类型图像比肩而立（理想图像和现实图像）。为此，我们需要克服巨大的困难。但探讨这个问题是一项独立的任务，无法在此展开议论。最近对不完全竞争理论的研究表明了这项工作有多么复杂。它选择的出发点贴近于现实，然而，其推论程序却是理想类型的，但能推进到企业经济学的应用层面。

二

我们在剖析施穆勒的价格理论时发现的研究程序并非他使用的唯一方法。这种一般性概括会导致误导。我们必须努力学习施穆勒在其他领域的研究方式。研究者选择出发点时，是要找到一种饱含经验的推论方式，可以与理想类型的推论方式并立。我们刚刚探讨过其中一个最古老的理论问题，现在，我们需要探讨一个最新的问题。

让我们来看看一个施穆勒率先为经济学开辟的领域，他的第一批批评者发现这个领域是如此陌生，以至于他们不想承认他的《一般国民经济学大纲》第一卷是国民经济学著作。这主要涉及《大纲》的"总论——国民经济学和社会的心理、伦理和法律基础"和《大纲》的第一篇"作为普遍现象和国民经济要素的土地、人民和技术"。对于这个研究领域，阿道夫·瓦格纳在较狭窄范围内使用的"基础"（Grundlegung）一词并不恰当。此处的阐述是一种解释性的描述。施穆勒借鉴了相关学科的大量文献，并从中收集了大量的经验材料。在描述中并非所有细节都是经过研究的经验。显然，存在的空白都由假设来填补，在一些地方比较多，在另一些地方比较少。他试图将素材置于一种理解性的联系之中，突出它与经济密切相关的方面，并解释它的经济重要性。原则上，我们由此获得了一种统一的、饱含经验的推论方式。有人对这一程序提出了指责："试图贴近现实的研究者总是受到一种诱惑，那就是运用一些源于不同系统的、差异极大的理论联系来弥合纯粹描述的裂缝。"［A. 勒韦（A. Loewe）］。但问题并不是如何黏合，而是在其他方面。我们不应建起一间古玩陈列室，简单地把各种现象摆在里面，而是要以思想的纽带把它们联系起来。我们必须使这种纽带变成清晰可见的，这是不言而喻和必要的。此外，我们不可能用经验完全涵盖那些主导性思想，或者在应对复杂任务的情况下，以经验填充整个思想图像，因此，我们在某些地方就只能使用纯粹的思想图像。把这说成是以理论联系来弥补裂缝，是一种误判，而因此说起弥合作用的思想就是源自极不相同的理论，也是武断的。该程序的弱点不是使思想的联系变得清晰可见，而是很难在每一问题上明确地确定，哪些是被统计序列或其他经验研究证明的规律性，哪些是经过普遍化的暂时性观察结果，哪些是寻常的经验，哪些是猜想，哪些是思想上的联系。这种施穆勒式研究是否能取得成功，取决于研究者所使用的二手专业文献的丰富程度，也取决于对之进行经济性的定位和阐释的可能性。因为这类材料的缺陷在于，它不是经济学家的成果，而是由各个不同科学的研究者获得的，而他们想要解决的问题与经济学家大为不同，因此，只有当经济学家向这些领域补充了与他们有关的内容，相关材料才能充分满足经济学的关切。在此之前，如果经济学的关键问题常常无法得到答案，也不应该感到惊讶。施穆勒的首次尝试，展示了各个学科的知识到底处于经济研究的哪一个节点。这些材料与经济的关系显然是各不相同的。有些因素决定或影响了历史上的经济生活、经济模式，另外一些则决定了经济活动进行的空间和经济实体。它们中的一些是不可改变的现象，另一些却是随着历史发展而变化。道德上的目的观念，经济行动的精神动机，宗教、习俗和法律的影响，劳动分工和技术，社会结构和经济宪法，这些因素都是随时间变化的历史现象，是经济模式呈现出多样性的原因。而经济的自然基础有一部分是不可改变的，那就是人民的种族特征、经济空间的气候和土地特征，以及其矿产、植物和动物资源，还有地理位置。它们是历史上经济实体的基础（例如美国和德国的国民经济）。然而在某种程度上，自然基础也是可以改变、能够发展的。这一点很重要，因为只有在这种条件下，经济生活才能像我们所观察到的那样——例如在过去 2000 年内的西欧——发生种种变化。新经济模式的形成以进行经济活动的人和经济空间的可变性为前提。气候和土壤必须适合集约型耕作，土地必须拥有某些矿藏，某个种族的群体必须能够发展出强大的精神动力来实施经济行动。如果施穆勒能更有力地阐明这些材料中的各种经济关系，他的批评者可能就不会作出上述的错误判断了。这部大师之作说明了模写理论的巨大困难：我们必须让经验材料和理论问题时刻保持联系，并让两者不断依据对方校准自身。

三

我们接下来要讨论的领域是经济生活的波动。由于模写理论能在较大程度上阐明关于经济波动的事实，激励了模写理论在这个领域的应用，但该主题的多面性和复杂性又为这项工作带来了巨大的困难。模写理论所寻求的现实的写照，是一种由经验研究所证实的思维构造物。把事实状态的再现与对因果关系的思想探究结合起来，并不是一件容易的事；当我们需要处理数量庞大的材料，需要讨论相互冲突的理论，还要完成真正的历史研究的时候，就更为困难了。理想的情况是，我们能够严密并不受干扰地提出关键的推论过程（Gedankengänge），并以经验研究验证它。然而，这样做可能会遗漏大量的材料，而这些材料对于详尽地再现和剖析现实是非常重要的，同时也可能会忽略思想的探究，而这些探究对于澄清疑问和驳斥反对意见是必要的。因此，在严密的统一性和完整性之间存在着冲突。这就产生了一种诱惑、一种需要，甚至是一种必然，那就是让某些事实描述和思想探究独立出来——即对它们进行先行处理或者把它们插入或增补进研究中——以便获得一个被经验研究验证的统一、完整的思想图像。有待处理的事实材料越多，有待探讨的思想越复杂，阻碍我们得到统一的、完整的现实写照的困难就越大，材料的某种甄选工作的重要性就越明显。肤浅的观察和教条主义的思维方式就会给人以思想前后矛盾和缺乏系统性的印象，但这些都是不可避免的瑕疵。任何这样的隔离，无论属于事实领域还是解释领域，都是作者的自行裁量、素材处理的可能性和作者的表述能力的结果。然而在原则上，这始终是一个关于材料划分而非处理方法的问题。事实的陈述与对事实的解释是分不开的。模写理论家并没有得到一幅从天而降的事实图像，并对之加以解释。他所追求的现实写照是由他创造的、为经验研究所证实的思想图像，这幅自成一体的图像在某些情况下会被事实、历史叙述和学说批评补充。

施穆勒关于经济生活波动的学说是他建立经济学大厦的基石之一。他在专门讨论"国民经济生活的整体发展"的最后一篇中研究了这个问题，并把它与阶级斗争学说、民族之间的经济竞争学说并列，"这些是我们学科中最伟大和最困难的问题"；他的目的是"总结我们的国民经济学知识"。在此，庞巴维克经常被滥用的词语——在最后一章或倒数第二章中关于书面或非书面系统的概念——得到了施穆勒式的论证。

出于他对历史发展和纵向研究的喜爱，他为"经济生活的波动"部分选择了一个广阔的框架，但这是与系统性的结构相结合的。现实的写照被分为五个部分，每个部分被一个专门的主导性观念统御：①甚至在原始的条件下引起波动的情况（这些因素"从外部和总体上"干扰经济生活：收获、流行病、战争、内部的经济宪法以及与其他经济实体的关系）；②国民经济分工给消费和生产的适应带来的困难；③货币和市场经济的影响；④资本主义市场经济的有限波动现象；⑤总结性的判断，经济波动和停滞以及危机的类型。历史发展的描述与系统性的材料组织的结合是施穆勒所特有的。人们可能会怀疑，它对建立资本主义市场的波动理论是否有意义，但它肯定是在最大程度上与《大纲》的整体布局和历史发展的叙述方式相吻合的。如果要"对知识进行总结"，那么就必须保留历史发展的叙述。施穆勒对材料的安排也服从于历史发展性阐述的需要，他的材料组织方式显然是从历史叙述本身产生的。于是，我们有了一个模写理论意义上的现实写照。它又以对学说的批判性梳理为补充。此外，附有一个关于"对抗和缓和危机、危机政策"的政策性章节和一个历史性章节，后者介绍了早期资本主义和发达资本主义的经济波动的历史。在实施和权重分配方面，由经验研究支持的具体的思想图像可能非常不同。研究的重心可以是严密地论证推论过程，也可以是丰富材料的积累；可以是清晰地区分和建立范畴，也可以是相互融合渗透的自然主义描述。这一切并不意味着根本性的差异，而只是研究任务、材料、研究者的个人特征的差异。这种权重分配在施穆勒那里是如何实现的，我们不需要再讨论了；贴近真实正是他的指导思想。《大纲》在经验材料积累方面取得了丰硕的成果，它的主导性观念——强大的国家权力、合理的经济宪法以及一种健康的维护社会公正的制度——也令人印象深刻。

四

施穆勒的著作是现实主义研究道路上最重要的里程碑。他把确认纯理论的出发点以及使之更贴近现实作为主导性的研究要素，这在他之前没有人做过。他给自己定下的任务是，通过描绘某些理论上的局部现象的历史发展进程，来展示它们最真实的形态。他致力于以现实经验来充实推论过程和刻画现实的写照，并相当富有成果地为此开辟了道路。我的努力不是要把别的一些标准套在施穆勒身上，用它来衡量他的成就，而是希望发现施穆勒自己的意图和标准。

如果我们要总结性地讨论施穆勒的模写理论，仅仅分析他在具体领域所运用的研究程序是不够的。归根结底，我们面对的认识对象是《国民经济学大纲》的宏伟构造，它勾勒了一幅国民经济学的完整草图，并致力于捕捉我们所研究的经验现实的全体。这个施穆勒研究生涯的最终乐章是一项庞大、独立的工作。在此，我们只能指出它的价值，却不能对之深入研究。

建立模写理论是异常困难的，它需要为自身发展一套独特的研究程序。我们正处于起步阶段，也就是正在努力弄清其中的基本原理。建立一门完善的历史性、模写性、政策性的国民经济学，还需要几代人的努力，由于经济生活不会停滞不前，所以这个任务永远不会终结。

如何想要把施穆勒安置于梅尼克在他的《历史主义的兴起》中描绘的历史主义传统之中，那会是一项极具吸引力的任务。布林克曼（Brinkmann）已经为解决这一问题奠定了基础。但由于篇幅所限，本文无法对此展开讨论，只能以鸟瞰的方式阐明，在德国历史学派经济学的研究工作和施穆勒的著作中，都可以发现梅尼克所展示的历史主义的目标和成果。首先是一般化（Generalisierung）和个别化（Individualisierung）之间的关系。在这个问题上，我们触及了历史学派经济学的出发点，也就是赋予历史理论和无条件的、非时间性的理论同等地位，把非时间性的现象与被臆想为永恒的历史现象区别开来。历史主义不是在历史中到达顶峰，而是在历史观念中到达顶峰，这对经济学来说体现在经济模式之上，关于它们的历史性理论部分是纯粹理想类型的，部分是模写性的。在民族和国家与国民经济的关系方面，有谁比施穆勒有更细致的感受和更深刻的理解呢！对个别的、历史的产物的领会，似乎是一种自然赋予的研究程序模式，也是对绝对规范的内在的反抗。他对"理解"（Verstehen），对把握现象的精神，以及对整体印象的追求，就像他所揭示的动态因果关系一样为我们所熟悉。施穆勒完全符合梅尼克所描绘的群体的特征。

译自：Arthur Spiethoff（1938）. Gustav von Schmoller und die anschauliche Theorie der Volkswirtschaft[J]. *Schmollers Jahrbuch*，62：16-35。

索引

K